文 化 中 国 ： 传 承 与 汇 通　丛书主编：叶隽

文化复兴语境下的
侨易学现象

顾明栋　李川　编

海峡出版发行集团
THE STRAITS PUBLISHING & DISTRIBUTING GROUP｜福建教育出版社

图书在版编目（CIP）数据

文化复兴语境下的侨易学现象/顾明栋，李川编
．－福州：福建教育出版社，2023.11
（文化中国：传承与汇通/叶隽主编）
ISBN 978-7-5334-9764-4

Ⅰ.①文… Ⅱ.①顾… ②李… Ⅲ.①中外关系－文
化交流－研究 Ⅳ.①G125

中国国家版本馆 CIP 数据核字（2023）第 197072 号

文化中国：传承与汇通
丛书主编：叶隽

Wenhua Fuxing Yujing Xia De Qiaoyixue Xianxiang
文化复兴语境下的侨易学现象
顾明栋 李川 编

出版发行	福建教育出版社
	（福州市梦山路 27 号 邮编：350025 网址：www. fep. com. cn
	编辑部电话：0591-83779615
	发行部电话：0591-83721876 87115073 010-62024258）
出 版 人	江金辉
印 刷	福建新华联合印务集团有限公司
	（福州市晋安区福兴大道 42 号 邮编：350014）
开 本	710 毫米×1000 毫米 1/16
印 张	17.5
字 数	242 千字
插 页	2
版 次	2023 年 11 月第 1 版 2023 年 11 月第 1 次印刷
书 号	ISBN 978-7-5334-9764-4
定 价	49.00 元

如发现本书印装质量问题，请向本社出版科（电话：0591-83726019）调换。

总　序

叶　隽

作为世界文明的核心文化体之一，中国之崛起于世界，并非仅仅如撒切尔夫人所言"今天的中国出口的是电视机，而不是思想"（China today exports televisions not ideas.[①]），中国文化源远流长，更具有备受世界一流精英景仰慕重的元思维资源，后者同样参与哺育了西方文化和知识传统的构建。所以，按照瑞典科学家汉尼斯·阿尔文（Alfvén，Hannes Olof Gosta，1908—1995）在1988年巴黎举行的"面对21世纪：威胁与承诺"诺贝尔奖获得者国际会议上（Promesses et menaces à l'aube du XXIe siècle-Conférence des Lauréats du prix Nobel à Paris，18—21 janvier 1988）所言："如果人类要在21世纪生存下去，必须回头2500年，去汲取孔子的智慧。"这种说法或略显夸张，但确实表明了西方学者对中国文化和智慧的文明史整体价值的认知度。遗憾的是，中国文化自近代以来因西方坚船利炮之来而历经坎坷，五四新文化运动虽有开创之功，但也难辞重创传统

[①]　Thatcher，Margaret. *Statecraft：Strategies for a Changing World*，London：Harper Collins Publishers，2002，p. 179.

之责。故此，中国现代文化之构建大业远未完成，后来者任重道远；而西方尤其以美国为主导的世界文明也同样步履蹒跚，世界文明正面临"全球航行大海，谁家执灯未来"之困局。

在全球化时代背景下，对于正处于或崛起、或复兴、或形成中的现代中国来说，在经济强势崛起、政治步入中心的同时，文化的发展如何入流乃至引流，其实不仅涉及自身，而且关乎世界。一方面，在全球化时代，理解人类各种不同类型文化的整体形成过程至关重要，因为这涉及文明发展的关键所在。而文化史的研究，正是将文化作为一个完整的体系，考察其产生、发展的整体历程，将事物作为一种历史过程进行研究。另一方面，作为东方世界的核心文化，中国文化当然不仅居于中心，而且具有关键性意义。但我们这里不仅要关注"中国文化"，更主张一个拓展了的"文化中国"概念，唐君毅这样说："若问中国在哪里？就在诸位的生命里。我们每一个人，皆有资格代表中国，毫无惭愧。要说认同，即要先认同于自己个人心中之中华民族，与中国文化生命。"[①] 这里指向的，应该就是"文化中国"，这是一个超越性的概念，即超越了具体政权、国族的层次，而指向一种更具有理念共识的符号标志，在某种意义上或许接近宗教，但又不是。

就这个概念的具体界定而言，杜维明的看法颇有代表性，他认为："中国不仅是经济实体、政治结构、社会组织，同时是一个文化理念。"所以，他将"文化中国"的概念界定为三层"意义世界"，即：华人所组织的社会，包括中国、新加坡，也包括这些地区的少数民族；散布世界各地的华人社会；和中国无血亲关系但和中国文化有缘的世界各阶层人士，包

---

① 《海外中国知识分子对当前时代之态度》，载唐君毅：《说中华民族之花果飘零》，台北：三民书局，1974年，第103页。

括学术界、媒体、企业、宗教、政府及民间机构。[①] 这是一个很有层次递进感的概念界定，具有继续讨论的基本参考价值，在我看来，"文化中国"就是一个通向"世界中心"的桥梁，同时也不妨视为相应的学术范式、思想范式、实践范式，"文化中国"具有多层次的内涵，"它既是中国文化向外传播、交流可以倚重的特殊文化符号意象，也是用以说明中华文明在世界文化和全球文明大格局中重要地位的标示性概念，同时也是连接海内外华人以及一切对中国和中国文化抱有好感或兴趣的异族有识之士的精神纽带"。[②] 更重要的是，可以在一个更为开阔的世界语境中来为"文化中国"定位，具体言之，就是既关注到本土-外来的"华人"视线，也同时深掘外来-本土的"外人"线索，这其中又可分为若干层次：即汉学家中国、汉语中国、文化中国。汉学家乃以专门研究中国为志业（职业）者，这批人物虽然数量不多，但在高端文化交往中常居于枢纽位置，经典著作常经由他们翻译转介；通汉语且知中国者，这又是一个不同的层次，譬如较为专门的汉语译者就是一种值得注意的群体，这些人中还包括如传教士、外交官、记者、学者等，他们由各种因缘而学习汉语或从事与中国相关的职业，从而对中国颇有了解，在各个层面都可能具有中国与外部世界的桥梁功用；"文化中国"的概念则铺展到更为广大的外国人士，其中既有第一流的精英人物，如歌德、席勒等既不通汉语，又未亲历中国，但却对中国知识与文化抱有极大兴趣，并能引为资源、发为创造，在世界知识谱系中铭刻文化中国的意义；也有大量的普通常人，如18世纪欧洲社会中普遍的"中国热"，譬如《道德经》德译本是各种外文译本中最多的，其译者中既

---

① 杜维明：《"文化中国"精神资源的开发》，载郑文龙编：《杜维明学术文化随笔》，北京：中国青年出版社，1999年，第63—64页。

② 涂可国、赵迎芳：《文化现实与文化建构——中国社会文化研究》，济南：山东人民出版社，2017年，第21页。参考沈庆利：《溯梦"唯美中国"——华文文学与"文化中国"》，成都：巴蜀书社，2018年。

有名家，也有大量的常人，他们对中国的了解虽然难免道听途说，或是经由其他语言辗转译介，甚至受到西方媒体的片面影响，但对中国仍葆有兴趣，这部分是世界性的中国文化的巨大存在感所在。

所以，文化中国之存在及其亲密接触，乃是世界共和的一个必备要素。知识者（普遍意义）的文化中国，更是具有深刻的世界理想共和国的建构意义。故此，本套丛书既推传承，亦重汇通，希望在纵横两个维度上同时考察"文化中国"的形成史，并努力使之进入现代世界心灵的建构过程中。

借用尼采的论断，所谓"精神三变"（Drei Verwandlungen）之"骆驼—狮子—婴儿"来比拟中国文化精神成长的三阶段：第一阶段，内在于华夏，周秦时代由《易经》到儒道诸子，冲击力是"百家争鸣"，其核心是"儒道二元结构"的基本形成，鼎盛标志是到汉代的"罢黜百家，独尊儒术"，但其实是"二化为三"，"外儒内法"的成型同时似也即意味着此一结构的消解开始与新结构的酝酿；第二阶段，内在于东方，冲击力是汉唐时代各种宗教入华，其核心是佛教西来，以宋代理学的形成为鼎盛标志，其实质则为"外儒内佛"，但同时开始新一轮的消解与重组过程；第三阶段，内在于世界，冲击力是宋元以降的西人东来与海外留学，其核心是西教、西学（现代学术）冲击，以现代新儒家的形成为标志，其思路在于"以西济儒"（但此处之儒也非单纯纯粹之儒，而是援佛入儒之后的儒）。必须指出的是，现代新儒家的体系建构远未完成，也未能形成一整套应对西学冲击的完整文化方略。由此而中国融入世界，所开辟的新一轮的文化整合创生，仍在过程之中。

本丛书既关注作为高深知识的"文化史"面相，同时又努力兼及更为开阔的"文化互动史"图景，尤其希望能借助侨易思维，在全球史境的整体框架下，努力在一种联通的维度中体现文化、观念与思想的张力，要知道，"知识传播是文明进步过程中不可或缺的环节，是推动人类社会发展的重要助力"，在这样一种全球史的整体视野中，考察人类文明的形成和社会的进步，则可别出手眼。故此，在这样一个动与常的互动维度中来考察中国与外部世界的关系，在全球史进程、东西二元格局的框架中来理解中外交流、中国之世界、世界之中国的互动；同时努力具备世界理念，将其他若干核心文明体的起落兴衰线索及其外部互动纳入视域，诸如希腊文明兴起及其东方语境、中世纪阿拉伯文化的复兴及其西学翻译运动、文艺复兴与启蒙运动的东方资源等，这样使得对中国文化世界影响的论述更具质感和比较文明史意义。当然，我们念兹在兹的，则是在这样一种立体系统的全球格局里，现代中国是如何形成的，尤其是在世界文明空间中占据怎样的文化中国地位，形成如何的文化中国影响，如此则对理解"中国梦"的概念无疑深有助益。当然这里的中国也有大中华的概念隐含于内，因为说到底中国梦也是华夏梦，也是华夏文明通向世界，开启普遍范式的立体之道。

尽管外界由金融资本、强势权力、异化江湖而引发的噪音早已甚嚣尘上，但本丛书仍希望能集腋成裘、脚踏实地、循序渐进，尊重知识的内在伦理，遵循学术的基本规律，积跬步以求至千里，积细流以汇入江海。一方面，我们将积极推出本土作者的精品力作，希望能在一个较为融通的维度上呈现出中国知识体系重建的"可能范式"；另一方面也希望适当引介海外对于中国文化史与文化关系史的系统研究，尤其是较为经典的著作。假以时日，或可对现时代之文化建设略有补益。

2023 年 3 月 6 日

目　录

传统文化复兴与侨易学的方向

李 川

　　中华民族的伟大复兴，对于中国而言，乃两百年以来之巨变；而对于世界而言，则是重塑人类文化、文明格局的标志，其影响将是持久而深远的。构建人类命运共同体是解决当下世界各国关切所给出的"中国方案"，是世界上发展中国家所共享的理论资源。[①] 中国方案反对资本逻辑所主导的大国支配论和霸权主义，旗帜鲜明地主张建构由国际社会参与的、公平正义合作共赢的人类命运共同体；中国方案反对植根于西方文化的文明冲突论、零和博弈论，旗帜鲜明地主张世界各国不分大小和平共处；中国方案也反对支配自然、改造自然、征服自然的人类中心论，旗帜鲜明地主张保持人与自然之间的协调发展，尊重自然生态的多样性，改善人类社会所赖以繁衍生息的自然环境。今日，世界面临严峻挑战，全球气候变化、流行病疫情频发以及核战阴霾笼罩在地球上空，人类如何建构一个可持续的发展状态，实为当下最为迫切的一大问题。如何继续发扬传统文化中的优秀文化因素，如何批判地对域外文化取其精华、去其糟粕，实为民族文化复兴之关捩。这种时代语境下，形成了百家争鸣的学术局面，诸如现代新儒家、古典学等既古而又新的学问方兴未艾，其中侨易学亦为其中鼓努为力的学问之一。这些新兴的问学方式如何回应当下的关切而有所作为？

---

　　① 曲星：《人类命运共同体的价值观基础》，《求是》，2013 年第 4 期；塞思·卡普兰：《"中国方案"十条经验值得发展中国家借鉴》，《世界社会主义研究》，2018 年第 4 期。

一

侨易学为中国现代文化复兴，以中国方案应对世界危机语境的新兴问学方式。侨易学之新，在于其为并不那么新的侨学注入了古老的"易"学传统。侨学为李石曾等人所倡议，李石曾将"侨学"或者说"离散学"视为社会学的新分支，"侨学"不仅为社会调查的一种新的科学方法，同时也被解释为"一种社会生活技术"。学习他人之长，并用于帮助他人；由个人而家庭、由家而国、由国而天下，彼此互动，是侨学之谓侨学的基本内容。而在李石曾的时代，学习西方的长处，用于改善中国人的文化精神和生存状态，是其建立侨学的时代背景。侨学在当时是作为一个中介帮助中国与世界实现联络和互动。李石曾也注重对西方现代价值观念的吸收，并主张人类社会应当成为一个世界联邦，人当成为世界公民，而中国也将成为世界联邦的一个支柱。① 李石曾有着民国文化元老的地位，振臂一呼，自有应者。其侨学的主张，在当时确实具有借鉴价值。李石曾主张的互助论无政府主义，亦系当时社会思潮的反映之一。② 尽管李石曾未能像李大钊那样转变为一名马克思主义者，但其所倡导的侨学无疑也是一份值得珍视的思想财产。

李石曾的侨学在新时代和易学结合，被赋予了崭新的内涵，"侨"有高而曲之义，它要求物质、精神两种层面上的改善，此种改善因而乃是一个系统工程。就个人层面而言，"侨"诉之于个人身体和道德层面的完善；而就外部环境而言，"侨"诉之于自然、人类文明之发展和环境改善。侨易学之所以新，在于其必须、也必然回溯古典文化传统。李石曾时代是中国积贫积弱的时代，国力衰弱，遂诟病其文教，"打倒孔家店"就是这一文化思潮的反映。但现代世界力量的对比发生了变化，中国文化传统重新成为夏土之民的心灵慰藉。文化复兴、文化自信被提升到一个重要地位，

---

① 参本书巴斯蒂文。
② 邹振环：《20世纪轰动中国的〈互助论〉》，《民国春秋》，1995年第6期。

故重新思考古圣先贤所留下的文化财产，便是一个重要的理解华夏自身生活方式的渠道。中国不再像上个世纪那样渴求西方的文化导师，中国也不再需要西方的认可来证明自己。恰恰相反，文化软实力的提升是中国国力综合提升的内在需要。数度国学热的兴起也刺激了国人的民族文化认同和文化自觉意识，研究者们不再以匍匐的心态而是更多地以批判吸收的心态看待自诩古希腊文化正宗嫡系的西方文化传统，希腊学日益成为中国古典学的组成部分，而不再是西方学术的传声筒和西方思想的附庸。从传统文化中寻找思想资源，并且将其传统放置在世界文化格局中予以审视，乃当下问学方式的基本路径，当然这一路径并非昉自当下。早在上个世纪，林志纯等老一辈学者就已经提出了中西古典学等概念。① 时至今日，"中国古典学""中西古典学"俨然成为当下学界的热络词汇。故而，如何在全球化语境下重新认识古典传统并处理好与异质文化传统之间的关系是极为紧迫的话题。

侨易学能否对当下这一紧迫的话题有所回应？其中关键在于，侨易学能否对古典文化传统和域外文化传统作兼容并包并且真整合而成为有条贯的学问。其中一个核心问题便是，其如何从单纯的知识论之学蜕变为关于价值的、拷问存在和灵魂、重塑生活方式的学问。侨易学既然祖构侨学而来，当然在精神衣钵上应与后者有所关联。这体现在其人类文化互动乃至对世界联邦的展望等思想上。但侨易学却又并不完全是对侨学的依样画葫芦，而是有所因革损益。巴斯蒂指出，李石曾当年创制侨学的重要内容，即自由、博爱，在侨易学未受重视，这令人不安。但这种所谓无差等的、西方式的博爱，实与中国古典文化传统主流格格难入。侨易学并不需要对西方思想照本宣科，而是应当以平视古今中外的文化气魄来重构一种可能的问学方式。侨易学并不是要排斥西方所主张的价值，而是在此基础上对现今人类的价值予以重新审视。价值并不是被给定之物，而是践履之物。

---

① 日知：《再论中西古典学》，《社会科学战线》，1996 年第 4 期；日知：《论中西古典学之现阶段》，《传统文化与现代化》，1998 年第 3 期。

西方所宣扬的所谓价值，何以异文化必须不加反省地予以承认，此乃一种文化霸权主义思想作祟。所谓普世价值则不能断然将其他文明的价值排除在外，更不能掩盖或取代其他文化价值存在的合理性和正当性。普世价值必须具有普适性，而不仅仅是让西方某些霸权国家来"普"其他国家。但现今的国际困境是，自由、平等、博爱等尽管在话术上是诱人的，基于这些西方价值论的道德乌托邦却在中东、在东欧、在非洲制造了许多人间灾难。我们必须理直气壮地发问，何谓普世？谁之价值？[①] 一种远游高蹈的、不关心现实人生的理论是没有存在的必要的。职是之故，基于西方价值论基础的理论必须被扬弃，这也是侨易学必须思考和回应的问题。

价值理当视为侨易学的内在关切，但问题在于何种价值是真正有意义、真正有益处的？从此意义而论，不必执着于平等自由等观念的话语面相，而应当深入到现代人类危机的底层根源，深入到当下全球危机的深层原因，只有深入这些问题，有关价值的问题才能得到真切的回应，对于巴斯蒂的疑惑才可能有真正的解答。职是之故，我们所能得到的共识是，从是否关注价值这一层面讲，价值内容不仅不当被割弃，而且还必须加以强化和重视，否则侨易学并不能有力地回应当下文化环境的变迁。

对知识的关注甚于对价值的关注，确系侨易学当前研究存在的一大问题。侨易学不可能再照搬上世纪的所谓价值，因今日形势已经发生巨变，必须立足于中国当下实际，从而也立足于当下世界实际需要重新给予人类共同价值追求以全新的赋义。当下人类危机的最根本原因，是西方现代性危机的全球化反映。西方现代性危机从根本上而言，乃是一种二元论危机。这种二元论危机主要突出地表现为人与自然的对立（人类要征服自然、改造自然）、人与人之间的对立（以"主义"之名，行分裂之实），此种对立的根由在于西方观念中，存在一种根深蒂固的非此即彼的逻各斯中

---

① 朱杰人：《理直气壮的文化自觉——读〈何谓普世？谁之价值？〉》，载《二程与宋学——首届宋学暨程颢程颐国际学术研讨会论文集》，2012 年。

心主义。① 为此，对当下困境的回应必须突破二元论，也就必须摒弃逻各斯中心主义，必须摒弃非此即彼的零和思维方式。这是侨易学重构价值体系的可能路径。

就具体实践方法上说，侨易学需要有"以天下观天下"的眼界和"通天下之志"的宏大胸襟，要有"尊德性而道问学"的非纯粹知识论之价值关切。这也就要求侨易学必须实现自身突破，而此一突破当置于中华民族的伟大复兴，同时也是中国文化的伟大复兴这一世界语境下观察。

侨易学由"侨"和"易"二字粘合而来。这种粘合不只展示了汉语本身强大的衍生能力，同时也有其内在思想的合法性。侨有"曲"-"屈"两种相关的意涵。这种理念固结于文字之中，凝练于警句之中，深入于华夏文化的骨髓。侨者，高居而屈曲之态也，居安思危之状也，随物赋形之势也，与世推移之姿也。② 侨易学因此应当是一门与时俱进、因地制宜、应物无穷之学，就当下世界文化趋势看，构建一种人类共享的精神价值是构建人类命运共同体的内在要求。但建立于基督教传统上的西方价值观已经越来越成为阻碍人类进一步理解和沟通的障碍，民主、人权等日益成为个别国家推行霸权主义、强权政治并肆意干涉他国内政的借口，故反省西方价值观，并将其吸纳、改造甚或摒弃是现今国际政治的需要，也是构建公正和谐的人类新秩序的内在动力。在这一方面，毛泽东、邓小平等人关于世界局势的分析值得后人学习和借鉴。③ 这些分析不仅具有政治、外交意义，同时对于我们重新认识中外文化的关系，也具有较为深刻的启发意义。在此意义上，重新审视古典传统，尤其重审中国文化的古典传统，既是侨易学也是当下中国文化的内在驱动。但古今一理，中外一体，何以厚

---

① 李川：《二分与三合：从言-文角度看中西思维方式的分野——兼论陈中梅的秘-逻理论》，《郑州大学学报》，2016 年第 1 期。

② 李川：《侨易释"侨"——侨易学一个关键词的审辨》，《安徽大学学报》，2018 年第 1 期。

③ 王康：《毛泽东"三个世界"划分与邓小平的继承发展》，《毛泽东思想研究》，1997 年第 2 期。

古薄今，重中轻外？

我们并不简单地主张古代的就一定是好的或适宜的，而是主张古典思想能够给现代困境提供思考的方向。因为现代性是通过对古典思想的"革命"或"断裂"而建构的，现代性所遭遇的问题在一定意义上也可归因为其违背了古典传统的教诲所致。当代危机表现为生态危机、气候危机、人类能否共存的危机、世界战争风险的危机。这些危机中，古人所遭遇过的，他们如何应对？古人所未遭遇过的，他们又是如何避免的？质言之，现代的一切危机归因于人类中心论的危机，归因于西方二元论哲学的危机，尤其是现代理性主义危机。人类中心论和现代理性主义二者错综交缠在一起。现代理性主义以理性为人类的本质特征，主张人类凭借理性以及技术可支配自然、改造自然并且征服自然，改造人性、改造人类社会是现代理性主义的自然推演。质言之，这便表现出一种偏执的人类中心主义，其极端表现则为唯科学论。现代理性主义导致了西方虚无主义，因而背离了古典政治的理性主义；而以理性作为否定信仰的依据是否有效却是一个值得探究的命题。① 从理性与非理性或信仰的角度来看，重温古人智慧，重审中西古典文教传统因此尤其必要。

无论西亚、北非、南欧、南亚还是东亚甚或中美洲，这些地域产生的古典文明，对于人类的认识都是非现代性、非人类中心论的。他们将人视为万物之灵，主张人是神明的造物或人神同源，或主张人类应当聆听圣贤的教诲。要言之，古典传统与现代文化的一个根本差异是，他们从万物一体的角度来理解人性，而不是单纯从人类意识、从人自身来把握世界。无论埃及人的"玛阿特"、苏美尔人的"谟"、印度人的"梵"，还是华夏先贤所主张的"道"，皆秉持一种整全论、均衡论——尽管各家思想有较大差异，但在把握人与自然的角度上，古人并无割裂之谈。比如，中国古人

---

① 刘小枫：《代虚无主义与唯理论的内在关联》，《深圳大学学报》，1987 年第 3 期；王升平：《现代理性主义与西方虚无主义的关联——"古今之争"视域中的施特劳斯现代性批判思想探析》，《岭南学刊》，2014 年第 1 期。

主张"不有""不宰"（《老子》五十一章）自然，希腊诗人主张"人类与诸神同出一源"（赫西俄德《劳作与时令》106—108），人是自然的造物，不是自然的主人。古人将人类的价值奠定于神圣的叙事基础之上，神圣叙事尽管不一定皆有关于神明的故事，但确实是整全价值的萌蘖和滥觞。①在华夏的"六经""二十六史"传统、印度的"吠陀经""史诗传统"、希腊的"荷马史诗"和哲学传统、希伯来的《圣经》传统，以及苏美尔、埃及、波斯与中美洲的玛雅文献遗存中都能窥见此类痕迹。

但现代人恰恰违背了神圣叙事作为价值源泉这一观念，违背了人作为宇宙整体之构成部分的古典教诲。现代观念错误地相信，凭借理性人类可以纵横寰宇而无往不胜，这恰恰是两次世界大战的人类惨剧的根源，也恰恰是当下全球性危机的缘由所在。古典智慧尽管可能缺乏现代人支配自然、征服自然的雄心，但却绝不缺乏与自然和谐共处的提示。人类几乎所有的神话都着重强调了人本身之卑微——人或谓神明的造物、或为诸神的仆从，神话指向一个共同的思想，即人与神明、人与自然的关系和现代的认知恰恰相反，人是神明或自然的产物、被支配之物。在人类早期思想中，无论先秦诸子、希腊哲学、印度思想还是古波斯的教诲，虔诚而非肆意、谦和而非张狂、奉献而非掠取，都是人类必遵的美德，这些原则首先被用于对神明、自然之中。就中国古代文教传统而言，古人更是秉持一种整全的、大化流行的世界观，这种整体观和理性认识论之下的主客二元论截然不同。认识论哲学以对整全的知识取代了对于整全的意见，整全成为客体之知识而不复为真正之整全。②职是之故，欲切中现代性思想之弊，必须作一贯通古今、平视中西文化的通盘考察。这也就是侨易学所以应当重视古典思想传统的原因所在。换言之，侨易学必须重新回到问题的起

---

① 可参吕微：《神话何为——神圣叙事的传承与阐释》，北京：社会科学文献出版社，2001 年；玛尔塔·韦格尔、晓秋：《神圣的叙述——神话学理论文集》，《民间文学论坛》，1988 年第 1 期。

② ［美］列奥·施特劳斯：《自然权利与历史》，彭刚译，北京：生活·读书·新知三联书店，2003 年，第 32 页。

点，也就是重新回到人类文化的起源处、回到人类文化的源始时代和古典时代。具体而言，就是回溯先秦时代的华夏及其同时代的古印度、古希腊、古希伯来、波斯以及更为久远的苏美尔-巴比伦和古埃及那个时代。问道古人，或许是回应当下危机的一剂良药。

侨易学的可能性并非指向一种新型的知识论系统，并非指向一种哲学，而是立足于实践论和存在论基础上的可能性。侨易学之学应当理解为古人"学问"之学，即身体力行之谓。倡导践履而非知识恰恰是中国人体道的方式。历来中国学问，尽管也主张博闻强识，但尤其重视学问能否滋养心灵，古人谓之德是也。孔门四科，德行居其首，圣贤之教，以德润身。博之不必智，故有顿、渐两宗。关注生活方式不仅是中国古典文教传统的特色，也是西方古典文教传统的关怀所在。比如，柏拉图哲学便非高蹈尘外，而仍有现实意义。① 这是激活古典的一个切实例证。侨易学之以华夏学问为资源，当赓续此一优秀文化传统。由于中国古典传统的践履特性，因此名辩之学在古典文化格局中并不占主流位置。正是由于名辩之学不甚发达，故古人对于知识论系统并不持积极态度。这种态度与其说是文化基因所决定，毋宁说它是一种特有的观察世界、感知外物的方式。因为中国人是以"易"的态度来看待宇宙万有的。"易与天地准，故能弥纶天地之道。仰以观于天文，俯以察于地理，是故知幽明之故。原始反终，故知死生之说。精气为物，游魂为变，是故知鬼神之情状。"（《周易·系辞上》）无论"易"取哪一种含义，其作为"弥纶天地之道"的特质是不变的。既然是弥纶天地之道，那么它就不会因时代更迭而有所改易；也不会因地域变迁而有所更革。而此一不更不革的恒久之道，其实正是"变则通，通则久"的文化自信，万物皆变，唯变不变。《易经》之道甚深，人更三圣，世历三古。不能因其为古书而否认其中所包含的精彩的辩证法思想。与时俱进、复古维新，正是侨易学的努力方向，就此意义而言，侨易

---

① 刘小枫：《斐德若的后现代修辞——柏拉图〈会饮〉中斐德若颂扬爱神的论证》，《求是学刊》，2012 年第 2 期。

学是应对当下人类困境的一种可能选择。

二

我们何以必须重视中国古典文教传统？重视古典传统并不一定沦入所谓"中国文化的东方主义陷阱"①。重视华夏古典文化传统仅仅因为它能够对人类危机提供有益启迪，任何思想都不可能解决一切问题，而只是在应对问题时采取何种思想来予以解决。现代思想出现危机，回溯古典思想是自然而然的；西方思想内部遭遇危机，从非西方思想来寻找答案，此一思路再寻常不过。上世纪初及以前，中国文化陷入困境，中国"向西方学习"。而今人类危机既然是西方现代性扩张的危机，向非西方文化学习、向中国文化学习乃简单不过的道理，又何必故作耸人听闻之论？世界文化的发展历史正是一个彼此学习、相荡相摩的过程，如四时之代序、如日月之迭耀、如河川之注错。天道好还无往不复，这不仅为华夏古圣先贤的教诲，也是世界文化的发展趋势。东海西海，心理攸同，南学北学，道术未裂，前贤时修，对中国与域外文化密而相融的关系多有所发覆。故不必因主张弘扬中国文化而恐惧什么"东方主义陷阱""知识帝国主义"。华夏文明作为人类最重要的文明之一，理应为当下人类危机有所贡献。这不仅是进一步提升人类文化品质的内在需求，也是在新的历史阶段重绘世界文化版图的必要过程。就侨易学来说，不仅要重视人类的古典文化传统，同时尤其应当重视中国古典文化传统。中国文化是自家之珍，较之外人而言，大略中国人当更能理解其文化的精髓。提倡中国文化，并不意味着全盘否定西方现代价值，它只是重审古典传统和人类文明以便应对当下人类危机的一套方案、一种构想、一个过程。人类文化危机所面临的不争事实是，尽管西方现代价值曾对人类历史发展有过深刻的影响，但如今其被少数国家所操控，已成为历史的反动而应当被重审，尤其需要审视的是西方价值中极端排外的内容。

---

① 参本书何重谊、内善文。

东西文化之分乃是一个现代性划分，东方主义根本上是一个现代性概念。中国如何定义自身文化，才是真正的问题所在。① 东方主义不见得一定要和人类中心主义挂钩，也不一定需要追溯到原始思维，它最直接也最本质的源头就是西方极端主义文化，也就是西方文化不兼容的排外主义思想。这种思想的根源是西方基督教教会传统。基督教教会逐步确立的过程，就是一个不断地排斥异端的过程。基督教异端运动往往和阶级斗争交织在一起，凡非正统教会，皆被冠以异端之名。② 排斥异端的历史过程不仅在基督教教会内部制造分裂，而且还在人类文化中制造罅隙。西方列强之所以在数百年间迅速成为人类的支配力量，靠的是一手持《圣经》、一手持刀剑。现代西方的胜利是通过不断地攻击异文化、不断地打压非西方文明而逐步建构起来的。"攻乎异端"的宗教信仰原则被推广到政治、经济、文化、军事等领域，逐渐成为西方现代价值观。个别西方国家之所以偏执地推行其本身的政治模式、生活方式而罔顾世界上自古以来就有多种政治模式、生活方式并行不悖的事实，其根源就在于将攻击异端的基督教宗教原则运用到政治领域。这与耶稣所倡导的"博爱"等恰恰是相反的，是对古典教诲的背离（当然，耶稣也说过，他来到世间，是要让人类动刀兵之类的话）。这就是我们为什么从古人教诲尤其要从中国古圣先贤的教诲中寻找智慧的原因。

人类历史上，爱人、和平是华夏文明的思想主流。尽管也有"非我族类，其心必异"等思想，但这些观念都是特定历史条件的产物，不是古人教诲的目的，不是古代典籍的主要内容。"攻乎异端，斯害也已"，兼容并包才是华夏文化的精髓。尽管中国历史上有百家争鸣，有三教论衡，有朋党之争，但"和而不同"始终是中国文化的大趋势。"通天下之志"是华夏文化的根本诉求。"天下观"就是中国文化主张世界一体的最佳构想，

———————————

① 陈瑛：《"东方主义"与"西方"话语权力——对萨义德"东方主义"的反思》，《求是学刊》，2003 年第 2 期。

② 李存崑：《试论中世纪的基督教异端运动——兼评人道主义》，《社会科学》，1984 年第 3 期。

它以人类共同的世界作为思考单位，超越了现代民族国家思维，也超越了狭隘的零和理性，它以人类共存为出发点，以人类的关系理性为原则。①

《吕氏春秋·孟春览·贵公》：

> 荆人有遗弓者，而不肯索，曰："荆人遗之，荆人得之，又何索焉？"孔子闻之曰："去其'荆'而可矣。"老聃闻之曰："去其'人'而可矣。"故老聃则至公矣。

"至公"乃中国人所追求的人生境界，故有"天下为公"的主张。这种公天下的思想，和先秦儒家提倡的"大同"理想一脉相承，是中国古典政治思想的精华。

《礼记·礼运》所谓：

> 大道之行也，天下为公，选贤与能，讲信修睦。故人不独亲其亲，不独子其子，使老有所终，壮有所用，幼有所长，矜、寡、孤、独、废疾者皆有所养，男有分，女有归。

此种"天下为公"的思想，推阐之则为儒家之"泛爱众"（《论语·学而》）、"博爱"（《孝经·三才章》）、"仁者爱人"（《孟子·离娄下》），墨家之"兼爱"（《墨子·兼爱》三篇），名家之"泛爱万物"（《庄子·天下》），其极至于道家的"相濡以沫，不如相忘于江湖"（《庄子·大宗师》）。要而言之，爱人类为华夏思想主流，其在政治领域的体现则是"民本"思想，在经济领域的体现则是环保思想——注重生态的思想广泛见于古代典籍，如《逸周书·文传》"畋渔以时，童不夭胎"、《论语·学而》"钓而不纲，弋不射宿"、《国语·鲁语》"蕃庶物也，古之训也"、《文子·上仁》、《礼记·月令》、《吕览》"十二纪"及《淮南子·主术》等典籍皆有明文，而此乃"先王之法"也就是施政措施的重要组成部分，"泽及禽兽"与否是衡量古代圣君的标准之一（如《诗经·大雅·灵台》之美文王、《史记·殷本纪》之美商汤），在哲学领域的表现则是"天地一体""民胞物与"。

---

① 赵汀阳：《天下观与新天下体系》，《中央社会主义学院学报》，2019年第2期。

就此而言，古人与今人境界何啻天壤。那种批判古今悬殊、东西异调的论点显然只见其小、其异，而未能体察其大、其同。尤其将中西视为对立的二元关系，显然是一种排斥性对待的方式。侨者，桥也，由此及彼之谓，东西沟通之谓，古今混一之谓。沟通、混一并非意味着杂糅，而是自成条贯、自具体统。这种体统的构建，自然应当选择中国文化为其根本。这不应当成为非难的理由。人之所以为人，要在其知类。如果泽及禽兽（比如环保主义者）而厌憎人类，不能算智慧之举，但只要对人类有同情之心，就可称之为智者。这里不能以人类中心主义之类的理论驳斥。一套理论、一种学说、一个观念、一门哲学其是否有价值，关键在其是否具有可行性。可行性并不排斥理想主义，可行性并不需要赋予沉重的脚镣。理论是否可行，针对的只是空谈之论。"平等""博爱""自由"等理论之所以被认可，是因为其适应时代心理，符合人类的心理预期。但这并不意味着人类已经达到了那个理想。侨易学不能成为一门远游高蹈的学问，侨易学必须植根于华夏文化的深厚土壤。恰恰因为它是针对中国当下与世界所面临的问题而产生，正如在回应国际治理危机时，我们或许也可以思考一下"天下制度"。① 这因此需要有以天下观天下而非立足于某一文化看异文化的视角，这也就要求摒弃古今分殊、东西对峙、中外异趋的二元论思考方式。

何重谊等人的疑问，正是基于一种二元论思维而发。何重谊等认为，如果不应该用"西方"概念来理解中国思想，那为什么又可以用中国概念来理解"西方"（或"非中国"）思想？我们认为这里应当注意的是提问方式，而非问题本身。换言之，即此一问题是否确实成其为问题。实际上，中国学者从来没有简单地、片面地反对以西方概念阐释中国思想，恰恰相反，引入西方概念加深了对本土固有文化思想的理解和认识，中国学界主流所作的恰恰是大量对西方思想的译介。我们所反对的，是片面地以西方概念来歪曲、遮蔽甚或取代本土思想。随着西方哲学越来越朝向精致

---

① 赵汀阳：《天下秩序的未来性》，《探索与争鸣》，2015 年第 11 期。

性、分析性和明晰性方向的发展，西方概念日益造成"道术将为天下裂"的困窘局面。这一局面的形成，不能不说其根源在于德里达所指斥的逻各斯中心主义，唯有破除了逻各斯中心主义，唯有破除执着于"是"的绝对性，才能实现真正意义上的平等对话，才能构建真正意义上的人类文化普适模式。而这也应当是侨易学的可能选择，亦即侨易学必须面直面逻各斯中心主义，侨易学必须针对西方二元论哲学。那么它必然就是非逻各斯中心主义的，也必然是非二元论的。侨易学如何能够非逻各斯中心主义而又非二元论？至此，我们就有必要对西方逻各斯中心主义-二元论有所申述。

二元论思维为西方现代性的突出特征，体现为政治上的零和博弈、党派攻讦，军事上的地缘对峙、制造假想敌，文化上思想上的民主-威权对立……西方二元论思维中的二元乃是主宰-仆从、中心-边缘的支配与被支配关系，其根源就是逻各斯中心主义。这种二元论思维在古典时代有诸多表达，如诗与哲学、理性与信仰、雅典与耶路撒冷等等。侨易学不是一般性地反对二元论，而是针对性地反对西方二元论，尤其反对的是现代以来的支配性二元论。现代性以世俗精神与宗教情怀的决裂为其起源和目标，以人与自然的对峙为其特征，以人征服自然、支配自然、反抗神明、战胜神明为其理想。当气候危机、生态危机、粮食危机、政治危机、战争危机等多种危机出现时，人类才如梦方醒意识到古典教诲的价值。现代性忘却了人、神同源的古老教诲，忘了万物一体的天地之道。在现代思想的确立过程中，人类中心论、主宰自然论、科学万能论等思想皆曾一时之秀。这些观念追根溯源，要皆以本质论哲学为之根底。这是对古希腊本质论哲学的推阐结果。按照希腊思想家的构想，存在的核心乃"是"（ἐστι）的问题，因此引发了所谓名实问题，意即柏拉图哲学共"相"与个别事物即殊"相"（或曰"实"）的关系问题。但是，柏拉图哲学中的名、实与邓析、尹文、公孙龙等名家又有所不同，后者更侧重于发展名实之间的辩证逻辑，而柏拉图侧重于形式逻辑。柏拉图创造了"存在"或"自在"来表明"相"的自身同一性。由于语言的两面性，它既能传达真理，同时也散布谎言，且能够将谎话说得煞有介事（《奥德赛》19. 203、《神谱》27）。故个别事物包含两种极端相反的性质，遂有著名的"拯救现象"之论。[①] 拯救现象学说的根源在于同一律思想。据《曼诺篇》，一即多之"相"[②]。一与多的命题可转换为现象和本质之间的命题。但《巴门尼德》讨论哲学问题，径以单数动词"是"为主轴，联系它的就只是单一事件，这就排除了多义性、模糊性，从而规定了真理便能以绝对的、纯粹的形式出现，而与任何模棱两可、多种可能根本对立。此一传统又和基督教神学结合，历经文艺复兴、启蒙运动传到现代科学，便形成了探究绝对之一的"是"的问题，或者"存在"问题。要言之，此种述思方式采取定义的行为，即从一的角度来界定多，从本质的角度来照察现象，在事物与本象之间制造巨大的鸿沟。这就是西方现代性二元论思想的症结之所在。故对西方二元论的祛除，并不意味着完全消解二元论，更不是要建立什么知识帝国主义，而是旨在建构一种更利于交流的、更有益于世界各文化平等对话的思想方式。侨易学就是可能的选择。当然，侨易学之所以可能，乃因为其根植于优秀的中国文化传统。这种文化传统正是我们上文所说非逻各斯、非二元论的观物方式。

三

一种理论的普适性，并不苛求其包打天下。人类思维方式是有限的，任何一种主张都是基于"我"之思想而感物，所以仅表示对宇宙奥赜的意见而不能等同于宇宙奥赜本身。但人类对天地之道的兴趣却始终如一，自古至今产生了无量数的述思者，其中矗立着普塔荷泰普、伊普威尔、咎陶、伊尹、鬻熊、毗耶娑、琐罗亚斯德、史伯、老子、孔子、柏拉图、慧能、朱熹、商羯罗、康德等影响极其深远的大思想家，这些述思者纷纷就

---

① ［古希腊］柏拉图：《巴曼尼得斯》，陈康译注，北京：商务印书馆，2008 年，第 46 页。

② 陈康：《论希腊哲学》，北京：商务印书馆，2008 年，第 16 页。

天人之际、神民之分、物我之辨提出见解，但并没有谁创制出一套解释所有问题的理论。孔子尽管有万世师表的徽号，其思想也并非能够应对一切人生现实问题，随时代变迁需要重新评价。① 人类生存的环境瞬息万变、人类所面临的问题也层出不穷，唯其无穷，故必须避免"逐万物而不返"的述思困境。然西方二元论恰陷入这一困境之中，其根由正如上述，在于西人惯常谈论物之"是"，从而将其框定在一单维度的、静态的、分析的述思陷阱之内，从而难免胶柱鼓瑟之弊，其说拘泥难同，故遂强分主观与客观、本体与现象。此乃西方思想的痼疾，限于篇幅和精力，本论无暇详细剖分这一论点。② 欲破西人述思之弊，必须跳出西方看西方，因要有"应物无穷"之心对待外界，也就需要从根本上改变我们的观物方式。中国传统文化则是一种完全不同的观物方式，古人以一种生生不息的、大话流行而非静态恒定的眼光来看待宇宙，因而在理论和行事上讲究法天象地、讲究相时而动、因地制宜，讲究随世俯仰、实事求是。职是之故，那种要求"中国的概念（也即《易经》中涉及的那些概念）可以解释所有的文化位移"的思想显然是违背古人教诲的，古人的思想并非是要以主体的姿态来"解释"外物，而是与外物相摩相荡，由此摩荡之中相机而应。所谓"与物相刃相靡""感物缘情"的意思，这是基于这种与世俯仰、相机而动的思想，世界并不仅仅是"两生"，人以慧眼所照察到的最佳关系是"参视"。③ 是故华夏历史虽更迭频繁但并不动荡，虽历经数千年而依旧生机勃勃。因此，我们方主张，植根于华夏思想创建一种具有普适意义的、兼顾人类优秀文化遗产的可能的问学样式。

华夏先贤已经广泛注意到建立普适学问的可能性，正因为华夏学问与大化流行的宇宙观相应，因此其学问强调鲜活性而非机械论。因之，古人之所谓学问，并非知识论的而是践履的，古人主张身上做得出方是真学

① 梁漱溟：《今天我们应当如何评价孔子》（上、下），《群言》，1985 年第 2、3 期。
② 李川：《二分与三合：从言-文角度看中西思维方式的分野——兼论陈中梅的秘-逻理论》，《郑州大学学报》，2016 年第 2 期。
③ 庞朴：《对立与三分》，《中国社会科学》，1993 年第 2 期。

问，"活泼泼地"是古人学问之最高境界，"生生不息"是古人学问之最终目的。这种鲜活而持久的真学问的代表就是古圣先贤，其所以有此生命力，正是因为其所托者大，所涵者厚。要之，古人率以天下为其述思为学之对象（姑且借用此词），意即侧重于其普适性。比如《尚书·尧典》之"协和万邦"的思想，比如《礼记·礼运》"天下为公"的思想，比如《春秋》公羊学"三世说"的思想。在古代典籍中，"天下"是出现最为频繁的词语之一，"天下"翻译为现代词语就是"全球""人类"，古圣先贤的关怀和时哲并无二致。中国文化的复兴并不是要回到哪一个特定的历史阶段，中国文化复兴的具体目的是以复古为维新，以复古为维新也是绵延久远的华夏文明史上一大优良传统。复兴者，不忘本来面目之谓，故当聆听、汲取前人的思想；维新者，与时俱进之谓，需审时度势，正对当下实际作为应对，自当对人类优秀的文化遗产兼收并蓄。强调中国文化复兴，强调中国方案，并不一定走向"知识帝国主义"。从历史的纵剖面言之，中国数千年漫长的历史上鲜有所谓"帝国主义"阶段，这是由华夏文化崇尚"和"的文化特性决定的。中国文化的主流是厚往薄来、与人为善、和而不同，中国文化最没有侵略性。从现实文化的横剖面看，中国当下的文化复兴，并不是一种排外主义的复兴，乃是兼收并蓄人类优秀文化遗产的复兴。中国人尊重、同时也欣赏世界上一切优秀的文明，中国人主张"各美其美，美美与共"①。中国对外来文化，从来没有采取过类似于基督教那样的文化灭绝主义，尽管在历史上曾经有过宗教争论，古人以争端为"论衡"，大家各说各理，鲜有流血冲突（历史上所谓"法难"乃政治原因，非文化因素）。中国不把自己的文化模式强加给其他文化，何有"知识帝国主义"之说？文化复兴语境的侨易学，因此既需要尊重自身的古老文化传统（"易"之谓），也需兼收并蓄、广采博收非中国的域外优秀文化（"侨"之谓）。古今中外一切优秀的人类文化应在侨易学有所体现。然则何以实现如此宏大的、几乎不切实际的目标？

---

① 费孝通：《"美美与共"和人类文明》（上、下），《群言》，2005 年第 1、2 期。

这就必须实现侨易学的思想转向，即其绝不能是一个知识论的体系，而应当是一种对人类价值有所思考和回应的问学方式。对思想的理解当以对于人性的理解为其前提。人类何以为人类？从古到今、由中而外的思想家们在这个问题上耗尽神思，或谓人乃政治动物，或谓人乃理性动物，或谓人是符号动物，或谓人是经济动物……试图在哲学上对人类予以清晰界定，这本身恐怕就是个问题。尽管人从大自然中分离出来，但人从来没有离开大自然；人自始至终仍是大自然的一部分。人与动物、植物、微生物、无生物都只是造物的组成部分。从生物学的角度上谈，劳动创造了人类，但是动植物的觅食未尝不是一种劳动。人类懂得使用工具，但灵长目动物也懂得这一点。同样，现在的生物学实验证明，动物也有学习的能力。在人类和动物之间作清晰而具体的区分，显然是不可能的。但这并不意味着人不能自我体认，人与动物之间的区别还是明显的，人兽关为古人之大别，尽管"人之异于禽兽者几希"，但"惟人万物之灵"。人之灵明便在于其侨易性。侨，可理解为人与外界交往的需要，也就是人之可"群"，人需要和陌生人、和其所处的社会打交道；同时人还要面对自身的自然属性，要适应这一自然界。易，可阐释为人因自身、因人类社会、因大自然的变化而作出的适当调整，也就是发展、进化或者消亡。从人性的角度来理解侨易学，从人性的角度来建构侨易学。或许就能更深切地理解何以侨易学必须关注古典教诲的价值和意义，同时也必须兼顾域外所传来的自由、平等、民主等政治伦理内容——当然这些内容不能完全照搬，而是要与中国现实土壤互相结合。人的侨易特质，反对将人类作某种本质主义的论断。人具有自然和社会双重属性。这两重属性却又绝非简单的、整齐划一的关系。人的自然属性难以将人与自然界割裂，因此这就需要某种视天地为一体的思想观念。而人的社会属性，又要求人与动植物分开，同时要建立自身的体统。这就需要一种通观的眼光，"究天人之际，通古今之变"，察之古人的"大体"。如《韩非子·大体》：

> 古之全大体者：望天地，观江海，因山谷，日月所照，四时所

行，云布风动；不以智累心，不以私累己；寄治乱于法术，托是非于赏罚，属轻重于权衡；不逆天理，不伤情性；不吹毛而求小疵，不洗垢而察难知；不引绳之外，不推绳之内；不急法之外，不缓法之内；守成理，因自然；祸福生乎道法，而不出乎爱恶；荣辱之责在乎己，而不在乎人。

在重塑人类文化命运共同体的时代主题感召下，通过激活本土固有的思想文化资源照察异域的和本土文化。无论从当下地缘政治格局还是经济实力对比而言，中国都是西方世界以外唯一有潜能应对当下现代性困境的国家。应对当下人类困境，不仅是全球学人的使命，尤其还是中国学者的历史使命。中国历史延续完整、文献记载丰富，同时中国更是人类思想文化的熔炉，时代呼唤原创的中国述思学派的产生，会通中西以实现中国理论自觉，这正是侨易学的可为方向。而依托于易经这样囊括万有的"哲学大典"①，正是其生命力的源泉之所在。

近年来侨易学发展颇好，在学术讨论、实证研究、思想对话等方面均有实质性成果，此处主要以"文化复兴语境"为主题，编选了一些具有代表性的评论文章，供学界参考。全书分为五辑，分别聚焦于如下专题：侨易学的历史渊源与文化语境、作为交易之道的侨易学、文化学视域下的侨易学、侨易学与中国学术的自觉、全球化时代的侨易学。这些文章或钩索侨易学的思想泉源，如巴斯蒂对侨学的来龙去脉作了深入分析，李川探讨了侨易学与文化复兴的关系及可能性，何重谊、内善辩说了侨易学所面临的文化困境，吴礼敬论述侨易学与西学东渐的文化关联，潘锦则以"时代断层"的近背景来审视之；或从内在理论肌理评述侨易学的价值和意义，如陈建华、何雪凝、乔国强立足于"交易之道"或侨易本身的理论予以评价，生安锋视为"文化诗学"，贾俊则以为开启了一种"关于生命的可能性"。而周云龙、林盼、陈戎女从跨文化角度和文化自省的角度探讨了其可能的内涵。崔文龙、罗炜展示了侨易学之于德中文化文学关系应用的个

---

① 熊十力：《中国学术思想的自立之道》，《中国文化》，1991年第2期。

案，何蓉从知识史展开跨文化审查，韩子奇指出其在互联网时代的意义。学者们从时代需求方面捕捉侨易学的可能意义，如顾明栋称之为"一种新文化理论"，吴剑文拟之为"中国思想范式"，刘龙、崔唯航则从理论自觉的角度设论。要之，这些文章无论批评或支持，都有助于侨易学理论的进一步完善。

"侨易学"二书述评

顾明栋

可能受封建专制制度的压制和孔子"述而不作"思想的影响,中国古代思想家自先秦诸子百家以降,只有少数人立志于提出新思想、新理论,建立新学说、新学派,大多数人都孜孜不倦地对历史上流传下来的思想和学术进行考证、注疏、诠释和演绎。进入现代社会以后,情况并没有根本改变,相反,由于受西风东渐的影响,从 19 世纪末以来,中国思想界一直处于接受西方思想的一端,因此,1949 年之前是言必称希腊,改革开放以后是唯西方马首是瞻,追求原创思想、建立宏大理论体系的创作冲动受到了进一步的压制,直到 21 世纪之交,这一情况才有所改观。令人可喜的是,近二十多年以来,"原创"二字几乎是中国学人经常挂在嘴上的口头禅,成为不少学者殚精竭虑追求的终极目标,也涌现出一些致力于提出新思想、新理论或建构宏大概念性体系的学者和思想家,叶隽先生就是其中之一。自 2014 年首倡"侨易学"理论以来,叶隽先生发表了若干文章,出版了两部著作:第一部是《变创与渐常:侨易学的观念》(2014 年),该书是北京大学出版社"中国思想的活力资源库"丛书之一;第二部是《构序与取象:侨易学的方法》(2021 年),是他的又一部力作,也是在首倡侨易学之说以后经过数年的思考、积淀的续作。两部著作都是有意识改变述而不作和被动接受西方理论的状况而产生的结果。据笔者了解,提出侨易学理论的创作动因正是追求原创和构建体系的愿望。叶先生在欧洲游学之时,与欧洲精英进行文化交流与思想交锋之后,深深感到"吾国之起兴于世界，必当先有思想之原创，启创辟之学，聚四方之智，乃能别开天地而为中国文化开新景，为世界文明寻出路"①。《变创与渐常：侨易学的观念》一书正是遵循这一宗旨而呕心沥血所写的力作，该书提出的侨易学理论，令人读后感到耳目一新，其新颖独创之处就在于结合前人的思想，提出有别于前人的观念，并据此构建了一个宏大的文化研究理论体系："侨易学既是一种理论，一种哲学，但同时也是一个领域，一种新兴的学科。"② 寥寥数语，作者的宏图大志跃然纸上。侨易学理论提出至今，已在中国学界产生了一定的影响，并对学术研究产生了一定的作用，若干学者发表了相当数量的评论研究文章。此次，我们将现有的文章收为一集，有助于对侨易学理论感兴趣的学人从事进一步的研究和应用。本导论旨在绍介评述叶先生的两部著述，算不上是导读，只是想对两部书的主要观点发表一些粗浅的个人看法。

一、评《变创与渐常：侨易学的观念》

第一部书提出的侨易学理论并不囿于中国传统和现代学术的范围，而是以中国学术为出发点，以世界为着眼点，将世界文明史的整体进程作为构建新理论的素材，既有宏观的视角，又有微观的案例，志在跨越中西文化与学术的藩篱，在探讨中西文明互动的关系时，试图摸索文明演进过程中的共通规律。同时，侨易学的提出，又是为了对世界文明发展的研究提供某种方法论的尝试。正如作者所言："如同现象学、符号学、谱系学一样，侨易学不是现行学科体制中的一种具体规训，而是从一种解决问题、阐释现象的方法前提着手，来构建一种相对实用、便于操作，但又具有相当宽阔拓展哲理思维空间的具体理论。"③ 为了实现这一宏大的目的，全书洋洋洒洒三百余页，共分为绪论、结论、上中下三篇，每篇三章，一共有

---

① 叶隽：《变创与渐常：侨易学的观念》，北京：北京大学出版社，2014 年，总序第 1 页。以下只标注该书作者、书名、页码。

② 叶隽：《变创与渐常：侨易学的观念》，第 16 页。

③ 叶隽：《变创与渐常：侨易学的观念》，第 17 页。

九大章。首篇探讨侨易学的理论和概念性基础,该篇的三章分别讨论侨易学的缘起、基本概念、核心内容、理论框架和分析模型等概念性问题,重点是根据前人的已有思想,结合自己的思想提出"侨易学"的理论。中篇用在首篇建立的理论框架和分析方法探寻何为侨易现象,旨在把"侨易学"建立成一门学科,围绕此目的,该篇的三章探讨了侨易现象的概念及其内涵与外延,作为研究对象的侨易现象以及侨易现象发生的规律等问题。下篇是侨易学理论的运用,该篇的三章通过分析诸如中外名人的侨居、华人留学史、民族国家内部的文化下延、文化传统的承续,以及中国文化精神的现代转变等侨易现象的若干个案,探讨侨易学理论对知识、思想、文化、民族国家、文化交流和跨文化研究的现实意义和工具性作用。结论部分在现代性和全球化的大语境中进一步思考侨易学有待研究的问题,论证侨易学在后现代语境下的中国意义和世界意义。由于侨易学的一个核心支柱来自《易经》的智慧,因此,其构建体系的勃勃雄心不由得令我想起了西汉的扬雄,他模拟《易经》而作《太玄》,构建了一个有别于《易经》二元论的宇宙生成模式,以三进制周期运动为基础,即三元论的宇宙生成模式的独创体系,并提出了以"玄"作为宇宙万物根源的原创学说。叶隽先生志在提出原创思想、建立思想体系的雄心,堪比中国古代哲人和西方的一些哲人。

侨易学的缘起是多种思想交叉、碰撞、再生的结果。正如作者提到侨易学的来龙去脉时所言,侨易学首先是受到李石曾(1881—1973)的"侨学"的启迪,在将其与中华民族的群经之首《易经》的智慧相结合,并汲取中西多种思想的精髓以后而产生的一种新的文化研究理论。"侨""易"二字既反映了该理论的缘起,也是其核心思想的高度概括,更是了解、熟悉、理解、运用"侨易学"这一理论构建的一把钥匙。换言之,搞懂了"侨""易"二字的来龙去脉和内涵外延,也就大致掌握了"侨易学"的主旨。何谓"侨学"?根据李石曾的表述,"侨学为研究迁移、升高、进步的学问","是一种科学,研究在移动中的若干生物,从此一地到彼一地,或从几个处所到另一个处所；研究他们的一切关系上与活动上所表示的一切现象"。"易"当然指的是凝聚了中国数千年的智慧结晶的《易经》所承载的哲学思想。叶隽先生十分精准地抓住了《易经》的核心思想就在于"易"，即变化。《易纬》说过："孔子曰：易者，易也，变易也，不易也。"① 东汉的郑玄在其《易赞》中重申了这个定义："易之为名也，一言而含三义：简易一也，变易二也，不易三也。"② 关于"易"的含义，叶先生展示了一种与笔者不谋而合的思想，即"易之三义并不是原初性的东西，不易之义乃是后人所加。但凡大本之道，就在于其给后世的无尽阐释性空间"。这里所说的"无尽阐释性空间"也就是本人在英文拙作《中国诠释学与开放诗学》中所言的"诠释开放性"。③

　　侨易学的核心思想是什么呢？叶隽先生在其理论的构建中特别强调的是《易经》理论中的"交易"现象，并采用了历代学者归纳《易经》三个方面的哲学思想，即："观物取象、万物交感、发展变化"。根据"一阴一阳之谓道"的思想，叶隽先生强调变化是在交互作用的合力之下而产生的，所以他在构建侨易学时主要采用交易的思想，"必须有交互相关的一之立名，也包括交感的意思在内。即侨化的过程中，理所当然地就涵盖了交互的意思，达到交感的作用。所以，我将其再做变通，乃易有三进，一为变易、二为交易、三为简易；道乃不易，大道不易"。在此，叶先生表现出令人钦佩的勇敢精神，他把《周易》研究的方法论中的一个思想上升到本体论的高度，并以此作为其理论构建的主要支柱之一。叶先生在推崇"交易"的基础上建立了"二元三维-大道"的侨易理论基础："作为理论的侨易学，其基本思维在于'二元三维，大道侨易'，即'乾元-坤贞'构成基本的二元结构，而其内部又形成三维结构。其外则是大道笼罩，而内部

---

① 《易纬》，见《武英殿聚珍版全书》，函3，册20，卷1，第1页。

② 郑玄：《易赞》，见《郑氏遗书》，卷9，第9页。

③ M. D. Gu. *Chinese Theories of Reading and Writing：A Route to Hermeneutics and Open Poetics*，Albany，NY：State University of New York Press，2005，pp. 105-109.

的流力因素，则是寻求如何搭建两者之间的桥梁、并进而形成有效的'第三者'立足点的可能；而侨易规律本身也不妨视为一种流力因素。"① 究竟何谓"二元三维-大道"？叶先生解释说："如此则终极命题指向'大道'，即'一'；那么乾坤二元构成'二'；事物发展过程的始、中、终（或事物结构的上、中、下），在内部形成了三维，就是所谓'三'。如此与老子的观点'道生一，一生二，二生三，三生万物'恰好若合符节。"②

在将"二元三维-大道"的理论与"侨学"相结合以后，"侨易学"的基本理念、操作方法和研究对象就推陈出新，脱颖而出了。简而言之，"'侨易学'的基本理念是因'侨'而致'易'，这其中既包括物质位移、精神漫游所造成的个体思想观念的形成与创生，也包括不同的文化子系统如何相互作用与精神变形，同时也包括社会结构间的重要概念的层次转换过程"。关于侨易学的基本原则，可归纳为如下三条：

一为"二元三维，大道侨易"。即建立理解世界和宇宙的基本思维结构模式，即二元三维，其道则一，然以乾坤二元结构建构起基本结构。

二为"观侨取象、察变寻异"。也就是在具体研究过程中，我们强调"取象"的重要性。这个取象过程就是确定研究对象，侨易学研究的对象就是"侨易现象"。何谓"侨易现象"？就是由"侨"致"易"的过程，就是由"因"结"果"的过程。其核心点有二，一是"迁移"，二是"变化"。

三为"物质位移导致精神质变"。这里的物质位移，乃是由多个因素构成的重要的文化区结构差之间的位移过程，如此导致个体精神产生重大变化。③

---

① 叶隽：《变创与渐常：侨易学的观念》，第16页。
② 叶隽：《变创与渐常：侨易学的观念》，第14页。
③ 叶隽：《变创与渐常：侨易学的观念》，第20—21页。

依笔者愚见，第一条是侨易学的本体论和理论基础，第二条是侨易学的方法论和研究路径，第三条是侨易学的认识论及其结果。作者提出侨易学的根本目的就是"为了更好地给我们观察变动不居的大千世界、纷繁复杂的人事兴替、红尘滚滚的功利时代，提供一种理论与学理上的支持，同时开辟出一块新的更高的学术平台"。[①]

侨易学是一种强调时空交织的理论，既关注历时性，又关注共时性，因此，既是宏观的，又是微观的，既涉及自我，又涉及他人，既涉及本民族文化，又涉及他民族文化，既涉及主体，又涉及客体，既可研究物质在特定文化场域变异再生的客观现象，也可观照个人和社群乃至民族的精神现象等等。在全球化和现代性的双重背景下，提出如此涵盖广泛的侨易学理论，对理解自我和他者，本民族文化和他民族文化，增进不同文化的认识和理解，促进地球村的和谐无疑是很有意义的。这是侨易学理论显而易见的社会价值和适用价值。在哲学思想层面上，侨易学理论具有更为广泛的概念性意义，这是因为：侨易学思维借助于易经思维的总体资源、以"二元三维-大道"为本体论基础与《周易》、儒、释、道等传统哲学问题有着天然的内在联系，无疑会以中国传统哲学的整体性思维弥补现代西方分析性哲学的缺憾，从跨文化的视角促进世人探索个体、群体、道德、宗教、文明、自然乃至宇宙大道。在学术层面上，侨易学对"变创"和"渐常"这两个核心观念的概念性思考，有助于我们认识到这样一个道理：创新和保守、发明和山寨、开辟与守成、创造与模仿等一系列问题并不是非黑即白的二元对立，而是相辅相成的一体两面，应避免要么是为了创新而创新，要么是放弃对创新的追求，满足于模仿、山寨。本人总的评价是：侨易学对人类思想生活、世界历史、文化交流等宏观议题提供了一个基于中国哲学思想、兼顾西方现代哲学思想的阐释理论和方法。作者似乎要步西汉扬雄的后尘，建立一个像《太玄经》那样宏大的哲学体系和诠释系统。

[①] 叶隽：《变创与渐常：侨易学的观念》，第 22 页。

侨易学的出现是一个值得庆贺的学术现象。作为一种新文化研究理论，侨易学本来的目的是要为在全球化和后现代语境下的跨文化研究提供一种崭新的思考方式和探求路径，可用于观察大千世界万象与理解历史、思想、人生、社会等文化现象。这一目的是否达到了呢？可从三个方面来看。首先，侨易学在理论构建方面是较为成功的，达到了"成一家之言"的目的。在认识论方面，也为"通古今之变"提供了一个新视角，但作为批评研究的分析阐释方法是否足以"究天人之际"？笔者认为其有效性尚大有可改进发展的余地。我十分赞同周宁先生在该书《序》中说的几句话："'侨易学'仍是一个发展中的理论，甚至只是一种'假设'，期待着学界的进一步论证与阐发。"在此，笔者也想发表一点泛泛的看法。我以为《变创与渐常：侨易学的观念》一书存在着这样一些有待改进的问题：立论略显得大而空泛，特别是有关侨易现象的界定和论说，凡是有"位移"的事物，都被视为侨易现象，就有抓到篮子里就是菜的感觉，令人产生如何区分其与李石曾的"侨学"、萨义德（Edward Said）的"理论的旅行"（Travelling Theory）、斯蒂芬·格林布拉特（Stephen Greenblatt）提出的"运动研究"（Mobility Studies）、当下十分热门的"流散研究"（Diaspora Studies）以及全球化等理论的疑问。有些使用的资料并不十分切题，有些案例分析较为牵强，有传统释易的附会做法。侨易学理论的工具性尚显得稍微稚嫩，依其方法论而进行的案例分析也时常出现与普通书评接近的倾向，至少看不出与以其他理论为指导而进行的文化研究有什么实质性的不同。笔者初读叶隽先生的第一部"侨易学"论著，就认为侨易学将来的发展与完善，似应在方法论和分析阐释的实用性和有效性方面下功夫。笔者在前面提到撰写《太玄经》的扬雄，他的其他著述如《法言》《方言》及辞赋等在中国历史上对后世影响很大，但《太玄经》却命运不济，在汉代以后，除了专门研究《周易》的学者，知道《太玄经》的人为数不多，研究《太玄经》的人则更少。即使是研究《周易》的学者也不看好该易学体系，甚至有人视其为旁门左道而不屑一顾。侨易学会不会遇到扬雄《太玄经》遭受冷落的命运？我希望不会。因此，笔者诚请学界对叶隽先生的创举给予热情的支持和鼓励，积极参与讨论，将这一理论的潜在价值充分发挥出来，使其更趋完善，在当今众声喧哗的理论界占有一席之地。

二、评《构序与取象：侨易学的方法》

笔者在认真拜读过 2014 年叶隽先生第一部侨易学论著以后，有机会参加 2015 年在同济大学文学院召开的侨易学研讨会，还在《清华大学学报》上发表过一篇学习、评点和反思那本书的心得体会，并在研讨会上与叶隽先生当面提出自己的看法、批评意见和改进建议。因此，在收到第二部新著以后，笔者放下手头正在忙碌的活儿饶有兴致地予以拜读。阅读以后，很有感慨的是，叶隽教授不仅是一位志向远大，才华横溢，自觉构建中国特色理论的学者，而且也是一位心胸开阔，对中西学术兼收并蓄，尤其是善于聆听不同意见的学者。新书花了一定篇幅反思其他学者的看法，根据他们的批评建议重新思考侨易学，并把思考所得融入新著之中，使得侨易学的理论有了令人欣喜的提升。我记得在那次研讨会上曾对他的第一部书提过几点看法，其中一点就是，侨易学的理论提出以后怎样才能成为一个具有实用价值的理论。新书以实实在在的思考和方法构建回答了我的问题，新书的标题《构序与取象：侨易学的方法》就清楚表明，这是一部有关侨易学方法论的论著。笔者欣喜地看到，本人和其他学者指出的其他一些问题也得到了认真的回应。新书虽然聚焦侨易学的方法论，但也在同时进一步深化了第一部书提出的理论问题，这在新书结论部分有清晰的描述："此书主要讨论的是侨易学的方法，聚焦于如何建构起更为缜密的方法论和概念范畴，但显然也不能完全摆脱理论的层面，即更为宏观的哲性思考。"①

新书在侨易学的理论问题上有什么新的推进和建树呢？笔者认为，建

---

① 叶隽：《构序与取象：侨易学的方法》，杭州：浙江教育出版社，2021 年，第 277 页。

树之一是在侨易学的理论基础上思考"侨元"和"易元"这两个概念，并从本体论和方法论的视角予以阐发。根据新书，"侨元"有四层涵义："一曰位移，二曰互戏，三曰升质，四曰构系"，在这四个涵义中，"位移"在第一部书中已经提出，但不是照搬原意，而是有所深化和扩展。其他三点是首次提出，新书将侨元阐发为"移""仿""高""桥"，将易元阐发为"变""常""简""交"，并将两个概念组合起来衍生成十六义，并根据理论的需要予以精简为九义，"即移变、移常、移交；仿变、仿常、仿交；桥变、桥常、桥交"。另一个推进是对"观侨取象"概念的符号化构思，其理论意涵为："在系统观念中考察全息思维。三指论与侨易学的理论关联，进而凸显侨易符号的生成意义。"笔者认为，新书最值得关注的是作者根据中国《易经》的思想，重新考察了"侨易二元"的类型划分，在原来的三大类型中增加了第四类。笔者之所以觉得新书的重新思考具有重要意义，是因为这种对"侨易二元"性质的思考也适用于各大哲学传统二元论中的二元关系："关于二元的关系类型，我曾将之分为附型、战型、竞型、和型四种类型。"① 而且，这种类型划分不仅适用于个体，也适用于群体和共同体。第三个创新点是新书借用易经的太极图，在二元关系之外开辟第三维，提出流力区域的"接触空间"，使得第一部书中阐述的侨易学理论的二元三维的概念性框架更为圆满、更有实用价值。

笔者在阅读新书的过程中，自然而然地将其与第一部书的核心内容相对照，以观察叶隽教授思想的深化、推进和创新之处。记得当年笔者在高度赞扬第一本书的价值的同时，也对该书的不足和可以改进之处提出一些建言，主要有两点。第一点是：《变创与渐常：侨易学的观念》的两个核心概念是"侨"和"易"，但最初的侨易学在两个概念的关注上是不平衡的，侨学比重较大，易学关注不够，与《易经》的思想也是只有若即若离的联系。我认为，"侨"是因，"易"为果，侨易学是二者相互渗透、相互加持、相辅相成的结果。因此，笔者在拙文的结语部分指出："侨易学是

---

① 叶隽：《构序与取象：侨易学的方法》，第 246 页。

建立在'侨学'和'易学'这两大支柱之上的理论，在汲取'侨学'和'易学'理论资源方面，吸收前者的思想较多，对后者只是吸收了'变异'这一核心思想，而对'易学'的再现诠释体系只是采用了'交易'的理念。因此，两大支柱呈现出一长一短的现状。侨学是长腿，易学是短腿，'侨易学'的理论构建较为成功，但'侨易学'的方法论似乎尚处于常识性研究的阶段，两条腿的长短不一容易使人质疑'侨易学'与李石曾的'侨学'有何根本区别。"① 令人感到欣慰的是，笔者指出的这一点不足在新书中得到克服，作者提出一些新的概念，提出一些新的逻辑关系，做出一些创新之处，加深了侨易学与传统的易学的关系，使侨易学成为名副其实的"侨易"理论。

笔者在评论第一部书时还指出一个值得重新思考的地方，这涉及侨易学的核心思想和基本原则。叶隽教授曾将核心思想归纳为三条：一为"二元三维，大道侨易"；二为"观侨取象、察变寻异"；三为"物质位移导致精神质变"。笔者曾经对这三条予以哲理的归纳，即第一条是侨易学的本体论和理论基础，第二条是侨易学的方法论和研究路径，第三条是侨易学的认识论及其结果。② 侨易学理论的第三条十分重要，不仅因其是侨易学理论的认识论，而且也隐含了具有实用价值的方法论，在新书中，叶隽教授为了弥补第一部论著在方法论方面的不足，花了大量篇幅予以深入探讨。笔者在评点第一部书时认为，侨易学理论第三条强调"物质位移"导致精神质变似乎有待修正，因为这一条存在着一些会引起质疑之处。的确，不仅是笔者，其他学者也从不同视角对其提出一定的质疑。比如周云龙教授对第三条原则提出质疑，认为其审视"物质"和"精神"的二元路径有可能"落入西方中心主义的窠臼"。③ 吴剑文教授也认为物质位移的概

---

① 顾明栋：《"侨易学"与思想创新——对一种新文化理论的评析与思考》，《清华大学学报》，2017 年第 4 期。

② 同上。

③ 周云龙：《侨易观念：第三极智慧与起源的诱惑》，载乐黛云、李比雄主编：《跨文化对话》（第 33 辑），北京：生活·读书·新知三联书店，2015 年。

念存在意涵模糊的问题，因而提出"物质时变"的观念。① 刘超教授则认为：致易的元原因是多种多样的，除了空间的侨动，还有时间的问题，"既然存在'因地而易'，也就存在'因时而易'和'因人而易（异）'"等问题。② 笔者的质疑与这几位有所不同，我的关注"位移"首先是人的迁徙，即主体的位移，因此，我认为，强调"物质位移"会带来一系列问题。比如："侨易学把物质的位移和思想的位移视为侨易现象看似突破了'侨学'的限制，扩大了研究范围，但这样做会使其理论与其他相关观念和理论的分野无法区别，导致原创性的丧失。既然汉语的'侨'字以人为中心，侨易学也应该以侨居和乔迁之人为本，以位移的事物、思想为辅。"③ 因此，笔者在研讨会上和后来发表的文章中都建言将侨易学的第三条原则"物质位移导致精神质变"改为"主体位移导致精神质变"。④

而且，笔者在拙文中花了较大的篇幅说明为何"主体位移"比"物质位移"更能使侨易学理论圆满，其中一个重要原因就是，使用"主体位移"可以避免与已有的理论撞车，凸显侨易学理论的原创性。首先，物质位移与全球化理论几乎重叠，而且还没有全球化理论的内涵广阔，因为全球化理论涉及人员、资源、资金、技术、思想等在跨文化场域之间的流动等。其次，西方现有若干思想家的理论与侨易学理论不谋而合，这些理论包括詹姆斯·克立福德（James Clifford）的"旅行文化"（Travelling Culture），奥尔特·本雅明（Walter Benjamin）根据鲍德莱尔的"闲逛者"（Baudelaire's flâneur）提出的现代性理论，曼纽尔·卡斯特尔（Manuel Castell）的"流动理念"（Idea of Flow），玛丽·路易斯·普莱特（Mary

① 吴剑文：《现代中国思想范式的建立——侨易学初探》，载叶隽主编：《侨易》（第一辑），北京：社会科学文献出版社，2014 年，第 255 页。
② 刘超：《叩寻"学术的""变常之道"》，载乐黛云、李比雄主编：《跨文化对话》（第 33 辑），北京：生活·读书·新知三联书店，2015 年。
③ 顾明栋：《"侨易学"与思想创新——对一种新文化理论的评析与思考》，《清华大学学报》，2017 年第 4 期。
④ Nick Mansfield. *Subjectivity：Theories of the Self from Freud to Haraway*, New York：New York University Press，2000.

Lousie Pratt）的"接触区"理论（Contact Zones），格洛丽亚·安卓杜瓦（Gloria Anzaldua）的"边境理论"（Borderlands），提姆·克莱斯维尔（Tim Cresswell）的"移动地理学"（Mobile Geographies）等，还有国内学者熟悉的萨义德的"旅行的理论"（Travelling Theory）[①] 和斯蒂芬·格林布拉特的"运动研究"（Mobility Studies）。[②] 再次，侨易学讨论的精神质变与有关"流亡"（exile）、"流散"（diaspora）、"移民"（immigration）、"流放者"（émigré）等研究和理论也有异曲同工之处。以上列举的研究和理论与侨易学理论在研究对象、研究方法等方面有着相当多的重叠、类似或共通之处。因此，读者会提出一个问题：侨易学与这些提及的观念和理论有什么本质区别呢？笔者认为，侨易学理论必须在与这些理论的争锋中突出自己独树一帜的亮点。除了个别理论之外，如本雅明有关"闲逛者"的现代性，上述列举的西方理论对个人或主体的位移似乎关注不够，即使是"闲逛者"也只是在都市中移动，不是"侨学"所探讨的主体的跨国境、跨文化的位移。相比之下，"侨易学"十分重视人的位移，其丰富的内容正好可以补缺，因此，将"物质位移"改为"主体位移"可以弥补西方理论的不足。

三、对侨易学理论的进一步建言

不知何因，新书用了第三章整整一章深入讨论侨易学的第三条核心原则，仍然坚持使用原来的概念，这一点在该章的标题就可清楚看出——"作为二元结构的'物质位移与精神质变'与第三维意义"。这一章的副标题和几节的小标题也说明作者对"物质位移"理念的坚持。副标题："以

---

① Edward Said. "Traveling Theory", in *The World*, *the Text*, *and the Critic*, London and Boston：Faber and Faber，1983，pp. 226-247；"Travelling Theory Reconsidered", in Robert M. Polhemus and Roger B. Henkle, eds. *Critical Reconstructions：The Relationship of Fiction and Life*, Stanford，California：Stanford University Press，1994，pp. 251-265.

② Stephen Greenblatt, et al. *Cultural Mobility：A Manifesto*, New York：Cambridge University Press，2009.

'物质位移'的多层意义为中心";第一节的小标题:"质疑'物质位移'与提出'物质时变'";第三节的小标题:"'物质位移'的多层次界定"。这些标题的内容不仅说明了作者对"物质位移"的坚持,而且说明作者对其他学者的质疑是认真对待的。但遗憾的是,新书在回应质疑时恰恰没有提到我的质疑和建言。笔者在同济大学的研讨会上提出质疑和建议,后来在《清华大学学报》的文章中系统说明了质疑和建议,叶隽教授在新书中回应过我的其他质疑意见,但唯独没有提及我对"物质位移"的质疑和建言,究竟是何原因,笔者在新书里找不到直接的答案,倒是找到一些间接的回应。比如,新书对笔者指出原有的侨易学理论无所不包,面面俱到,似有大而无当的批评做出了间接的回应,认为侨易似乎有"混沌气质",并提出"消解主体",认为这样的思路"就是一种近乎于混沌气质的表述,即把握无序表象背后的大序所在"①。但我以为,如果走向混沌理论,并不能解决理论和实践问题,相反进一步加重了原书无所不包的缺憾。

新书并未否认主体对于侨易学理论的重要意义:"侨、易本身的相交过程,当然是通过作为主体的个人来进行的,但这个个体在侨易学理论的自身发展逻辑中也仅仅是一个载体,是目标实现的手段。当然也并非完全如此,因为人毕竟还是具有创造性的,任何一种观念或思想的形成、发展和创生,都必须通过人的精神世界活动来实现。"② 然而,新书仍然坚持"物质位移"是导致"精神质变"的根本原因。比如,新书第五章"观侨取象的理论意涵"虽较好地处理了"侨"与"象"如何连接的问题,但更加突出"物质位移"的理念:"主要还是考察侨元要义的'移动',即把握住物质位移这个根本性因素来'取象'。这个象,主要还是定位于发生了精神质变的侨易现象。"③ 从常识角度来看,造成侨易现象的主要动因是人即主体的位移,不是物质位移,如果坚持"物质位移",会有将人与物质

①　叶隽:《构序与取象:侨易学的方法》,第123页。
②　叶隽:《构序与取象:侨易学的方法》,第279页。
③　叶隽:《构序与取象:侨易学的方法》,第165页。

混为一谈的弊端。

新书不愿放弃"物质位移"的观念贯穿全书,笔者觉得,叶隽教授可能认为,如果把"物质位移"换成"主体位移",会缩小侨易学理论涵盖的概念性空间和诠释空间,减弱该理论的哲学意蕴。这一点在新书讨论侨易的本体论问题时有所表述。也许是我的建言阐述得不够到位,在如下的篇幅内,本人拟参照格林布拉特的"移动研究"(Mobility Studies)和萨义德的"旅行的理论"(Traveling Theory),进一步说明为何"物质位移"可能带来问题,为何改成"主体位移"有助于侨易学理论的提升和完善。

笔者认为,强调"物质位移"会带来学理上的问题。其一,坚持"物质位移"有一个概念性问题,无法解释何为"物质"。"物质"的英语是"material",根据《现代汉语词典》,意为"独立存在于人的意识之外的客观存在"[1]。物质可以位移,但新书中所讨论的位移的"物质"都不是哲学意义上的物质,甚至不是普通意义的"物质",因此,作者不得不为了自圆其说而辩解说:"首先需要声明的是,这里的'物质'概念,并非简单的相对于'精神'的那种二元对应词的意义,而更多的是一个拓展性的概念,即如上所述,可以包括器物、物品乃至质子、微子等细小粒子,甚至虚拟空间、想象空间等,这里涉及的若干西学理论资源,都值得重视,诸如萨义德、德勒兹的流动乃至差异,包括混沌学的理论等,但之所以要在'物质位移和精神质变'二者之间确立一种因果关系,这一观点明显是西方的概念思维或逻辑思维的产物,乃至于希望能给作为一种学科意义上的侨易学以强有力的对象化支柱。"[2] 此处将虚拟空间和想象空间归入"物质"显然是十分牵强的说法,因为它们都不是独立存在于人的意识之外的客观事物,而是思想的产物,应该归类于精神的范畴,而引文中真正称得上"物质"的概念,无论是可见的器物还是不可见的粒子,都是独立于人的意识之外的客观存在。可是,新书讨论物质位移时提到的却都是精神范

---

① 《现代汉语词典》,北京:商务印书馆,1985 年,第 225 页。
② 叶隽:《构序与取象:侨易学的方法》,第 120 页。

畴的概念，比如，"物质位移概念的多层次界定"的一节专门讨论各种位移的观念，涉及佛教的"法""文化""知识""感觉"和虚拟空间，这些显然都是人的意识所产生的东西，是精神性而不是物质性的实体存在，叶隽教授自己也不否认："就第一条'知识移易'而言，它本来不存在于实体世界，是经由人类的想象和写作活动而创造出来的观念和思想世界，譬如文艺、学术、理论知识等。"① 这些位移的观念显然与位移的物质搭不上边。这段引文不经意间流露出，其实导致这些观念的位移不是观念自身的运动，而是拥有中西观念的人或主体的运动，叶隽教授在新书中另外一处表达了观念的运动也是人或个体的移动的结果："'知识侨易'，即通过精英个体来完成知识的传输过程，无论是物质位移还是精神漫游，这种经由个体（具备'载像'功能）努力而导致的知识传播对于文化交流来说具有重大意义。"②

新书在探讨"物质位移"时列举的"物质位移"的实例也根本不是"物质"的位移，而是人的位移，个体或主体的位移，譬如，一个实例就是清朝留美的容闳，作者说，容闳的"观念之所以发生根本性的变化，就是因为留美经验给他带来的观念上的巨大冲击，设想一下如果没有传教士带其去美国，他不可能发生那样重大的思想变化，所以物质位移是可能成为精神质变的主要动因之一的"。③ 新书列举的另一个实例是萨义德："萨义德从中东到北美，这是最直接的双边位移。但萨义德在中东内部也有过不同的位移，譬如在耶路撒冷与开罗之间。"④ 我们可看到，萨义德的位移是其身体的位移，人的位移，主体的位移，而不是物质位移，用"物质位移"根本无法自圆其说。因此，导致精神质变的首要原因不是物质位移，而是人的位移，即个体和主体的位移，这在中外思想家的学术生涯中有着无可辩驳的证明，从严复到孙中山，从陈独秀到毛泽东，从杰弗逊到富兰

---

① 叶隽：《构序与取象：侨易学的方法》，第127页。
② 叶隽：《构序与取象：侨易学的方法》，第147页。
③ 叶隽：《构序与取象：侨易学的方法》，第121页。
④ 叶隽：《构序与取象：侨易学的方法》，第121页。

克林，从萨义德到霍米·巴巴，无不是这些思想家的个体位移导致主体变化，最终导致思想的突变。

其二，不用"主体位移"忽视了侨易学对"侨学"的深入探讨所得出的成果，放弃了可以不同于已有理论的闪光点。萨义德的"旅行的理论"的思路和分析与叶先生的思想位移导致精神质变的思路不谋而合，殊途同归，但萨义德的"旅行的理论"只是探讨思想在不同国度的旅行和变异，并没有关注思想家的位移，比如，萨义德讨论了匈牙利马克思主义思想家卢卡契（Georg Lukács）的学说在法国思想家戈德曼（Lucien Goldmann）和英国思想家威廉斯（Raymond Williams）那里的旅行而产生的变异，还有福柯的理论在不同国家和地区传播而在新的环境下产生的变体和误读，但他并没有"侨学"的视角，而是从观念到观念，没有关注思想家的旅行而产生的思想变化，这正是侨易学关注的重点之一，因此强调"物质位移"而放弃"主体位移"实在是丢掉了侨易学的原创之处，放弃了侨易学与已有理论的相异之处，实在可惜。

其三，虽然换成"主体位移"似乎缩减了侨易学的阐释空间，其实这是以空间换质量，克服了侨易学原初构思的大而无当的弊端，也可以更有说服力地解决学理性和常识性问题。而且，使用主体位移可以超脱物质与精神的二元老套，还可以与一些有着相通取向的现有理论拉开距离，突出自身的创新之处。笔者在已发表的文章中讨论了侨易学与萨义德的"旅行的理论"的异同，在此不必赘言，仅想讨论一下另一个关于"移动"的理论以说明强调"物质位移"可能带来的弊端。叶隽教授在新书中提及新历史主义理论家斯蒂芬·格林布拉特。格林布拉特在思考身份和语言的话语与旅行、边界等等的关系时提出"文化移动"（Cultural Mobility）理论，呼吁建立"运动研究"（Mobility Studies），[1] 在 2009 年出版的《"文化移动"宣言》（*Cultural Mobility：A Manifesto*）一书中，格林布拉特和另

---

[1] Stephen Greenblatt，et al. *Cultural Mobility：A Manifesto*，New York：Cambridge University Press，2009.

外五位学者根据学界对"movement"和"mobility"的兴趣，从不同的视角提出并定义了"移动研究"的研究领域。他在《宣言》中列出了五大要素：

第一，移动必须从高度字面意义上去理解。登机乘船，爬上马车，挤进车厢，跃上马背，或只是简单地徒步走在他人之前——这些都是理解文化命运的不可或缺的钥匙。

第二，移动研究应该显露人物、形象、文本和观念的隐藏和突出的运动。在此，又得从字面意义开始：文化产品在视觉之外转移，隐身于熟悉而又精明设计的外壳之内，或者由于色彩和形式的微妙调整所伪装的一个个片刻。

第三，移动研究应该找出并分析文化产品得以交换的接触区。

第四，移动研究应该从新的路径解释个体与结构性限制之间的张力。这种张力无法以抽象的理论路径获得解决，因为在某一特定的历史条件下，权利结构企图让一些个人运动并同时不让另一些人运动。

第五，移动研究应该分析根深蒂固的感受，此处具有的悖论意义是显而易见的：如果不能同时理解那些显然受到限制和静止的事物所具有的冰冷的重量，就无法理解移动。[①]

他们提出的五点与侨易学有着相似的研究对象、范围和方法，对于我们深化和完善"侨易学"有一定的启发意义。与侨易学一样，"文化移动"理论也遇到这样的质疑：提出"移动研究"与其他学者呼吁的对运动和移动展开研究有什么不同之处呢？对此，格林布拉特提出了一个与大家熟悉的领域很不相同的核心概念，"偶然之态"（contingentia），该概念强调的不是了不起的或具有标志意义的人事，而是侧重在文化交往中引起文化变异的微小、具体、偶然的时刻。格林布拉特对质疑的回应给我们的启发是，侨易学也应该有与已有的运动理论不同的核心观念。笔者觉得，将

---

① Stephen Greenblatt, et al. *Cultural Mobility*: *A Manifesto*, New York: Cambridge University Press, 2009.

"物质位移"改为"主体位移"不失为一种有效的应对之策。笔者在阅读
《变创与渐常：侨易学的观念》的过程中就注意到，萨义德的思路和分析
与叶先生的思想位移导致精神质变的思路不谋而合，但是萨义德没有像
"侨学"那样对迁移的人或主体予以关注，他的焦点是思想和观念的旅行
和变异，这一关注不够的维度给侨易学留下了发展的空间。叶隽先生发表
过一篇文章——《作为侨易个体的萨义德及其理论形成》①，文章旁征博
引，写得引人入胜，精彩之处不是阐述理论的旅行、碰撞、变异和再生，
而在于把萨义德视为一个不断迁徙、其思想观念因为迁徙而产生质变的思
想家，也就是一个成为侨易对象的人，正因为从主体位移的视角出发，萨
义德生平中的多次移动所引起的思想变化才变成了一种侨易现象。

综上所述，笔者认为，如果侨易学从事物与思想的变异密切相关的侨
居者、迁徙者、旅行者入手，不仅可以克服现有理论构思因为无所不包而
显得泛泛而论的缺陷，而且可以突出侨易学与其他有关移动的理论不同的
视角和维度。而且，从概念的视角来看，汉语的"侨"字以人为中心，侨
易学理所当然应该以侨居和乔迁之人为出发点，探索位移的事物、思想、
观念、文化。如此一来，不仅使得侨易学理论更加主题明确，别具一格，
而且，泛泛而论、牵强附会和稍有离题的质疑也会随之消失。

因此，笔者在此再次建议将侨易学的第三条原则"物质位移导致精神
质变"改为"主体位移导致精神质变"，使用"主体"而不是"个体"或
"人"更有哲学意蕴，因为"主体"不仅包括笛卡尔、斯宾诺莎、康德、
黑格尔等启蒙思想家所构想的自在、统一、独立的自我，即自然存在的个
人或个体，也包括尼采、弗洛伊德、拉康、福柯等人所说的被社会、政
治、意识形态和文化所构建的主体，即被社会化后的个体。② 主体既可包
括侨易学理论探讨的侨易现象所涉及的个人及其在迁徙之前对自我的感知

---

① 叶隽：《作为侨易个体的萨义德及其理论形成》，《江苏师范大学学报（哲学社
会科学版）》，2015 年第 1 期。

② Nick Mansfield. *Subjectivity：Theories of the Self from Freud to Haraway*，
New York：New York University Press，2000.

和认识，也包括个体在迁徙、旅行、侨居之后的外界变化如社会、语言、意识形态和文化等因素对侨居者主体性的构建。以这样的视角从事侨易学的研究既可包括萨义德"旅行的理论"和格林布拉特"文化移动"理论以及其他众多移动理论所涉及的思想变异，又增加了萨义德和格林布拉特的理论基本没有关注的层面，即引发理论旅行和精神质变的第一动因不是思想文化等的位移，而是产生精神质变的个人或主体的位移，用"主体位移"取代"物质位移"十分简单，且无需改变侨易学的概念、性质、本体和方法，并可借助"主体性"拓展"侨易学"的认识论和方法论空间，因此不妨一试。

第一辑

侨易学的历史渊源与文化语境

"侨学":源自民国的中国跨文化
对话理论及其在近期的复兴

巴斯蒂　撰，孔维恒　译[①]

　　中国积极、深度参与全球文化交流和对话，并非仅仅发生在过去的 40 年内。在 20 世纪上半叶，中国的精英群体和许多普通民众就已经与外部世界进行了广泛的接触，讨论了如何借鉴、模仿外国知识技能，来改善个人生活和繁荣国家。就国际交流的运作、作用和意义问题，一些人已经进行了更全面和具有原创性的反思。这类思想的奠基者，乃是晚清和民国期间的四位重要人物，彼此之间也是朋友，即李石曾（1881—1973）、吴稚晖（1865—1953）、蔡元培（1868—1940）和张静江（1877—1950）。他们称这类反思和探索方法为"侨学"，通俗讲即"海外学"，将其作为学术研究的一种新分支，以及改造社会的一种新工具。

　　1950 年之后，"侨学"思想从此湮没不闻，被人长期遗忘。但令人惊奇的是，十年前，一群研究比较文学、现代思想和文化的中国年轻学者，却将这一理论重新发掘出来，将其改造为"侨易学"，即对移居国外所导致的变化之研究。

　　我们先讨论李石曾及其友人在 20 世纪上半叶所构建的"侨学"概念。

---

　　① 巴斯蒂，法国国家科学院名誉教授，域外汉学研究者；孔维恒，上海海洋大学外国语学院讲师。

"侨学"——早期民国的跨文化对话的项目

在李石曾看来,"侨学"实际上不只是用来描述一种新概念的一个新词汇。这更是基于他对共和国制度的信念和理想而形成的一个项目,一个面向文化领域的行动大纲。"侨学"因此可视为一种早期民国思想的中国跨文化对话项目。

李石曾,名煜瀛,国外常称李煜瀛,乃是清末重臣李鸿藻(1820—1897)的幼子。就自家子女的培养,李鸿藻却认为科举路线毫无前途、死路一条,士人要想取得成就,也不应走仕途这条路。[①] 1894年,李石曾尚不满13岁时,李鸿藻聘请齐令辰(楔亭)作为塾师。齐令辰与李鸿藻是同乡,进士出身但视界开阔,不仅国学知识渊博,而且对于西方知识和现代科学也有相当的了解,头脑敏锐,见解独到。[②] 17世纪明王朝覆灭之后,齐令辰祖上一直拒绝为清朝朝廷效力。齐令辰本人同样如此[③],更用这种思想来指导李石曾。齐令辰让李石曾学习17世纪的革新思想大家如顾炎武(1613—1682)、黄宗羲(1610—1695),以及实学学者颜元(1635—1704)。齐令辰传授给学生的原则,正是他本人的箴言"实事求是"。[④] 他同样激发了李石曾对世界的开放态度和对新科学知识的饥渴。齐令辰还将维新时期的变法家及其著作介绍给李石曾,引起了后者对于1895—1900年间变法运动的兴趣。

庚子年义和团运动期间,李石曾一家,与很多人一样,出于安全考虑,不得不逃离北京。目睹着华北大地上的惨状,他认识到中国普通民众身上的极端贫困、无知、迷信和落后——在他看来,正是这些导致了义和

---

① 李石曾:《石僧笔记》,《中国国际文字学刊》,1961年,第76页;《李石曾先生文集》(下册),台北:中国国民党中央委员会党史委员会,1980年,第97页。
② 《李石曾先生文集》(下册),第32页。
③ 齐如山:《齐如山回忆录》,沈阳:辽宁教育出版社,2005年,第2页。
④ 李石曾:《石僧笔记》,《中国国际文字学刊》,1961年,第20页;《李石曾先生文集》(下册),第24—26页。

团运动的发生。这一经历使他终身坚信：中国士人不仅自己要学习更多，也要设法让普通民众学习现代科学知识。①

庚子事变一过去，李石曾就设法出国深造。由于他学过英语，所以本来考虑去美国。然而家里却表示反对，理由是为求学而赴外是羞耻的，这意味着中国不如外国。最终，他们的北京邻居孙宝琦（1867—1931），刚刚被任命为出使法国大臣，愿意带他去巴黎，名义上作为随员，实际上却不用做事。1902 年 11 月，在上海登船之前，李石曾根据齐令辰的安排，拜访了吴稚晖并与之进行了长谈，因为吴稚晖的教育理念深得齐令辰的赏识。这正是李、吴二人终生友谊和密切交往之肇始。吴稚晖建议李石曾学习科学，而非人文学或法律；还建议李石曾发起一个低成本的项目，促进来自各个阶层的中国学生赴法求学。李石曾后来记述，这就是"侨学"哲学的来源。②

赴法船上，同行的张静江成为李石曾的另一位终生好友，两人一年前在北京相遇，此次张静江也设法成为使团外交人员。张静江来自于一个拥有广泛海外关系的食盐、丝绸商人家庭。他使得李石曾把目光投入到资源丰富的海外华人群体之上。到巴黎后，张静江立刻开展起一项颇为兴旺的生意，并为朋友的许多项目提供了慷慨的资助。③

到达巴黎后，李石曾着手学习法语和了解法国生活，先是求教于使团参赞的法国妻子，后来又居住到巴黎郊区的一个教师家庭中。因为身高不够无法就读军事学校，想考大学却又没有符合报考条件的文凭，因此进入蒙塔日一所农业中学注册就读，在他之前一些中国学生也是这样做的。他于三年之后，即 1906 年毕业。④

这一期间，李石曾受到了很好的科学理论的指导，对于进化理论有了全面的认识。与此同时，因为他比法国同学岁数要大，特别擅长社交，学

---

① 《李石曾先生文集》（下册），第 65 页。
② 同上，第 25、67、71 页。
③ 同上。
④ 同上，第 73 页。

习热情很高，老师们和当地精英都乐意与他展开讨论，邀请他到家做客和参加各种聚会。他们向李石曾介绍了大量知识：启蒙哲学，理性主义、科学主义和实证主义的进展，以及上述哲学的政治副产物，如自由思考，普鲁东式侧重互助论的社会主义，联邦主义，和平革命，工团主义的无政府主义路径——即工人协会和自治。李石曾接着反对了军国主义、独裁和战争。他还阅读了克鲁泡特金等人的无政府主义文献。[1] 1906 年回到巴黎之后，李石曾与无政府主义和左派圈子展开了接触。他认识了许多激进政治人物。他与吴稚晖和张静江一起公开宣称信奉无政府主义，并且只吃素。这时起三位朋友开始开展更多项目。1907 年 7 月，吴稚晖的老朋友蔡元培也来到柏林学习哲学。他们彼此写信交换观点。李石曾到柏林去拜访蔡元培及其周围的密友，其中也包括老师齐令辰的儿子齐寿山（1881—1965）。[2] 在巴黎，1906 年他们成立了"世界社"，1907 年创办了《新世纪》中文刊物，着力宣传社会革命和无政府主义理想。1908 年，他们从李石曾的家乡高阳县招收了 30 名工人，让其在自己创办于巴黎郊区的豆腐公司中半工半学。在随后的几年中，他们又组织了十来个学生到法国大学进行勤工俭学。然而，较大的项目，则要等到中华民国成立、蔡元培担任教育总长之后，方才开展起来。在北京和高阳县，都为学生和普通工人成立了预备学校。到一战爆发，项目终止时，大约有 200 名学生到了国外。[3]

当时，这四位朋友都在法国，因反对袁世凯的独裁统治，不得不远离当局。在战争期间及战后，他们尽力为法、英所雇佣的数千名中国工人提供学校教育和组织；他们甚至为数千人的航程提供赞助。重归和平之后，一个新的项目——"勤工俭学运动"应运而生。1919 年 3 月至 1921 年 1

---

① 《李石曾先生文集》（下册），第 73 页。

② 同上，第 87 页。

③ Bastid-Bruguière, Marianne, "Accident and Rationality: LiYuying's denationalization of French thought", *Modern China and "Western" Thought: Reaction and Deformation*, Kobe University, Faculty of Letters（神户大学文学部），2000, pp. 68-81；巴斯蒂：《论二十世纪初在巴黎及法属印度支那中国共和主义派与法国共和主义派的关系》，载王晓秋编：《辛亥革命与世界》，北京：北京大学出版社，2013 年，第 23—31 页。

月，中国各地的特殊学校略作准备后，大约 1600 名学生来到法国，他们通过在工厂工作一段时间来支付学费。法国战后疯狂的经济危机迅速为此尝试画上一悲哀的句号。①

中国的政治形势也有所不同。蔡元培从 1917 年 1 月开始担任北京大学校长，聘请了李石曾担任科学教授。他们与南方的广东政府关系不错。他们决定采用一种常设制度来培养学生。从 1920 年起，李石曾在北京创办了一套学校系统，即采用法国模式的中法大学，并培养学生出国。在 1920 年代末和 1930 年代初，该校发展成大学层次，建立了好几个系。② 在法国，他们四位朋友于 1921 年在里昂成立了中法学院，中国学生经过严格选拔，拿到政府奖学金，可以在此获得住宿，参加法语语言学习和辅导，并进入里昂的大学修习完整课程。③ 1930 年代，作为国联世界文化合作院的中国代表，李石曾启动了许多其他国家项目，比如 1933 年在日内瓦成立了中国国际图书馆。

在这些年中，基于法国共和传统和无政府主义衍生出来的一些观点——自由、平等、博爱、互助、世界公民身份以及公益——上述活动都被证明是合理的。李石曾在媒体上发表文章时，在给吴稚晖写信时，都时不时提起"侨学"，将其作为国际对话的一种体会。但只有到 1941 年 2—3 月间他所写的一个宣言中，才将其作为一种新概念或理论呈现出来。

这份用法语写作的文献是一份 162 页的打字稿，题目是"中国，世界和我"，至今还有一份副本存在巴黎。持有者是一位俄裔记者 Alexandra Roube-Jansky，她是李石曾的一位好友，曾帮助他润色文风。她好心地于

---

① 关于"勤工俭学运动"的主要研究可参见：Levine, Marilyn Avra. *The Found Generation：Chinese Communists in Europe During the Twenties*，Seattle：University of Washington Press，1993.

② 葛夫平：《简论北京中法大学》，http：//jds. cass. cn/xrfc/xrsb/201605/t20160 506 _ 3327726. shtml，2015 年，检索时间：2018-03-22。

③ Wang，Nora. *Emigration et Politique：Les Etudiants-ouvriers chinois en France*（1919-1925），Paris：Les Indes Savantes，2002.

1984 年赠我一份副本。从内部证据来看，该文稿写作于 1941 年上半年。①
这类似于一种自传，是对李石曾国内外过往经历的回顾。文稿旨在赞扬中
国抵抗日本侵略的坚忍及其国际意义，敦促他仍在法国的朋友坚持抵抗纳
粹——正如"自由法国"的战士们在英国和非洲那样做的——并估计苏联
应站到盟军一边来对抗德国。这篇文章同样力图说服美国来参与这一场争
取自由、人类自尊及和平的世界战争。②

　　这份文稿从未以法语原文发表出来，但后来部分内容被李石曾以中文
发表在几种杂志上。原手稿中第 108—147 页讨论"侨学"的部分，被译成
中文并经过大量修订，发表在纽约《自由世界》（*Free World*）中文版
1942 年 11 月期至 1943 年 5 月期上，题目是《侨学发凡》。③ 这些文章被收

---

　　① 李石曾 1941 年 6 月离开法国，途经西班牙和葡萄牙去了美国，然后又到香港，
1941 年 8 月回到重庆［参见《李石曾先生文集》（下册），第 284 页］。他再次去法国，
已经是战后了。

　　② 李石曾 1940 年春到了法国，部分是出于蒋介石的政府使命，即帮助履行使馆
的外交事务。他工作的目的，是阻止外界承认汪精卫政权，并在国际上激起公众对于
日本和德国的反对。1940 年 6 月，当德国军队进军巴黎时，李石曾跟随着法国政府到
波尔多避难。他甚至登上了"马赛"号舰，该舰将带着国会议员和政府当局去北非继
续从事抵抗。但当他得知法国众议院议长也是他好友的爱德华·赫里欧，以及内阁都
将取道地中海到对面时，他下了船。7 月末他到了马赛，这时"马赛"号上的议员们也
刚好绝望地到达此处。不久前 7 月 10 日在维希召开的联合议会上，取缔了共和政权并
赋予贝当政府以全部权力；贝当禁止这些议员参加联合议会，并将其拘禁在阿尔及尔。
李石曾随后跟激进党的朋友们，尤其是参议员 Tony-Revillon 及众议员 Bastid 进行了长
谈，其间他极力劝说他们，法国的战败只是世界大战中的一次战斗，这场战争将所有
热爱自由和民主的人们都团结在了一起，而他们应该在国内组织起更多的抵抗，激发
起更大的战斗精神。在这个悲惨的时刻，李石曾热烈的鼓舞近似上天的召唤，激发起
朋友们重新推动全国抵抗的意愿。参见《李石曾先生文集》（下册），第 66、126 页；
Révillon, Tony. *Mes carnets*（*juin-octobre 1940*），Paris：Odettd，1945.

　　③ 《自由世界》是国际自由世界协会出版的一本月刊，该组织由来自 16 个国家的
流亡者发起，1941 年 6 月 15 日成立于纽约。该刊支持同盟国，反对轴心国。第 1 期出
版于 1941 年 10 月，刊登了美国国务卿科德尔·赫尔（贺可德）的短文；最后一期则
出版于 1946 年 12 月。该刊具有多个语种的版本，全都在纽约出版。李石曾关于"侨
学"的文章从未在该刊英语版中刊登出来，最终以七篇较短的、署他本人名字的文本
形式发表于《李石曾先生文集》中。这一英语刊物在此可见：www.unz.com/print/
FreeWorld/Overview/？Period＝1946。

入 1980 年台北出版的《李石曾先生文集》① 中，当下中国学者所引用的，便是这一版本。但这份文献的法语原稿中，却包含着一些更有意义的争论，而这正是笔者所要着力强调的。

李石曾的基本观点是，身体上或精神上迁移到一个更好的地方或环境，对于文明的发展和人类处境的改善——不管是个体还是集体——都是至关重要的。这一过程已为针对史前时代和各国历史的研究所证实。

迁移到一个更好的、更健康的、获益更多的地方，这一行为可用一个中文字"侨"来归纳。这一汉字的书写方式，即表示个人大概率为逃避山谷里的疾病、野兽、洪水和敌人，而迁移到高处居住。在李石曾看来，这个字的真实含义——既指移民海外的华人，也指在国内迁移的中国人——乃是汉语所独有的，无法真正地翻译为任何一种欧洲词汇。他还将"侨"字所暗示的有意的、自觉的移民，与纯粹的移民，以及受权力欲或对其他民族的征服欲驱使下的殖民，进行了区分。

李石曾在其法语文本中强调，成为"侨"民，意味着具备勇气，热爱风险，独立思考，言论自由，以及合作互惠——既享受新社区给予你的好处，也积极回馈这一社区。他补充说，成为"侨"并不意味着失去自己的个性，或个体对于母国、来源地的感情，而是意味着完善自己的个性，成为一名世界公民，关心世上所有人的正义与和平。

在李石曾看来，"侨学"或者说"移居国外学"，是社会学的一个新分支，对下述过程要进行观察、描述、解释并确立规则，制定原则：移居国外人群与其新环境之间的交流，本土内部睁眼看世界的人群与周围社会环境之间的交流。李石曾及其朋友们相信，他们在这一领域已经具有经验和知识：这种交流仅仅是在自由和民主的互动中才有效。如果是独裁政权所强加的，目的旨在让人类丧失尊严、屈从于其淫威，这种交流将是无效的。

---

① 《李石曾先生文集》（上册），第 292—343 页。

然而，在李石曾看来，"侨学"不仅是社会调查的一种新的科学方法①，它也包括了"社会技术"（social art）②的一个特别分支，即"侨术"这一范畴。"侨术"是这样一种行为和技术：活，展开会面，积极倾听，让自己适应于其他人群和习俗以汲取其精华，并与他人分享自身的精华，不是基于利益考虑，而是为了实现共赢和共同提升。对李石曾而言，教育在这种文化交流中是一个根本因素。要使人们成为"桥"（"侨"），你必须教育他追求真知。"桥"（"侨"）的责任，是尽可能地向他人学习，并教会别人、给予反馈。彼此之间的互动是一个基本的、必须的要求。这类活动乃是李石曾的毕生奉献：他充当了一个车轮，作为一个中介帮助中国与世界实现联络和互动。

　　"侨学"实际上是一个跨国跨文化对话的长期项目，"旨在持续纠正我们的一切概念，因为随着时间流逝，生活环境不断变化，新的需求不断产生。因此，有必要持续修订我们生活、活动的基本原则"③。李石曾将未来视作一个建筑在自由、民主基础上，由公正和和平所主导的人类共同体。他认为，中国人因为坚持着"大同"的古老理想，注定要成为世界公民，而中国也将成为世界联邦的一个支柱。

　　我们接着考察"侨学"思想的历史发展：这一概念的复兴，其如何转变成"侨易"，及其在 21 世纪早期的意义。

---

　　①　《李石曾先生文集》（上册），第 337 页。

　　②　"social art"是李石曾在英语写作时对"社会技术"一词的翻译。在其法语写作中［Li Shizeng. *La Chine，le monde et moi*，Paris（未曾发表的手稿，由 A. Roubé-Jansky 持有），1941，p. 131.］，李石曾使用的是"sociotechnie"一词，他将其解释为"一种社会生活技术"，并用"kiaotechnie"来指称"侨术"。在上面所引文本中，他指出"侨术"也是一种"艺术"，但因其与道德观念联系紧密，所以与通常意义上的其他艺术差别很大。

　　③　Li Shizeng. *La Chine. le monde et moi*，Paris（未曾发表的手稿，由 A. Roubé-Jansky 持有），1941，p. 108，p. 155.

侨易学——中国学界有关文化对话的一种新理论

1950 年后到改革开放前，"侨学"一词及其概念，由于不符合主流意识形态，在中国大陆完全销声匿迹。蒋介石时代的台湾，狭义民族主义思想盛行，此理论同样不合时宜。就笔者本人而言，1982 年首次接触李石曾这类论述时，同样未能留下深刻的印象。当时看来，这些观点寓意不错，但含糊不清，仅仅代表了两次世界大战之间国际和平运动中的一种理想主义思潮。

出人意料地，十年之前，一群从事比较文学、现代思想和文化研究的年轻中国学者，重新发现了"侨学"理论。他们最初是在巴黎，从当地华人群体中的一些老人中了解到的，这些老人认识李石曾及其友人，赞同其关于不同文化交融发展的观点。这些年轻学者中，为主的是来自中国社会科学院外国文学研究所的叶隽（1973 年生），他以对中德文学文化关系的研究见长。他于 2006 年到巴黎后，对李石曾等人的作品和生平进行了发掘。这一新领域的开拓，是叶隽对其先前研究（关于宗白华[①]的研究）的延伸。

叶隽随后就"侨学"展开了进一步阅读和思考。2006—2007 年间，笔者向正在巴黎的他提供了李石曾用法语撰写的一本散论，二人就李石曾进行了较多的交流，并拓展到更广泛的话题上。叶隽深入探究的兴趣，在一定程度上是受当时热议的一个学术假想的激发：即在人文社科领域，中国始终是引进西方理论，从无原创；而中国文化对现代世界的贡献，中国文化能否充当"软实力"等，也就值得怀疑。有鉴于此，从一开始、从根本上，叶隽就力求建构一种分析框架，帮助解释他在德国、英国和法国考察到的文化现象，也帮助反思和提升他本人的留学体验。他为此广泛阅读了王国维、陈寅恪、钱锺书、李泽厚、乐黛云等中国学者关于文化碰撞、交

[①] 宗白华（1897—1986），著名作家、美学家，曾于 1920—1925 年间到德国留学，这时在"一战"中遭受重创、谋求再起的德国民众，正在转向东方寻求思路。

流和融合的著作，以及大量相关的外国文学著作。

在此基础上，叶隽从《易经》中借来"易学"，对"侨学"进行补充，形成了"侨易学"的概念。2013 年，他出版了《变创与渐常：侨易学的观念》，这是一本专门解释此概念的重要著作。学界对此书反响强烈，不但召开数次学术会议专门研讨①，更从 2014 年开始出版《侨易》集刊。随后中国学术刊物上也发表了不少论文，尝试批判性地运用这一理论来解决问题。在此过程中呈现出的有益见解，提升了"侨易学"水准，叶隽本人也撰写众多后续论文，将这些成果吸纳进来。自此，"侨易学"便成为中国在文化研究领域的一种新的、原创性的理论。②

"易学"，即关于变化的学问，是一个源自《易经》的复杂概念。中国数十世纪以来，对于《易经》的阐释和评论堆积如山，关于"易学"的研究也源远流长。如今叶隽所做的，乃是借此建构一个理论工具，来分析文学思想乃至其他社会科学方面的文化交互问题。在他看来，李石曾的"侨学"理论清晰地指向了交互过程中的空间维度：作为主体的人，必须要与母国、出生地和原本文化保持距离，为此必须要移至另一个地域或空间。然而叶隽也看到，"侨学"忽视了其中的时间维度，即交互过程的具体现实性和发展变化。"易"本是汉语中意思很多的一个字。叶隽基于郑玄的观点，梳理出"侨易"这一复合概念中，"易"字包含的多种意义或侧重点，包括变易、交易、简易，以及恒常、不易等。而"侨易学"也就揭示出空间上的移动，如何导致思想上的变化。这一理论有助于重新审视主体在跨国文化环境中、在中国以及其他地方的转变。学界已尝试运用该理论，以多种方法来解释知识的转移和创新。③

---

① 对部分会议的调查以及会议材料可见"侨易观念工作坊"，《侨易学学界讨论资料选编 1》，中国社会科学院外国文学研究所资本语境项目组侨易观念工作坊，2015年。

② 有关该理论后续发展的讨论，可见林盼：《提高理论解释力的两条路径——侨易学的发展方向》，《江苏师范大学学报（哲学社会科学版）》，2016 年第 6 期。

③ 《侨易》，2014、2015、2016；林盼：《提高理论解释力的两条路径——侨易学的发展方向》，《江苏师范大学学报（哲学社会科学版）》，2016 年第 6 期。

在学界看来，叶隽创建了一个复杂的概念，可以解释各种变化和交流——不仅在中国内部或是中国与世界之间，而且在世界各地和各种人群之间。在此意义上，中国学术重新获得了创造理论的能力以及主体地位。"侨易学"赋予中国和世界一种认识现代性和全球化的方式，该方式超出了以往的传统与西化二元论、韦伯理性范式或众多其他西方话语和理论模式。[1] 一些学者也指出，该理论还提供了一种工具，帮助从事文化碰撞或跨文化对话实践。由此我们也注意到，"侨易学"根本上是反对中国文化至上论的。该理论的基本信念是所有文化都很宝贵，都值得重视。文化的发展，恰恰是通过跨文化交互才得以实现的。[2]

结　论

必须强调的是，叶隽始终是非常谦虚的。他多次指出自己理论中的诸多缺陷，真诚地希望获得各位同行和批评者的帮助，以此来完善该理论，使其更加有效。在该理论的影响下，就固有看法如"中国文化"是什么，"西方"又是什么，以及是否真的存在"西方化"或"全球化"一类东西等，产生了许多新的观点、问题和修正意见。"侨易学"还有一个关键观点，即不管文化对话带来多少变化，个体内部始终存在一定的不变之处，也就是一种母体或基本结构，决定哪些文化特色可以修改，以及如何修改。这是李石曾先前所称的"道德个性"[3]。

要将"侨易学"概念输出到国外，一个棘手的问题是如何恰当地将其内容翻译出来，因为作为其根基的中国古代思想，虽然丰富，却相当含混。

笔者当下更为担忧的问题，乃是当下关于"侨易学"的讨论中，完全

---

① "侨易观念工作坊"，《侨易学学界讨论资料选编1》，中国社会科学院外国文学研究所资本语境项目组侨易观念工作坊，2015年，第55页。

② 同上，第272页。

③ Li Shizeng. *La Chine，le monde et moi*，Paris（未曾发表的手稿，由 A. Roubé-Jansky 持有），1941，p. 111.

忽视了自由、人类尊严和友爱、和平和公正等问题——这不仅是李石曾等人当时提出"侨学"理论时极为重要的一块，也是真正实现文化对话的基础。这是一个使人紧张的退步。李石曾认为，要实现中国和全人类的文化进步，必须具备自由民主等政治和社会条件，这在叶隽 2013 年的书中，还有深入的论述。而到了 2015 年有关"侨易学"的论述中，李石曾所推崇的自由、民主、人性及世界友爱等，所受关注则大为减少。2016 年 12 月，叶隽在华东师范大学就"侨易学"的概念做了一次演讲，其中仅仅只是提了一下李石曾的名字。①

（本文原载于 *Berliner China-Hefte / Chinese History and Society 50*，2018 年）

---

① www. skc. ecnu. edu. cn/s/117/t/325/51/3a/info151866. htm，检索时间：2018-03-27。

侨易学与中国文化研究的困境

何重谊、内善　撰，卢伟　译①

一、分析："侨易"及其两个源头——侨学与《易经》

中国社会科学院叶隽研究员最近推出大作《变创与渐常：侨易学的观念》，旨在阐释"侨易"观念，以及由此引出的一个新的研究领域——侨易学，也即侨易研究。按叶隽教授的说法②，"侨易"观念源出两大思想视野的融合：李石曾（1881—1973）的侨学（主要研究学者的迁移）③ 和《易经》（道家和儒家的传统经典）。因此，"侨易"概念可以视为上述两种思想资源的融合，但又有着质的升华。

侨易观念变创性地将两种灵感融为一体，体现了叶隽的创造性思维。因此，我们先要解释一下这两个源头。李石曾是这样描述他的新理论的："何谓'侨学'？侨学为研究迁移、升高、进步的学问"④；"侨学是一种科学，研究在移动中的若干生物，从此一地到彼一地，或从几个处所到另一个处所；研究他们的一切关系上与活动上所表示的一切现象"⑤。也即说，

①　何重谊（Jean-Yves Heurtebise），台湾辅仁大学法国语文系副教授兼系主任；内善（Vanessa Kopec），曾任全球可持续发展法律倡议协会研究助理，现在马赛非政府组织 ACPM 担任首席讲师；卢伟，中华女子学院外语系副教授。

②　叶隽：《变创与渐常：侨易学的观念》，第 3 页。

③　李石曾：《侨学发凡》（1942），载《李石曾先生文集》（上册），第 296 页。

④　《李石曾先生文集》（上册），第 296 页。

⑤　《李石曾先生文集》（上册），第 332 页。

侨学侧重意义的迁移，先由那些移动的个体（如学者）来承载并传递意义，进而由这些个体在另一个意义世界中进行传播。这就意味着，侨学作为一个新的研究领域，试图探寻概念在移动到新的、具体的意义世界后所发生的变化。① 侨学旨在剖析概念的变化、变形及突变。

我们认为，"突变"（mutation）这个概念是侨学和《易经》之间的核心支点，也是这两种思想资源被用来解释侨易概念时的桥梁。"突变"描述桥接过程中概念内涵的变化。这是一种本体论意义上的转变，而不只是"变化"（change），因为"变化"很少涉及认识论和本体论的层面，比如"心情变化""情况有变""更换衣服"等。"变化"主要是指外在条件的改变，而"突变"则指内在的转型。叶隽强调，"变"是《易经》思维的核心。② 这个"变"，可以理解为"变化"或"改变"，也可以理解为"转变""变换"或"转型"，甚至可以理解为生物学上的"突变"。不过，我们强调"突变"，主要是看重其概念方面，而不是词源方面。希望通过深入分析《易经》对侨易学的贡献，使这一点更为清楚。

如果说《易经》的核心是"变"（变化/转变/突变），那这个变有其非常具体的意义，带有明显的道家思维，在西方哲学家看来就是一种狭窄的特定意义。的确，《易经》试图用 64 卦反映并象征事物在现实中的一切可能的状态。我们不妨把这种"事物的状态（states of things）"称作"存在状态（states of being）"，但绝不能理解成亚里士多德所说的那种实体的"存在"，因为《易经》所说的存在只是现实世界的运动模式、变化形态。《易经》实际上是建构了一个框架，一个有限的、普遍的结构，却包纳着无限的可能性。因此，《易经》不谈"某物"，只谈只存在于某一特定"现在"中的特定情形。这就是一种特定情境论（particularist situationism）。再回到我们对"侨易"的理解，叶隽的意向是用《易经》64 卦这个

---

① 此处我们可以问，是否这一重要的新领域必须有两个层面（具体层面，如人们居住的地域；抽象层面，如抽象思想、概念所居的地域），抑或这两个层面共存于一个世界中。也许侨易学理论能够帮我们解决这一疑问。

② 叶隽：《变创与渐常：侨易学的观念》，第 3 页。

确定的框架，来分析人的迁移和意义（概念或哲学意义）的迁移。下面便来探索这种用法的动力本源（active principles）。

动力本源及普遍运动

对传统的西方哲学家而言，由于深受"西方"逻辑影响，要试图解释《易经》中所描述的事物运动规律，实非易事。在侨易学看来，《易经》中的第一个本体论题就是万物在"阴"和"阳"作用下不断变化，也即"万物在阴阳两势力的推动、矛盾中产生变化，变化的过程是通过交感"。叶隽重新解释了这一核心观念，他认为："事物的'变易'乃是生生不息的过程，凡有宇宙客观之存也，则变易为万世之理，纵然表象为静态，其内部亦始终在运动之中；'简易'表现的是大道至简，最复杂的过程呈现可能最后落实到原理层面。"[①]"阴阳"被看作是导致"质变"的"本源"。的确，我们可以这样解释：阴/阳就是万物永恒运动的动力，就是在永恒的变化中保持不变的运动，就是能生万物的那个"简"。这就是为什么叶隽说："事物形态可能千变万化，但最终有其不变的恒定之理在。"[②]

不过，叶隽在重诠传统遗产的同时，也敢于做出修正，使之适应当代问题。关键的一步就是他认识到了外力的作用。

因此，他"特别强调其根本之处在于'乾坤相峙'[③] 的二元基本结构"[④]。我们可以将阴/阳运动视为内部/微观视野，而乾/坤相峙则为外部/宏观视野。"乾坤"对应着万物的普遍形态，使人想到某种特定的实体。在乾坤的各种组合之间，存在着事物的各种形态，当我们要描述事物的单一状态时，这种形态就构成了一个非常有用的框架。

---

① 叶隽：《变创与渐常：侨易学的观念》，第 5 页。
② 叶隽：《变创与渐常：侨易学的观念》，第 7 页。
③ 乾和坤是《易经》中的前两卦。乾是纯阳（即是只有阳线构成），坤是纯阴（只有阴线构成）。乾是创造性原则，而坤是接受性原则。
④ 叶隽：《变创与渐常：侨易学的观念》，第 9 页。

从一个新的研究领域到建立新的哲学方法论

如前所述，侨易学有其双重特性。一方面，它研究旅外学者的迁移，以及这种迁移导致的思想变化。这就与思想史中的某种研究[①]紧密相关，即关注发生位移的思想家以及新环境对思想的影响。另一方面，侨易学还是一种研究这种学者迁移现象的哲学方法论。叶隽提出了这种分析的一些基本原则。下面就用叶隽的话来描述一下何谓侨易现象，有哪些研究原则。

什么是侨易现象？叶隽在其著作的第二章"侨易学的方法"中，解释了什么是侨易现象，用什么原则来进行分析。侨易现象的界定条件很简单：一位学者，或至少是一位知识分子，从一地迁移到另一地。他以毛泽东为例："譬如毛泽东从湘潭来到长沙，这就是一个侨动过程"，"但这一种较长时间的侨动，实际上已经可以被视为一种侨易现象"。[②] 但他随后也强调说，如果是一位"普通农民"在迁移，那就是另外一种"侨易现象"了。这是广义视角和狭义视角的区别，我们的分析原则也由此而生。从最广泛的角度看，一位普通农民的迁移，也属于侨易现象，因为这个个体发生了位移；但是从哲学意义上看，这不属于侨易现象，因为"这并不构成质性变化的条件"[③]。的确，位移能否成为侨易现象，是有条件的。首要的条件是迁移者的内在条件：个人必须具有一种能成为侨易研究对象的质性负荷，有了这种负荷，才有可能成为侨易研究的对象。迁移者必须是"一种具有学术价值和研究意义的客观研究对象"[④]。不过，看能否成为侨易现象，还需要外部条件。位移涉及的两个地点，必须具有不同的性质，为迁移者的质变提供客观条件。叶隽认为，从文化角度来说，这种差异涉及很多层面。宽泛地说，理想的侨易现象是发生在两种文化之间的：这是导致

---

① 叶隽：《变创与渐常：侨易学的观念》，第 40 页。
② 叶隽：《变创与渐常：侨易学的观念》，第 32 页。
③ 叶隽：《变创与渐常：侨易学的观念》，第 32 页。
④ 叶隽：《变创与渐常：侨易学的观念》，第 33 页。

"质变"的最丰富的背景。①

叶隽强调思想的外部环境的重要性。看重这种外部条件的影响，应该属于一种历史唯物主义。叶隽是将马克思的历史唯物主义应用到了跨文化现象研究之中：知识分子从一种文化到另一种文化的位移，改变了那些决定着他们思想的客观条件。叶隽的理论深受马克思影响，这与李泽厚的后马克思主义理论（post-marxian theory）很相似。李泽厚采用了"铸造"（molding）这个概念来描述外部条件（如历史、社会、文化等）对人的思想产生的决定性影响。② 可以说，叶隽对马克思主义的借用也是出于相同的理念。

这种由新的文化环境引起的"质变"，代表了叶隽理论的核心思想。这就是突变的时间点和突变的条件。这也是"侨"成为"易"的时刻，可以被视为真正的转变。

侨易的方法论是什么？作为一种哲学方法论，侨易研究是一种图像和视觉抽象法（a pictorial and visual method of abstraction）。其首要原则为"观侨取象、察变寻异"，不妨翻译成"taking picture while watching, and seeking differences while observing changes"（观察的同时要提取图像，在观察变化的同时要寻找差异）。侨易方法论是一种注重细节的远距离观察方式并结合特定的抽象思维。其基础是观察而非推理，是描述而非批评分析，因而是一种十分审慎的方法论，和文学研究（尤其是比较文学）密切相关。侨易学主张先观察后判断。但具体怎么做呢？侨易学方法建议，在研究某学者（及其思想观念）从 A 点到 B 点的位移时，先要对迁移过程进行"取象"，进而观察迁移对象的内在变化并做出抽象概括。这就是"因侨致易"③ 的过程，从观察动因，到概括出侨易导致的结果。侨易学的方

---

① 叶隽：《变创与渐常：侨易学的观念》，第 32 页。
② 李泽厚：《历史本体论》，北京：生活·读书·新知三联书店，2006 年。
③ 就是由"侨"致"易"的过程，就是由"因"结"果"的过程。其核心点有二，一是"迁移"，二是"变化"。

法也就是不断缩小范围、逐步地聚焦各种差异。

对西方哲学家而言，这是一个非常有趣的视角。如果还记得德勒兹的名著《什么是哲学》①，以及他是如何试图建构概念的，我们就会很好奇，一位当代中国哲学家的著作里居然也存在这样一种类似的直觉和信仰。概念必须是我们能够看到的东西，跨文化研究就是一个非常合适的领域。

那么"观侨取象、察变寻异"是什么意思呢？这就好比我们借助不同视角来归纳概念或观念的各种变体，观察"同一"观念的两种不同表象之间的差异。这样一来，"差异"也就成了"变体"。由是，侨易学也就为跨文化研究中的普适性问题（universality）提供了新的思路。这就是"易"的辐射。叶隽认同传统道家思想的理解——"易有多义。"② 正因为"易有多义"，侨和易才相互依存。③ "侨是观念，易是实质。"侨易现象，也就是观念的实质发生了质变的一种迁移。但这种转变只是该观念在新文化环境中的一种变体而已。最终，侨易现象就是观念在外部世界中的"内在发展轨迹"④。

"大道"与研究伦理："学者即寻道者"

在此，乾坤之间所有可能的互动和变体都依赖于一个核心概念——道。如叶隽所言："如此则终极命题指向'大道'，即'一'；那么乾坤二元构成'二'；那么，事物发展过程的始、中、终（或事物结构的上、中、下），这就在内部形成了三维，就是所谓的'三'。如此与老子的观点'道生一，一生二，二生三，三生万物'恰好若合符节。如果我们把乾坤二卦的六部曲的规律（起、承、持、转、合、极）也纳入进来，则都在其不言

---

① Gilles Deleuze. *Qu'est-ce que la philosophie?*（1990），Paris：Les Editions de Minuit，2005.

② 叶隽：《变创与渐常：侨易学的观念》，第 40 页。

③ 叶隽：《变创与渐常：侨易学的观念》，第 40 页。

④ 叶隽：《变创与渐常：侨易学的观念》，第 83 页。

之中。"① 叶隽将他创建的新学科与传统道教思想中一些最基础的命题联系了起来。这样，他的著作也就置身于著名国学运动之中，旨在振兴中国当代思想的传统底蕴。

将侨易学与"大道"联系起来，可能是最为典型的例子。由现实本性决定的种种可能性，构成了一个有限度的模式，学者的迁移运动便发生在这个模式之中："所以，我们在做研究时，既要树立追求真知的理想，努力探索可能的变动规律，同时也要意识到作为个体乃至人类的局限，知其所止而为之，因为世间的道理并不绝对就是'知识就是力量'。"②

每一种转型、突变或变化都是对"道"的探索。一方面，这种观点是一种限制，正如它认为现实是有限、确定的，远非无尽的创造性。从这个意义上讲，研究就是寻道的过程，是逐渐接近真理的过程。另一个方面，这种观点又是一种拓展。说迁移的学者就是寻道者，也就拓展了侨易学中的"道"的范畴，拓展了侨易学具体特定的对象（迁移的学者）。因此，"寻道者"的说法在普适层面拓展了道的观念，将侨易现象纳入了中国古代本体论研究的核心——"道"。

侨易：批评视角

如果认为万物的运动、突变或变化有其定数，是先验的存在，这种认识是不是太局限了？从本体论角度看，这与那个著名的存在主义命题（"存在先于本质"）完全相反。但道家对这个问题的答案可能是否定的。在他们看来，即便只有64种可能的变化，但这些变化的意义和现实的结合却是无限的。以《易经》为器，是非常复杂的，因为我们得考虑到爻、动爻……《易经》是一种至繁的简，超越了可变性和不可变性等概念。

从逻辑角度看，《易经》先验的64卦，实际上是否认了"发明"，至少是把"发明"降低为"发现"。从本体论和逻辑学的意义上说，这样一种

---

① 叶隽：《变创与渐常：侨易学的观念》，第14页。
② 叶隽：《变创与渐常：侨易学的观念》，第17页。

有限的框架，也就限制了美学上的多变。但这很可能只是一种误解。可能会有道家学者反驳说，人在这个框架中有足够多的东西可以去体验，并不会真正受到限制。但实际上，限制还是存在的。承认 64 卦，也就限定了视野，重新界定了思想家和创造者的自由——我们的思想、灵魂和身体只能在这些有限的可能性之内活动。因此，《易经》实际上暗含着对自由（freedom/liberty）的界定，绝非无限的自由。按照道家的这种世界观，我们只是享有有限的自由。如果稍加思索，就会发现这种认识与西方（如斯多葛学派）某些关于自由的定义相吻合。

侨易学捍卫了一种以中国为中心的现实观。它用一个中国传统的核心概念包含了所有现实。从理性和哲学的角度看，如果侨易学的假设为真，那么中国的古代传统就是真理。这么说可能有点过激，但这对西方人（即便是真诚尊崇中国思想的西方人）来说，是显而易见的，我们需要指出这一点。这种以中国为中心的思考，可以视为一种正在建构的理论，正在为理解某些事物寻找可行的工具。这一理论应该追求波普尔所界定的真理那种地位，但不应试图成为一种绝对的东西。如果它还停留在一个可行的假设阶段，尝试用中国传统资源来建构中国当代哲学，那就是成功。西方的哲学家们，或者不如就说哲学家们（因为东西方的界限越来越模糊），还应继续深入研究，发掘它的潜力，以满足我们的共同需要。

二、哲学反思：侨易学能否避免中国东方主义（Sino-Orientalism）的陷阱？

在 1592 年问世的《西游记》中，"西"指的是印度。在中世纪到 18 世纪的欧洲学者和语言学家的著作中，"东方世界"主要指基督教发源的那片地理区域，"东方"指的是《圣经》的文化源头。① 对于当今的很多中国知识分子而言，西方指的是欧洲（西欧）和美国，其他非西方国家和地区则都被纳入东方范畴。这种意在使东西方面对面的做法，导致人们将东方

---

① Edward Said. *Orientalism*，London：Penguin，1997，pp. 49-50，51.

等同于所有非西方的东西。这种范畴的划分，背后隐藏着一种看法，即西方文化不是普适性的，它只表达了一部分人的思想，而东方文化才是真正的"普适"文化，因为它涵括了世界上所有的非西方文化成果。

东西方之分只是模糊的概括，没有明确的指涉意义。因此，对比较文化研究来说，要评估一种新的方法论的有效性和相关性，就要看它能否超越那些关于东西方的本质主义-文化主义的概括①，能否为文化生产和学术交流提供一种解构了的、后殖民的解释②。我们也正是从这个角度来审视侨易学的方法论。

现在，每个人都很容易就认识到，东西之分没有绝对的意义，无法严格准确地界定两者。③ 而且，现在也已经不需要再证明"西方文化"这个说法是没有意义的了，因为即便在当今，欧美文化仍存在巨大差异，丹麦文化与希腊文化也存在巨大差异。在克里特文明（五千年前就开始繁荣）和 2014 年诺贝尔文学奖得主帕特里克·莫迪亚诺（Patrick Modiano）所代表的当代法国文化之间，或者在柏拉图和布鲁诺之间，有着巨大的历史距离和深厚的语言差异，要想让他们说同一种语言，让他们体现某些"本质""实质"或"同质"，简直是荒谬至极。

东方文化亦然。尽管中国学者称东亚各国在文化上都是中国传统文化的附庸，但当下中韩日之间的文化差异却大到了似乎难以真正互相理解的地步（我们固然可以说，中国对日本中世纪的文化影响巨大，但也可以说，现代西方文化的大多数特征都是先经日本再传到中国的，日本明治时

---

① Don Mitchell. "The End of Culture? —Culturalism and Cultural Geography in the Anglo-American University of Excellence", *Geographische Revue*，2000，2（2），pp. 3-17.

② Jean-Yves Heurtebise. "An Anthropological and Deleuzian Framework for Comparative Philosophy and New Sinology", *World Sinology*，2013，11，pp. 28-41.

③ Leonardo De Castro. "Is there an Asian bioethics", *Bioethics*，1999，13（3/4），pp. 227-235；Gerhold K. Becker. "Asian and Western Ethics：Some Remarks on a Productive Tension", *Eubios Journal of Asian and International Bioethics*，1995，5，pp. 31-33.

期的文化对现代中国也很重要）。而且，将印度文化和中国文化合称为东方文化，不但没有意义，还容易引起误解。除了佛教成功融入中国这一事实，印度多神教的神话在中国找不到真正的对应，印度在逻辑学（Navya-Nyāya）和数学（Madhava of Sangamagrama）方面的贡献在中国也找不到真正的对应。何况，许多西方学者还认为"印欧假说"（Indo-European hypothesis）也就暗示了欧洲文化和印度文化的密切关联，乔治·杜梅泽尔（Georges Dumézil）认为两者在语言结构、宗教信仰和社会组织等方面的结构性相似就是一个证明。① 按这种看法，印度是属于西方的。② 最后，再说近东，阿拉伯文化和南欧文化关联甚密（都是单一神教，都受古希腊思想影响），把它们合称为"地中海文化"，似乎比把他们分列为东西方文化更为贴切。

既然已经证明东西方的划分是人为的，那就很有可能，使用这种划分的主要动机与科学无关。科学家的目标是要客观地界定真理，尽量不因外在力量的影响而改变公正立场（因为受时空所限，有些的影响是无意识的、不自觉的，虽不易避免，但也要仔细甄别），因此，认识到东西方这种范畴划分的意识形态背景是很重要的。

爱德华·萨义德在其《东方学》一书中指出，西方人对东方的认识，与欧洲的殖民主义、北美的帝国主义不可分割。③ 因此，西方学者也要避免陷入"东方"意识形态的陷阱。西方的"东方学"力图将东方西方化，从文化层面来证明西方政治霸权的正当。从表面来看，东方学贬低东方文化，诋毁亚洲人，张扬西方的社会文化优越感，美化西方统治阶级。但这不是东方学最重要的特征：东方主义话语可以反复衍生，而无需宣称其文化优越性，甚至无需诉诸文化等级原则。从更深层次来看，东方学意味着一种特定的话语形式，它的文化范畴划分是预先界定了的，可以有意或无

---

① Georges Dumézil. *Mythes et Dieux Indoeuropéens*，Paris：Flammarion，1992，p. 146.

② François Jullien. *L'écart et l'entre*，Paris：Galilée，2012，p. 5.

③ Edward Said. *Orientalism*，London：Penguin，1997，p. 123.

意地在任何语境中反复使用。[1]

因此，东方主义有两个层面。首先，它是人类中心主义的症状，是由欧洲殖民主义的成功带来的（欧洲人建构东方学，为其霸权主义辩护）；其次，它是一种话语结构，包括一系列有关"亚洲身份"的惯用修辞，旨在建构一个与西方身份相对的形象。第一个层面上的东方主义等同于欧洲中心主义（涉及文化等级和对东方的贬抑）；第二个层面上的东方主义等同于文化本质主义（它不会必然隐含文化优越性，但隐含着文化保守主义）。两个层面相互关联，但不等同。相对于解构第二种东方主义，谴责第一种东方主义更为容易。实际上，我们也会看到，很多谴责欧洲中心主义和文化霸权的亚洲学者，仍在使用东方学的文化本质主义话语。

以欧洲为中心的东方主义出现的时机是可以被精确界定的：在18世纪中叶到19世纪初。[2] 为证明这一点，只需要比较莱布尼兹和黑格尔在谈论中国时说过的话就可以了——康德的《人类学》是位于两人之间的支枢点。莱布尼兹称颂中国文化，认为它是一个被赋予了代表着人类原始语言写作系统的远古文明；黑格尔则贬低中国文化，认为它是落后、幼稚的文化，没有客观科学、内在道德和社会进步等概念。不过，文化本质主义似乎是与生俱来的，没有哪个群体或哪种文明不曾假定自己是世界的中心，就连东方小岛上的遥远部落也不例外。原始部落认为自己是人性的、文明的，而敌人则是非人的、野蛮的。[3] 进一步来看，每个原始部落都是将自己与他们最近的邻居一起对比，将世界分为两类：一部分属于自己，一部

---

① Edward W. Said. "Orientalism Reconsidered", *Cultural Critique*，1985，1，pp. 89-107.

② Jean-Yves Heurtebise. "Archeology of European & French Sinology: an inquiry into cultural hybridity", *Chinese History and Society/Berliner China-Heft*，2015，p. 45.

③ Shlomit Eisenberg. "Ethnocentrism and the Face of the Stranger", *The Journal of Social Psychology*，1968，76（2），pp. 243-247.

分属于他者。① 东西方的区分也只不过是这种原始习俗的新近衍生而已。

不过，既然东方学话语结构的影响（即存在东西方的文化区分，表现为自由、理性的西方人与不自由、非理性的亚洲人的对立）仍然很大，也就引出一个问题：如果东方学只是殖民主义的结果，那为什么还能在殖民结束后继续存在？答案很简单：因为东方学，即东方主义话语模式，也影响了东方人关于自己文化的认识和表述，东方也借此来构建自己与所谓的西方相对的方面。

如萨义德所述，东方学也就意味着要将"他者文化"视为自身文化的对立面："东方学曾有助那些试图固化欧亚差别的普遍的文化压力，也曾得到过那些文化压力的帮助。"这句话不仅描述了欧洲中心的文化主义话语，也描述了中国中心的文化主义话语。

不管是西方学者，还是亚洲或中国学者，对将中国和东方看作西方对立面的倾向都不陌生。② 欧洲中心的东方主义可见于黑格尔的《哲学史》，中国中心的东方主义可见于梁漱溟的《东西文化及其哲学》。有趣的是，他们在谈到对立文化时，说法也非常相似。黑格尔断言，中国文化是无知的（geistlos），缺乏思想深度③，需要西方来唤醒它；而梁漱溟则称，西方文化过于注重外部现实④，提议用亚洲的文艺复兴来"拯救西方免于陷入道德缺失和极端唯物主义"⑤。梁启超也持同样观点，在著名的《欧游心影

---

① Bruce G. Trigger. "Ethnohistory and Archaeology", *Ontario Archaeology*, 1978, 30, pp. 17-24.

② 梁漱溟：《东西文化及其哲学》，台北：台湾商务印书馆，2003年，第7页。

③ Georg F. W. Hegel. *Vorlesungen über die Philosophie der Geschichte*, Leipzig: Philipp Reclam jun., 1966, p. 172.

④ 梁漱溟：《东西文化及其哲学》，第99页。

⑤ Edmund S. K. Fung. *The Intellectual Foundations of Chinese Modernity Cultural and Political Thought in the Republican Era*, New York: Cambridge University Press, 2010, p. 73.

录》中说，"欧洲一片混乱，需要中国从精神层面指引它的发展"①。因此，欧洲中心的东方主义和中国中心的东方主义，使用了完全一样的本质主义—文化主义（essentialist-culturalist，潜在的民族主义者和种族主义者）概念来表达相对的思想；他们将世界分为两个文化领域，各有其固定疆域，并将理性和想象、自由与服从、法律与道德、实用主义与理想主义等双重理念分配其中。欧洲中心的东方主义暗示，（科学）理性和（政治）自由是西方的专利；而中国中心的东方主义则暗示，（公共）道德和（纯粹）精神是东方的特产。

由欧洲中心的东方主义（殖民）话语和中国中心的东方主义（反殖民）话语构建出来的东西方之分，仍是困扰当前文化研究的一个难题。②只有西方和东方学者首先解构他们自己的欧洲中心或中国中心的东方主义，才有可能进行去殖民化（decolonizing）的文化研究。

在此有必要区分去殖民化前西方中心的东方主义和去殖民化后中国中心的东方主义。对 19 世纪末、20 世纪初的中国学者而言，问题在于如何在这个面临激烈的政治和地缘政治危机的时代（大清帝制灭亡、向"外国势力"开放门户），重新定义中国文化。"中国现代性"（Chinese modernity）的捍卫者，不仅反抗外国势力，还反对一部分中国知识分子，因为那些知识分子认为中国的传统文化就是导致中国不敌西方和日本的原因。

今天的中国知识分子面临的情形完全不同。自改革开放以来，中国已经成为世界上发展最快的国家之一。按照拥有亿万富翁的数量排名，中国是世界第八；按照财富超五千万美元的国民数量排名，中国是世界第二。中国正在发展成为一个拥有强大现代化军事力量的富裕独立的国家。在这种背景下，中国文化无需惧怕所谓的西方威胁。但关于保护、重建、重新

---

① Juntao Wang. "Confucian Democrats in Chinese History"，in Bell D. and Hahm C. *Confucianism for the Modern World*，Cambridge：Cambridge University Press，2003，pp. 69-89.

② Longxi Zhang. *Unexpected Affinities*：*Reading across Cultures*，Toronto：University of Toronto Press，2007，p. x.

吸收中国文化的呼声，反而在当下最为响亮。要理解这一点，就需要知道，在殖民地时期，世界地缘政治话语的结构不是区分东西，而是区分南北。更重要的是，这一区分主要依据的是经济，而不是文化。南半球国家假装反对北半球的发展模式，同时还要避免美苏冷战造成世界两极分化。而现在东西区分已取代南北区分，也说明以前的发展中国家已经采用了资本主义西方的经济模式。强调文化差异，有助于使人忽略国家经济范式的巨大变化。[①] 东西方的区分，恰好掩盖了全球化发展模式下南北半球区分已经消失的事实。

萨义德将东方学界定为试图用古代东方文本来解释现代东方生活的话语。因此，不只是西方在将"东方"东方化，东方也将自我进行了东方化。文化本质主义仍在支撑着文化辩论的架构：学者们的目标就是找到中国或西方终极的"文化特殊性"，以找到与对立-互补的他者绝对不同的内容。这种抓住"民族精神"的做法，在中国学界提出的"中华民族复兴"的语境中很有分量。[②]

渗透于国学研究中的本质主义-文化主义观念，认为能够借用孔子或老子（或《易经》）来解释当代中国人的行为，通过重新使人感到文化的完整、文化的统一和文化的同质来实现国家安全。因此，国学的任务，就是找到能将文学经典所界定的过去和以普通社会行为为特征的现在联系起来的纽带。这种做法的缺陷是显而易见的：它无视我们自己文化间的差异，而过度强调我们与"他者"之间的差异（尤其是认为我们的文化传统即便经历了"文化大革命"，也仍然延续了下来）。我们将自己的文化同质化，是为了消除各种内部矛盾（如资本主义与发展的矛盾，儒家思想与马克思主义的矛盾，儒家、道家与佛教之间矛盾，等等），但越是这样做，我们

---

① Vivienne Shue. "China：from Heshan to Falun Gong"，*Globalization and democratization in Asia：the construction of identity*，Catarina Kinnvall and Kristina Jönsson，Routledge，2002，pp. 210-229.

② Suisheng Zhao. "Chinese Intellectuals' Quest for National Greatness and Nationalistic Writing in the 1990s"，*The China Quarterly*，1997（152），pp. 725-745.

就越强调我们的文化与他者文化之间的对立——这个他者也被看作是一个同质、统一、完整的文化，也即神秘的西方。因此，以中国为中心的东方主义构建出一个神话般的西方，对减少内部摩擦和文化冲突也起到了一定作用。

于是，我们的问题就是：侨易观念能在多大程度上帮助我们远离这种自我东方主义（self-orientalist）和文化本质主义（cultural-essentialist）的状态？

目前还很难说，因为叶隽的《变创与渐常：侨易学的观念》更像理论程式，还需看这种理论体系在具体个案研究中的应用情况。不过，单就理论原则来说，还有三个值得细说的潜在问题：普适性、本土性、杂糅性。

普适性问题，就是试图将只属于特定文化的某个理论系统，如中国思想中最有传统特色的《易经》，用它所界定的突变模式来解释（个人和观念的）迁移中出现的所有"突变"。当然，中国学者尝试在自己的传统中寻找概念资源，来界定文化研究的一种新的理论框架，而不使用所谓"西方"（美国、法国、德国）概念，是无可厚非的，甚至还是很有必要的。但从历史上看，这种尝试也包含一种悖论：中国学者可是一直在批判西方学者用西方概念来理解中国文化的。叶隽的理论如果有普适性，也就意味着中国的概念（也即《易经》中涉及的那些概念）可以解释所有的文化位移。不仅可以解释发生在中国的位移，也可以解释发生在中西之间位移，还可以解释任何文化之间的迁移。如果不应该用"西方"概念来理解中国思想，那为什么又可以用中国概念来理解"西方"（或"非中国"）思想？这个问题不只是叶隽的侨易学要面临的，而且是所有中国国学研究都要面临的一个问题：一方面要复兴中国本土的千年文化，另一方面又将这种文化视为普适模式（一种与个人主义的、不道德的、黩武的西方模式相对的模式）。这就陷入了两难之境：如果国学研究旨在确立"中国精神特色"，那它就拘囿于中国之内；如果旨在构建一种新的普遍模式，或新的超验方法论，就会引出中国学者所担忧的那种知识帝国主义（intellectual imperialism)。

这就引出了第二个问题——本土性。叶隽尝试构建纯中国的方法论框架，回归中国文化的基础典籍——《易经》（它既影响了道家，也影响了儒家）。但在他试图将中国文化看作一个整体时，却也巧妙地借用了一些马克思主义概念，来分析社会-经济环境对迁移者的影响。虽然这位 19 世纪德国哲学家对现当代中国影响很大，但准确地说，他是一位西方哲学家，一方面深受黑格尔辩证法的影响，另一方面也深受欧洲（尤其是法国）社会运动的影响。不过，在对《易经》的再阐释中，马克思辩证法的影响似乎没有得到精确估量。当然，这也不只是侨易学才面临的问题，而是国学普遍面临的问题，即，当代中国对其古代文化的理解，实际上是一个有可能受西方阐释学遗产影响的重构过程。中国学者在重诠中国文化时，很有可能受西方思想影响，但这一点还没有引起足够的认识。

这又引出了第三个问题——杂糅性。叶隽在其著作中认为，"侨易学的核心观念就是探索异域文化和人类文明过程中形成的一般法则之间的相互联系"。这里有个难题或者悖论。他假设有 A、B 两种相异的文化，当 A 文化中的某个观念、人或物移动到 B 文化时，就有可能发生质变。而且，两种文化之间的差异越大，位移带来的变化就越大。但这种界定法似乎缺乏历史厚度，因为在人类历史上，之所以出现两种文化之间的人或观念的主动迁移，就是因为这两种文化并非完全"相异"（alien）。一位德国汉学家位移至中国，也就意味着中国概念已被介绍到德国——中国思想也确实自从 17 世纪晚期起被介绍到了德国，莱布尼兹关于《易经》的哲思就是证明。因此，存在一种在文化上无法识别的情形（cultural indiscernibility）：是当代中国学者在阐释《易经》时受了马克思思想的影响，还是《易经》的思想早已渗透进了黑格尔的辩证法？

今天似乎不可能将概念的迁移看作在两种原初（original）文化之间的旅行，因为现在已经没有什么原初文化了，没有哪种文化是没有被其他文化渗透过的。而且，似乎也不必非要经历位移才能带来文化变化，实际上，在当下，在自己文化中生活的每一刻都是一种位移。

（本文原载于《世界汉学》第 17 卷，北京：中国人民大学出版社，2019 年）

侨易学视角下的"西学冲击"与
中国文化的"精神质变"

吴礼敬[①]

一、引言

叶隽先生的"侨易学"观念有两个思想来源：其一是李石曾（1881—1973）的"侨学"，主要研究"移动中的若干生物"在"一切关系上与活动上所表示的一切现象"；其二是《易经》，主要取其"万物交感"方面的哲学思想。因此"侨易"的名称中即蕴含由"侨化"过程中的"交感"带来的"变易"之义。[②] 侨易学的研究对象是"侨易现象"，也就是由侨致易的过程。换言之，它主要研究"侨易主体"如何通过"相交"（尤其是物质位移导致的"异质相交"）发生"精神质变"的过程。侨易学的核心一是迁移，二是变化，"迁移"强调"侨易主体"在异质文化间的位置移动，"变化"强调"侨易主体"的精神世界发生的"质性变化"。[③] 叶先生坦言，侨易学的观念"直接源于自身对文化交流史实证研究的理论需要"[④]，因此，本文拟将 1840 年以来中西文化交流引发的思想嬗变放到侨易学的理论框架下进行考察，分析"西学冲击"对中国文化造成的剧烈影响和中国文化发生"精神质变"的途径，一方面尝试为运用侨易学研究思想文化的变

---

① 吴礼敬，合肥师范学院外国语学院副教授。
② 叶隽：《变创与渐常：侨易学的观念》，第 3—5 页。
③ 叶隽：《变创与渐常：侨易学的观念》，第 6、20—21 页。
④ 叶隽：《变创与渐常：侨易学的观念》，第 7 页。

迁提供案例支持，促进中西文化交流史的方法论建构，另一方面希望能在一定程度上回应一些学者对侨易学提出的批评。

二、中国文化精神成长的三阶段过程

"侨易学的核心内容乃在于探讨异文化间相互关系以及人类文明结构形成的总体规律。"因此它的关注焦点一直是不同文化之间的互动关系，而侨易学的一个重要目标，就是"通过实证性的可操作方式，来考察具有关键性的文化、思想、精神的具体形成问题"。[①]

为此，叶先生具体考察了中国文化精神成长的三阶段过程。第一阶段为"内在于华夏"，冲击力是春秋战国时期的"百家争鸣"，核心是"儒道二元结构"的基本形成，标志是汉代的"罢黜百家，独尊儒术"；第二阶段为"内在于东方"，冲击力是汉唐时期各种宗教入华，核心为佛教西来，标志为宋明理学的形成；第三阶段为"内在于世界"，冲击力是宋元以降的西人东来，核心是西学冲击，以现代新儒家的形成为标志。[②] 如果说前两个阶段的中国文化在"百家争鸣"和"佛教西来"的冲击下均已完成了"精神质变"，形成先秦儒学的理论建构和宋明理学的理论发展，那么"现代新儒家的体系建构远未完成，也未能形成一整套应对西学冲击的完整文化方略。由此而中国融入世界，所开辟的新一轮的文化整合创生，仍在过程之中"。[③]

1840 年鸦片战争爆发以来，面对"西学冲击"，中国知识分子先后提出过"中学为体、西学为用""全盘西化论""西学为体、中学为用""内圣开出新外王""中国传统的创造性转化"等多种思想变革模式。但迄今为止，它们或流于失败，或未曾实现，或尚未完成。也就是说，面对近两百年的"西学冲击"，中国文化尚未成功实现"精神质变"或"文化转

---

① 叶隽：《变创与渐常：侨易学的观念》，第 18 页。
② 叶隽：《变创与渐常：侨易学的观念》，第 178—179 页。
③ 叶隽：《变创与渐常：侨易学的观念》，第 179 页。

型"，其原因何在？以下拟从近现代以来中西文化交流的性质、中西文化的本质差异（异质性）、"西学冲击"下中国文化产生"精神质变"的具体途径三方面试作探讨。

三、"数千年未有之钜劫奇变"：近现代以来中西文化交流的性质

唐德刚曾提出中国历史发展的"三大阶段与两次转型"：

> 愚意自夏禹家天下以后有记录可征之国史，凡四千余年。四千年中，如按我民族所特有之社会型态发展之程序而分析之，则四千年来我民族之社会政治型态之发展，盖可综合之为三大阶段，亦即封建、帝制与民治是也。从封建转帝制，发生于商鞅与秦皇汉武之间，历时约三百年。从帝制转民治则发生于鸦片战争之后，吾侪及身而见之中国近现代史之阶段也。[①]

第一次转型的核心转变在于政治上废封建、立郡县，经济上废井田、开阡陌，学术思想上由百家争鸣转为独崇儒术；第二次转型的核心转变体现在政治上由君权转向民权，经济上由农业经济转向工商业经济，学术思想上由控制转为开放。第一次转型造成"行同伦"的大一统的中央集权王朝，第二次转型则迈向现代的多元化社会，这个转型至今仍未完成。唐德刚将鸦片战争之后中国面临的社会政治转型与历史上的"周秦之变"相提并论，凸显了"西学冲击"给中国文化带来的严峻挑战。这个挑战，陈寅恪在《王观堂先生挽辞并序》里说得更为清楚：

> 吾中国文化之定义，具于白虎通三纲六纪之说，其意义为抽象理想最高之境，犹希腊柏拉图所谓 Idea 者……夫纲纪本理想抽象之物，然不能不有所依托，以为具体表现之用；其所依托以表现者，实为有形之社会制度，而经济制度尤其最要者。故所依托者不变易，则依托者亦得因以保存。吾国古来亦尝有悖三纲违六纪无父无君之说，如释

---

① 唐德刚：《晚清七十年》（第一册），台北：远流出版事业股份有限公司，2003年，第7页。

迦牟尼外来之教者矣。然佛教流传衍盛昌于中土，而中土历世遗留纲纪之说，曾不因之以动摇者，其说所依托之社会经济制度未尝根本变迁，故犹能藉之以为寄命之地也。近数十年来，自道光之季，迄乎今日，社会经济之制度，以外族之侵迫，致剧疾之变迁；纲纪之说，无所凭依，不待外来学说之掊击，而已销沉沦丧于不知觉之间；虽有人焉，强聒而力持，亦终归于不可救疗之局。盖今日之赤县神州值数千年未有之钜劫奇变；劫尽变穷，则此文化精神所凝聚之人，安得不与之共命而同尽，此观堂先生所以不得不死，遂为天下后世所极哀而深惜者也。①

"周秦之变"完成以后，学术思想由"百家争鸣"转变为"独崇儒术"，中国文化确立了"三纲六纪"的儒家正统学说。"三纲"即"君为臣纲，父为子纲，夫为妻纲"，"六纪"指"诸父有善，诸舅有义，族人有序，昆弟有亲，师长有尊，朋友有旧"。与这个正统学说相配套的是高度中央集权的官僚政治、重农抑商的地主经济、编户齐民的户籍政策，中国社会形成了宗法一体化的"超稳定的社会结构"②。这一儒家正统学说贯穿整个帝制历史时期，其间虽然遭遇佛教思想的冲击，但因为分散的小农经济一直占据主导地位，宗法一体化的社会结构并未动摇，所以儒家学说继续发展出程朱理学和陆王心学，即所谓儒学的第二期，纲纪之说因此得以维系。鸦片战争以来，尤其是晚清至民国这段时期，大一统的中央集权制度开始瓦解，小农经济向工商业经济过渡，儒家正统学说失去了社会经济制度的凭依，在激烈的"反传统思潮"的冲击下本已岌岌可危，在与以"科学"和"民主"为表征的西学的对垒下更显得捉襟见肘，儒家传统文化中可资利用的思想资源极为匮乏，终于形成陈寅恪所谓的"数千年未有之钜劫奇变"的局面。王国维之死自然是一场悲剧，他既是中国文化的托命之人，又深

① 陈寅恪：《王观堂先生挽辞并序》，载陈美延、陈流求编：《陈寅恪诗集》，北京：清华大学出版社，1998年，第10—11页。

② 金观涛、刘青峰：《兴盛与危机——论中国社会超稳定结构》，北京：法律出版社，2011年，第219—222页。

谙西学门径，陈寅恪总结王国维学术成就时曾提到他的"三重证据法"：

> 一曰取地下之实物与纸上之遗文互相释证。凡属于考古学及上古史之作……是也。二曰取异族之故书与吾国之旧籍互相补正。凡属于辽金元史事及边疆地理之作……是也。三曰取外来之观念，与固有之材料互相参证。凡属于文艺批评及小说戏曲之作……是也。此三类之著作，其学术性质固有异同，所用方法亦不尽符合，要皆足以转移一时之风气，而示来者以轨则。[①]

陈寅恪更预言"吾国他日文史考证之学，范围纵广，途径纵多，恐亦无以远出三类之外"。以王国维这样学贯中西、思接千载的人，学术成就几乎独步海内，却选择以自沉昆明湖的方式结束自己的生命，这对以"三纲六纪"为依托的中国文化而言，对"西学冲击"下以"外来观念"诠释中国旧有典籍的方法而言，毋宁说也是一种不祥的隐喻。

四、中西文化的本质差异

王国维的悲剧和陈寅恪的悲叹反映出在西方列强的军事侵略和文化侵迫之下中国文化遭遇的深重危机，也凸显出近现代以来的中西交流是在西方的强势介入下发生的，本质上是一场不平等、不对称的文化迁移。面对这种情势，很多知识分子开始思考和分析"中学"和"西学"之间的本质差异，以便沟通中西，为中国文化寻找出路，以下是几种比较有代表性的观点：

1. 东西洋思想各成一系

1915 年，陈独秀在《新青年》上发表一篇文章，从三个方面比较中国的哲学、文化与西方的哲学和文化。第一个方面，"西洋民族以战争为本位，东洋民族以安息为本位"，第二个方面，"西洋民族以个人为本位，东洋民族以家庭为本位"，第三个方面，"西洋民族以法治为本位，以实利为本位；东洋民族以感情为本位，以虚文为本位"。比较的结果，陈独秀从

---

① 陈寅恪：《王静安先生遗书序》，载《陈寅恪集（第三卷）·金明馆丛稿二编》，北京：生活·读书·新知三联书店，2001 年，第 247—248 页。

整体上对中国的哲学和文化进行了否定和批判，如第一方面的结论："西洋民族性，恶侮辱，宁斗死；东洋民族性，恶斗死，宁忍辱。民族而具如斯卑劣无耻之根性，尚有何等颜面，高谈礼教文明而不羞愧！"第二方面的比较结果："宗法制度之恶果，盖有四焉……东洋民族社会中种种卑劣不法惨酷衰微之象，皆以此四者为之因。"第三方面比较的结果是东洋民族"以君子始，以小人终；受之者习为贪惰，自促其生以弱其群耳"，而西洋民族"以小人始，以君子终；社会经济，亦因以厘然有叙"。① 因此有论者将陈独秀的思想称为"全盘性反传统主义"② 也就不足为奇了。

2. 内向超越与外向超越

海外学者余英时和林毓生认为，西方文明可以代表"外向超越"的典型，在西方的对照之下，中国的文明显示出"内向超越"的特色。余英时指出，西方的外向超越可以追溯到柏拉图，他建立了理型世界与感官世界的尖锐对比。理型是不变的、永恒的存在，与感官事物的随时流迁完全不同，理型作为存有和价值之源完全在人性之外，唯有不朽灵魂中的"理性"可见其真实本体。在中国的内向超越中，超越世界和现实世界之间的关系是"不即不离"，个人要接触超越世界的"天"或"道"必须内转，向一己的"心"中求索。③ 林毓生说得更为清楚。西方基督教中"外在超越"的观念主要指人与超越的上帝衔接与沟通的方式。超越的实体，既然是超越的，人们如欲与之接触的话，只能依靠与超越实体有特殊关系的媒介，如先知，或先知传统即启示传统下建立的教会所提供的桥梁来进行。这种与超越实体所产生的特殊关系，被认为是超越实体所赋予的，不是在时空中有限的人的自身力量或由人为的努力可以获得。换句话说，由于人

---

① 陈独秀：《东西民族根本思想之差异》，载《独秀文存》，合肥：安徽人民出版社，1987年，第27—30页。

② 林毓生：《中国意识的危机》，穆善培译，贵阳：贵州人民出版社，1986年，第91—132页。

③ 余英时：《论天人之际：中国古代思想的起源试探》，新北：联经出版事业股份有限公司，2019年，第221—229页。

的有限性，不假外求是无法与超越的实体接触的。儒家"内在超越"的观念强调人与天道衔接和沟通的方式，人与宇宙有机地融合在一起——人性内涵永恒与超越的"天道"，"天道"因此可在"尽性"中由"心"契悟与体会。[1]"内向超越"与"外向超越"（或"内在超越"与"外在超越"）的区分是立足于儒家文化和基督教文化的根本差异而言的，中国文化能实现儒释道三教合流，然而基督教与中国文化之间的融合却不断遭遇挫折（如明清耶稣会传教士掀起的"礼仪之争"和清末新教传教士掀起的"译名之争"），各种缘由值得深思。

3. 主客二分与天人合一

金岳霖和余英时都指出"天人合一"是中国哲学的独特型态[2]，张世英在此基础上提出从笛卡尔到黑格尔的西方近代哲学的原则是"主体-客体"式，而中国哲学史长期以"天人合一"的思想为主导。他认为，西方哲学的"主客二分"用公式来表达就是"主体-客体"结构，它把世界万物看成是与人处于彼此外在的关系之中，并且以我为主（体），以他人他物为客（体），主体凭着认识事物（客体）的本质、规律性以征服客体，使客体为我所用，从而达到主体与客体的统一。中国哲学的"天人合一"把人与世界万物看成血肉相连的关系，没有世界万物则没有人，没有人则世界万物是没有意义的。人与世界万物的关系是内在的，人是一个寓于世界万物之中、融于世界万物之中的有"灵明"的聚焦点，世界因人的"灵明"而成为有意义的世界。[3] 西方近代哲学的"主客二分"原则产生了一系列的方法和思维，如演绎法和归纳法的产生，数理工具和实验工具的使用，因果律的推衍，等等，直接催生了西方的科学主义和理性主义。而中国长期以来的"天人合一"思想衍生出天命论、"推天道以明人事""究天人之际，通古今之变""纲纪天人，推明大道""为天地立心、为生民立

① 林毓生：《两种关于如何构成政治秩序的观念》，载《中国传统的创造性转化》，北京：生活·读书·新知三联书店，2011年，第119—121页。

② 余英时：《论天人之际：中国古代思想的起源试探》，第171、71页。

③ 张世英，《哲学导论》，北京：北京大学出版社，2020年，第3—12页。

命"等儒家的道德律和实用理性。

当然，以上只是举其大者言之，难免挂一漏万，如梁漱溟认为西方文化的基本精神是"意欲向前要求"，以这种精神为基础产生出征服自然、科学方法和民主这三种主要特征；而中国文化的根本精神是"意欲自为调和、持中"，因此中国文化中没有征服自然的态度，而是与自然融洽游乐的态度，没有检查实验的科学方法，而是猜测直观的玄学方法，没有崇尚平等的民主社会，而是严格区分尊卑的等级社会。[①] 此外，梁启超、胡适、张君劢等人也都有中西文化比较的观点和论述。总而言之，中西文化之间存在本质的差异，这是清末迄今很多知识分子基本达成的共识。

五、"西学冲击"下中国文化产生"精神质变"的途径

既然中西文化之间存在本质上的差异，而鸦片战争以来，"西学"对中国社会和文化造成的强烈冲击已成为无法消除的存在，那么，如何沟通中西文化，在沟通的过程中，"中学"和"西学"何为"变创"？何为"守常"？在"中学"和"西学"构成的二元结构中有效的流力因素是什么？中国的知识分子不得不苦心积虑地寻求答案。

1. 中体西用

"中学为体，西学为用"是晚清有识之士面对西方冲击时提出的最深入人心的应对方法。黄遵宪说："形而上，孔孟之论至矣；形而下，欧米之学尽矣"；又说："吾不可得而变者，凡关于伦常纲纪者是也。吾可以得而变者，凡可以务财、训农、通商、惠工者皆是也。"[②] 张之洞提出"中学为内学，西学为外学，中学治身心，西学应世事"，"不可变者，伦纪也，非法制也；圣道也，非器械也，心术也，非工艺也"。[③] 伦纪、圣道和心术属于"道"的层面，是维系皇权政治的根本，决不能变，所谓"道者，所

---

① 梁漱溟，《东西文化及其哲学》，北京：商务印书馆，2015 年，第 36—69 页。
② 钱锺书：《汉译第一首英语诗〈人生颂〉及有关二三事》，载《七缀集》，上海：上海古籍出版社，1996 年，第 142 页。
③ 李泽厚：《漫说"西体中用"》，《孔子研究》，1987 年第 2 期。

以立本也，不可不一"；而法制、器械和工艺属于"器"的层面，可以改变，所谓"法者，所以适变也，不可尽同"，需要努力向西方学习，其内容包括"学校、地理、度支、赋税、武备、律例、劝工、通商，西政也，算、绘、矿、医、声、光、化、电、西艺也"。① 晚清知识分子希望以西方的科学技术作为富国强兵的手段，来维系大一统的专制皇权和纲常名教的社会政治秩序。从清末民初的政治、经济、社会和思想文化的变动来看，这条道路没有走通。

2. 全盘西化

五四运动之后，对"科学"和"民主"的追求成了中国社会的主流思潮，在这个文化背景之下，一些知识分子提出了"全盘西化"的主张。1929 年，胡适谈到现代西方文明已经成为世界文明、中国面对西方文明时应如何自我调整的问题时，提出了三种解决办法：一是拒绝承认西方文明并抵制它的入侵，二是一心一意接受西方文明，三是汲取西方文明可取的成分，摈弃其中非本质或不可取的东西。"第一种态度是抗拒；第二种态度是全盘接受；第三种态度是有选择地采纳。"他指出第一种态度已无人再坚持，第三种态度国内外热爱中国文明的人鼓吹得最为有力，而他则主张对以西方文明为代表的现代文明采取第二种态度，即"一心一意接受"，也就是主张"全盘西化"。② 陈序经比胡适更进一步，他指出"西洋文化在今日，就是世界文化"，他所提倡的"全盘西化"是在数量上"整个效法"、在质量上"彻底采纳"西方文化的全部精华为我所用的"彻底西化"，是根本观念上"全盘"或"调和"，注重形而上、包罗一切的"根本西化"，是西化程度"百分之百"的"较为完善较少危险"的"充分西化"，也是反对中国文化"束缚个性"，提倡尊重个性、发展个性的"个性西化"。③ "全盘西化"的倡导者或有与国粹派论战的策略考虑，但从理论

---

① 杨全顺：《洋务派与"中体西用"》，《广西社会科学》，2006 年第 1 期。

② 席云舒：《东西之辩还是古今之变？——对胡适"全盘西化"思想的再评价》，《广西师范大学学报（哲学社会科学版）》，2019 年第 4 期。

③ 陈鹏勇：《矫枉过正：陈序经"全盘西化"论》，《学术研究》，2016 年第 8 期。

和实际来看，不顾现实情况、完全套用西方的一切注定不会成功，这一主张因其太过偏激也经常遭到国人的批判。

3. 西体中用

改革开放以后，随着"中学"和"西学"的矛盾再次出现，李泽厚重新对"体""用"加以界定后，提出了"西学为体，中学为用"的构想。他认为，"体"是社会存在，也就是社会生产方式和日常生活。大工业和科技是近现代社会存在的"本体"和"实质"，生长在这个"体"上的自我意识或"本体意识"，或"心理本体"的理论形态，即产生、维系、推动这个"体"的存在的"学"，它就应该为"主"为"本"为"体"，这个"学"是近现代的"西学"，而非传统的"中学"。现代社会是个多元化和多样化的社会，现代"西学"亦然。因此，在全面了解、介绍、输入、引进过程中，自然会发生一个判断、选择、修正、改造的问题，在这判断、选择、修正、改造中产生了"中用"——即如何适应、运用在中国的各种实际情况和实践活动中。李泽厚认为，如何把"西体""用"到中国，是个非常艰难的创造性的历史进程，他因此提出了"转换性创造"的概念，即"用现代化的'西体'——从科技、生产力、经营管理制度到本体意识（包括马克思主义和各种其他重要思想、理论、学说、观念）来努力改造'中学'，转换中国传统的文化心理结构，有意识地改变这个积淀"。"这种转换和改变既不是全盘继承传统，也不是全盘扔弃，而是在新的社会存在的本体基础上，用新的本体意识来对传统积淀或文化心理结构进行渗透，从而造成遗传基因的改换。这种改换又并不是消灭其生命或种族，而只是改变其习性、功能和状貌。""这个'中用'既包括'西体'运用于中国，又包括中国传统文化和'中学'，应作为实现'西体'（现代化）的途径和方式"，在这种"用"中，"西体"才真正正确地中国化了，而不再是在"中国化"的旗帜下变成了"中体西用"。[①] 李泽厚的"西体中用"构想考虑到了中西文化的异质性，具备一定的现实意义。

---

① 李泽厚：《漫说"西体中用"》，《孔子研究》，1987 年第 2 期。

从以上的分析我们可以看到，在"中体西用"中"变创"的是西方的科学技术，"守常"的是中国的纲常名教，"中学"和"西学"间的流力因素是"富国强兵"；在"全盘西化"中"变创"的是整个中国传统，"守常"的是"以西方文明为代表的现代文明"，流力因素是中国文化的自我调整；在"西体中用"中"变创"的是"中学"，"守常"的是"西学"，流力因素是"转换性创造"。

除了上述这些思想，以实现先秦儒学和宋明理学之后儒学第三期发展为使命的现代新儒家代表牟宗三提出"内圣开出新外王"的构想，即继承儒家的内圣外王之道，以传统的内圣之学为本开出民主、科学的"新外王"；杜维明则提出了"儒家新人文主义"的儒学现代转化理论，即以儒学传统为参照，反思启蒙，超越启蒙，肯认儒家这一涵盖性的人文传统，融合世界各大文明传统之优长。[①] 林毓生提出"中国传统的创造性转化"的思想变革模式，也就是使用多元的思想模式将一些中国传统中的符号、思想、价值与行为模式加以重组与/或改造，使经过重组与/或改造的符号、思想、价值与行为模式变成有利于变革的资源，同时在变革中得以继续保持文化的认同。[②] 这些构想都坚持以中国文化为本位，吸收世界各种文化的长处，实现中国文化的涅槃再生，但如前所述，他们的任务都还没有完成。张世英在谈到中国哲学的未来发展时指出，我们不能亦步亦趋地追求西方的步伐，而应该批判地吸收中国传统的"天人合一"思想的合理之处，即万物一体的高远境界，避免其不重主客关系思维方式的认识论、方法论缺点，把西方近代的主客关系思维补充进来，使两者相结合。他提倡发展一种"万有相通"的新的文化形态，它克服了"天人合一"中埋没个性自我的缺陷，吸纳了西方伸张个性自我而又超越之后所达到的不同万物之间（包括所有独立性自我之间）相通相融的状态。[③] 某种程度上，这

---

① 宋庆久：《定位与期许："儒学第 3 期发展"的两种路向》，《光明日报》，2015年 11 月 30 日。

② 林毓生：《热烈与冷静》，上海：上海文艺出版社，1998 年，第 26 页。

③ 张世英：《哲学导论》，第 362—363 页。

和叶隽先生提出的"融通"异曲而同工:"力求融通,是知识系统发展的必然要求,也还不仅仅是科学与人文的融通,还有东方与西方的融通,理论与实践的融通。"① 东方和西方融通,是中西文化交流的最终方向。

六、侨易学的目标与范围

上文通过实例说明侨易学的研究范围可以是不同文化之间的互动关系,它的一个重要研究目标是"通过实证性的可操作方式,来考察具有关键性的文化、思想、精神的具体形成问题"。虽然叶先生主张在"一个立体系统的整体结构中来考虑问题",他所构建的侨易学也会考虑"如何引入自然科学的知识来进行合理建构,完成侨易学的系统建构",② 但我认为,侨易学"不考虑自然科学知识",像诠释学那样作为精神科学中的元方法论,也并没有什么遗憾。伽达默尔提出"在现代科学范围内抵制对科学方法的普遍要求",他要"在经验所及并且可以追问其合法性的一切地方,探寻超出科学方法论控制范围的对真理的经验。这样,精神科学就与那些处于科学之外的种种经验方式接近了,即与哲学的经验、艺术的经验和历史本身的经验接近了,所有这些都是那些不能用科学方法论手段加以证实的真理借以显示自身的经验方式"。③ 他在这里指出了自然科学与精神科学之间的分野。金观涛和刘青峰指出:"今日的人文和社会科学只是把17 世纪开始取得充分发展的自然科学范式移至社会和历史研究之中,形成了迄今笼罩着整个人文、社会科学研究的基本原则和方法。而事实上,人文、社会科学面对的真实和自然科学真实有着本质的不同。后者是价值中立的,和人的观念无关;前者则处于人的各种价值系统笼罩之下,不能独立于观念和价值存在。对这两类不同的真实,其判断方法和刻画真实的理

---

① 叶隽:《作为系统结构的侨易游戏——答范劲、杜心源君》,《上海文化》,2020年第 6 期。

② 同上。

③ [德] 汉斯-格奥尔格·伽达默尔:《真理与方法》(上),洪汉鼎译,北京:商务印书馆,2007 年,第 4 页。

论形态应存在很大差别，而这一直为人文、社会科学研究者所忽略。"① 他们指出人文社科面对的真实和自然科学面对的真实之间有着本质上的不同。余英时说："自上世纪 1960—1970 年代以来，以自然科学的实证方法来研究人文和社会现象的传统想法已逐渐破产了。就社会科学而言，很多人都感到实证方法的限制太大，不够处理'人的世界'中比较精致的问题。"他援引格尔兹（Clifford Geertz，1926—2006）的话说："人类是悬挂在自己编织的意义之网上的动物。我把文化看作这些网，所以对文化的分析不是寻找规律的实验科学，而是探究意义的诠释之学。"② 这样余英时把诠释学引入了文化研究领域。说到底，"科学认识是我们认识世界许多方式中的一种，我们决不能以近代自然科学的认识和真理概念作为衡量我们一切其他认识方式的标准"。③ 韩少功也指出："科学只是近代以来的特定产物，并不等同于'知识'，也不等同于正确。科学只意味着一种并非万能、不会完结的新型知识生产机制及其过程。"④ 将侨易学作为文化交流史、比较文学、留学史、概念史、知识迁移史、翻译史等知识、思想、精神、文化变迁的基础理论，专注人文和社会科学领域，通过扎实的案例建立研究模型，在全球交往日益频繁、知识生产不断增加的今天，不仅不会削弱侨易学，反而可以增强它的解释力，并被更多的人文学者接受。

（本文原载于《社会科学论坛》2021 年第 5 期）

---

① 金观涛、刘青峰：《轴心文明与现代社会》，北京：东方出版社，2021 年，第 3 页。
② 余英时：《论天人之际：中国古代思想的起源试探》，新北：联经出版事业股份有限公司，2019 年，第 6—7 页。
③ ［德］汉斯-格奥尔格·伽达默尔：《真理与方法》（上），洪汉鼎译，北京：商务印书馆，2007 年，第 4 页。
④ 韩少功：《知识，如何才是力量》，《文化纵横》，2021 年第 2 期。

文化复兴语境下的侨易学现象

李　川

　　叶隽先生的侨易学是其长久思索的结晶之一，侨易学在观念方法、学术关切、理论用语以及操作归限等方面堪称新见迭出，这契合了当下应对西学的挑战、注重文化复兴、提倡理论创新的学术大气候。在这种学术背景下如何看待叶先生的侨易学？通过研读叶先生的近作《变创与渐常：侨易学的观念》，我就叶先生的侨易学提出个人的一点心得体会，不当之处希望叶先生及海内外方家批评指正。

侨易学的体系

　　本文所关心的并非侨易学理论本身是否成熟，一套理论阐释体系在草创期留有罅隙在所难免，对此不应作过多的苛责。我试图通过探究理论家的问题意识和方法论，以期对当代文化复兴语境下新兴力量的思想关切和文化情怀有所把握。进言之，我的初衷在于呵问，在长久接纳异域文化浸润和侵蚀、长期通过自我革命瓦解民族固有文化传统的情形下，文化复兴何以可能？换一个角度说，我尤其关注的是，侨易学所展示的学术方向的可能性是什么？

　　叶隽先生的侨易学构思有十年之久，侨易之学系祖构李石曾侨学而来，乔者，高也。大凡从乔的汉字，皆包含高大上的意思。① 侨学顾名思义为探究高升、进级、发扬蹈厉的学问。叶先生依据侨学的观念，从传统经典《易经》中汲取思想资源，将侨学拓展成为侨易学。本于易的"易简、变易和不易"等三重含义，他特别重视的是"交易"之道，而将其视为侨易学的核心部分。② 然而事物虽有渐变、变化等不同形态，而大旨不出乎不变之变的易道。由此，遂有作为理论而哲学的侨易学的构架产生，即"二元三维，大道侨易"。叶隽试图参照现象学、符号学和谱系学，将侨易学建设为一个反现行学科体制的学问，通过激活传统《易经》资源而实现和侨学的嫁接，倡导建立一种"二元结构"和"三维要素"的侨易学，其学术削藩的隐衷洞若观火，而不再满足于现行学科设置对理论、思想和语言的分割。侨易学二元结构来自《易经》的道器之辨，而道器之间补上一个"形而中者谓之度"，是为"三维要素"。叶隽通过对易道的全新阐释，将其"三维要素"分配为文化、制度和器物三个内容上，从而构成一套完整的概念系统。③

叶先生由此试图建立其侨易学的基本理论原则。这三条原则是侨易学的根本纲目，不妨名之为侨易三纲。三纲第一纲为"二元三维，大道侨易"，侨易学将此视为理解世界和宇宙的基本思维结构模式。若细按这个模式，显然存在一个由二元而三维进而归于一易的层序。依照前面有关侨易学整体框架的设想，这里所谓二元应当就是道和器，也就是叶著所引的"形而上者谓之道、形而下者谓之器"的"道器两立"这一对二元，然而行文又云乾坤为二元结构，似乎和前面的倡导略有乖互。《周易》之乾坤二卦当然是铺陈天地之道，然乾坤云云基本上属于"形而下者谓之器"的

---

① 这里使用的是"右文说"的训诂方法，关于"右文说"，争议颇多。请参刘又辛：《"右文说"说》，《语言研究》，1982 年第 1 期；胡继明：《〈说文解字注〉和〈广雅疏证〉的右文说》，《四川大学学报》，1993 年第 4 期；王宝利：《右文说功过再评》，《兰州学刊》，2006 年第 11 期；等等。

② 叶隽：《变创与渐常：侨易学的观念》，第 4 页。

③ 叶隽：《变创与渐常：侨易学的观念》，第 17—20 页。

层次，不宜将其视为"二元"。不过这些微的瑕疵并不妨碍对侨易学整体结构的理解。叶隽由道器二元而开出三维，即文化、制度和器物，并利用《易经》"圣人四道"中的三道来构建其概念系统，而最终落脚于大易之道。侨易三纲的第二纲为"观侨取象，察变寻异"，取象本为传统思想的核心思想之一，这一传统思想与侨学会通，成为侨易学的基本方法。古人所谓取象的思想相当丰富，现代学者认为是一种特殊的思维方式，在人类认知事物的直观体验活动作用至关重要。[①] 而古典语汇中，诸如"师"（"太昊师蜘蛛而结网"）、"法"（"地法天，天法道，道法自然"）、拟（"拟之而后言"）、"比"、"仿"等等，都可以视为这一思维方式的具体形态。从某种意义上讲，取象乃是中国古人体察宇宙人生的根本方法，其地位与作用堪比西哲所倡导的"模仿"说。叶著主张通过以小见大的方式研究（所谓"其称文小而其指极大"），通过个案蠡测一般。这是对传统方法的激活，《淮南子·说山》有所谓"以小明大""以近论远"的方法，详按其实，这些方法都是"比类取象"的古典思维方式。侨易学的第三纲为"物质位移导致精神质变"，探究的是物质—精神—社会环环相扣的变动关系。这是从第二纲的"察变"推导出来的，是由易而侨的逻辑。叶隽将其视为理解侨易学的重要锁钥。按照他的说法，所谓侨无非就是势差文化个体的物质位移，由此推演开去，就建构起了侨易学的方法论和理论分析模型。从自然学科入手，叶隽还提出了侨易现象的分类及组成，并给出了侨易现象的公式，又将其运用到侨易现象的分析当中。

叶著认为，侨易学的元思维乃是侨易二元，这个侨易二元的表象是侨，而实质为易。按照二元三维的基本原则，贯通于二元之间的乃是"学"，这就从释名的角度阐发清楚了侨易学立名的缘由。叶隽引述南怀瑾

---

① 关于"取象"思想的认识，可参王前：《中国传统科学中"取象比类"的实质和意义》，《自然科学史研究》，1997年第4期；罗超应、罗磐真、郑继方、胡振英、李锦宇、王东升等：《"取象比类"认识本质的复杂科学思》，《医学与哲学》，2009年第6期；马子密、贾春华：《取象比类——中国式隐喻认知模式》，《世界科学技术》，2012年第5期；等等。

之论，将中西文化二元对峙的结构进行了侨易学阐释，通过引入"流力因素"而视东西文化为整体的文化。这种对东西文化格局的理解无疑相当具有启发意义。持此论，叶著进一步分析了东西方文化各自的生成。[①] 在东西二元文化的格局框架中，他乃进一步分析了侨易现象具体的几个个案，探讨了魏时珍、郭沫若等人思想形成，分析了中国文化的精神三变，并对留学史、文化下延和传统承续作了侨易学阐释。

无疑，侨易学的框架设计相当恢宏，著者试图建构一种包罗万象的理论体系，这套理论体系对提出的问题有独到的阐发，并且也有相当的现实针对性。或许，立足于本土文化传统，对叶隽使用传统资料的严谨性会提出一些不同的意见，比如，"圣人之道四"何以取其三而舍其一？这是否有肢解古人传统之嫌？若从固有文化传统内部提问，这些质疑当然需要作出认真回复，一定程度上，在道器之间生出一个"行而中者"乃是对传统易学的误读，尽管这属于思想性的误读。传统易学中道器不可须臾离，二者只是事物的一体两面，以"二元"关系来阐释"道器"是否合理，这恰恰是值得认真讨论的问题。按照儒家观点，"攻乎异端，斯害也已"，既然异端是有害的，故而恰恰需要"叩其两端而竭焉"以中和异端之害。而叩其两端的思维模式是否就是"二元三维"的，实难切论。易学中有"乾元""坤元""一元"之说，据此推认乾坤为"二元"是否合理？实际，现代语境中的二元论云云乃是基于本体论哲学下的用语，儒家经传是否"二元论"的前提是确认儒家思想是否本体论的。这就涉及更为深层次的问题，就是如何看待以儒家为代表的中国传统思想。这乃是侨易学的理论前提，叶著对这一理论前提似乎并未作深入勘测，而是先验地判定易学中的道器就是二元论的。从张东荪等先生的观察，中国文化与西方文化的一个根本不同之处，乃是因为中国语言并不遵循所谓的同一律，而是遵循相关

---

① 叶隽：《变创与渐常：侨易学的观念》，第 40—62 页。

律，也就无所谓本体—现象的二分，因而也就没有本体论。^①张先生的主张虽不一定为定论，然而却不能不面对。在中西文化不同的这一大势下，如何确切把握中华文化进而张皇广大，不正是侨易学的理论初衷吗？侨易学的成立，必须以证明易学存在二元论思维为其前提。不过，悖论也在于此，如果立足于二元论，则所谓"不变之变"的"易道"思想就难以真正理解了。所谓元，头也、始也、本也，道器二者是互根互用、彼此依倚共存的关系，这似乎合乎张东荪的相关律名学之论断。二者如鸟之双翼、车之二轮、衣之表里，不能分割也不必分割。衣服的表里不构成二元关系，职是之故，道器似乎也不太能构成二元。中国思想倒很可能是一种超越"元"的思维体系。故而在道器中间塞进一个度的层次，可能并不符合传统易道的精神。侨易学于此处可能需要作更深入的测度和考察。

当然如果从现代学术语境角度理解，侨易学对于道器的解释可视为全新的赋义，误读恰恰是历史上催生新思想的惯例，最为显著的如尼采、海德格尔对古希腊哲学的阐释，叶隽之发明侨易学，亦是古典传统中所谓六经注我思想的运用，是一种思想性的开拓和发展。质言之，其"二元三维，大道侨易"的理论模式并非无病呻吟，而是有为之作。然则，侨易学根本关切何在？

侨易学的关切

侨易学以求"通识"为归宿来回应西方现代性的理论挑战。长期以来，由于西方中心论思想的支配，西方文化的偏狭之弊日益暴露出来。西方以诸如"普世价值"之类的口号给世界带来了许多问题，在西方学者内部催生了一批反思西方文化之弊的学者。中国经历长期的失语期，现代性、全球化语境下如何处理中国文化问题，中国学人责无旁贷，叶隽侨易学理论的出笼恰逢其会，从某种意义上而言，应对西方挑战正是侨易学的

---

① 张东荪：《思想言语与文化》，载《中国近代思想家文库·张东荪卷》，北京：中国人民大学出版社，2015年，第460页。

关切所在。这个关切从学术上论，一言以蔽之，就是反西方中心论的。西方中心论乃是二元论哲学在经济、政治、思想、文化乃至军事等领域内的具体表现。基于主体-对象、中心-边缘以及敌我的二元判断，造就了西方非此即彼的意识形态，也造就了西方拒斥他者、强调斗争的零和思维。当今世界问题的总思想根源就在于其二元论哲学，现象学等学科的兴起试图对这种思维进行纠偏，这也是其在20世纪以来成为显学的原因之一。侨易学的学术思想背后矗立着现象学的影子，叶隽立足于通识立场关注东方学尤其是中国学问，其引而不发的学术关切不就是为了从学理上开辟一条异于西方二元论的路径吗？

叶著将东西文化的历史分为三个时代，为东学时代、西学时代和通识时代，这一划分展现出文化通观的大视野，勾勒出世界文化史东西互动的大格局。叶隽侧重于探讨中国文化的元思维方式，他指出儒道二者的互补，并且认为"二元三维"乃是一以贯之的根本思维模式，这种思维模式就是寻求平衡。叶著的元思维探究已经深入到剖析文化基本结构的层次，这是通识时代把握世界文化的一大路径。就西学而言，陈中梅先生力图梳理西方文化基本结构，将其归纳为秘索思-逻各斯的二元关系，并且以塞玛为二者的过渡状态。① 陈先生的研究意在认识西方，而未涉及对东方的论述。对比陈先生的秘逻二元论，侨易学则试图通过对东方文化尤其是对中国文化的把握，进而认识世界文化之现在格局的形成。如果说陈先生代表了中国学人对西学的最深切关注，沿袭的是"西学东渐"的路数，那么叶隽则走的是中西会通的路子。其在东西文化的根本态度上存在不同的立场，陈、叶二人也是值得关注的侨易现象。

当然，叶隽的通识不仅仅着眼于东西文化的会通，还体现于对现代学

---

① 逻各斯理论前人言之甚多，而陈先生则通过对"荷马史诗"等文献的研读率先概括出"秘索思"。陈中梅：《奥德赛》的认识论启示——寻找西方认知史上 logon didonai 的前点链接》，《外国文学评论》，2006 年第 2 期及第 4 期。其总结性论著为《Mūthos 词源考——兼论西方文化基本结构（BSWC）的形成及其展开态势（上）》，载陈思和、王德威主编：《文学》，上海：上海文艺出版社，2013 年春夏卷及秋冬卷。

科建制的会通。侨易学的关切具有突破学科分限，打破学科壁垒的前瞻特质。[1] 随着现代化进程的日益深化，在哲学或神学废墟上建立起来的现代诸多学科，其划分日趋精致细密，形成学术藩镇林立的"道术将为天下裂"的割据局面。学科之间的隔膜日益加深，学科对话越来越艰难，中国因照搬苏联研究方式而更加突出。[2] 这种自说自话的学术局面无疑为现代学人所面临的严峻问题。如何突破此疆彼界以共享学科之间的思想资源，如何超越老死不相往来的学术藩篱而实现对于整全的追求，乃是当下学人的紧迫关切。所幸的是，学科之间的罅隙为改变这一格局留下了施展空间，交叉学科的滋生便是这一改变的先声。[3] 侨易学尽管也有突破学科壁垒的交叉学科性质，但是叶隽雄心勃勃，并不单纯满足于其仅仅作为一门学科，而是试图建构一套包罗万象的理论-哲学体系。叶隽的诉求值得同情也可以理解，因为现今所谓的交叉学科无非只是在原有学科之上再增加了一门新学科而已，本来学科的细密化已然泛滥成灾，以交叉学科之名而解决学科的藩镇格局现状，其结果只能是治丝益棼，老子云"法令滋彰，盗贼多有"，此之谓也。

如前所云，侨易学雄心和主要关切体现在，这套理论-哲学乃是应对现代性、全球化语境的新挑战而发，全球化是当下人类生存状态的一个最大实际，地球村网络交互使得人与人之间的接触日益频繁，而侨易学则是关注这一交互过程中的关键点[4]，全球化是现代性深化的结果，把握当下的全球化进程，必然以把握现代性为其前提，现代性以前所未有的模式重新模塑人们的生活方式和存在状态，从而形成与传统的深刻割裂，这就带来对以往制度路径的改变。而侨易学的初衷则是试图通过易学的整体思维方

---

[1]　叶隽：《变创与渐常：侨易学的观念》，第 102 页。

[2]　丁立群：《学科壁垒、大哲学观念与文化哲学》，《光明日报》，2003 年 11 月 11 日。

[3]　马太·多冈：《新的社会科学：学科壁垒上的裂缝》，《国际社会科学杂志》，1998 年第 3 期。

[4]　叶隽：《变创与渐常：侨易学的观念》，第 269 页。

式，针对全球化语境下的现代性进程提供对诸如文明、自然和社会的理论阐释。由是观之，侨易学并非哪一门学科或交叉学科所能牢笼，而是具有宏伟的学术抱负和通观的学术视域。侨易学的目的在于教化欧洲，全球化和现代化不需要清一色世界，应当永远抛弃一元论和唯理论的陈词滥调，而充当异质文化的他者，以便以一种二元三维的思维模式寻求平衡。① 职是之故，侨易学对于世界文化的重省，对当代中国之如何找到自己的恰当位置，都具有重要的启发意义。如果从现代学术史的东西互动格局来理解叶隽先生的侨易学，则其本土理论自觉的诉求就更加醒豁。

一百五十年以来，甚至可以上溯到晚明的四百余年以来，华夏、泰西学问之间的关系成为中国学人念兹在兹的一大问题。从学术史的角度照察此段历史，可以归纳为三种态度：曰西学中源、曰东学西来，曰东西会通。其中西学中源为中国早期和西方文化大规模接触的产物，主张者大抵为中土学者②，由于早期对西学了解未能深入，论据往往牵合古书，而今几乎销声匿迹。而东学西来则是从考古界而扩展于文化思想界，在经历了几波反复之后，时至今日，仍有人坚持此论，其中代表人物就是一位名为苏三的民间学者。③ 无论东学西来说还是西学中源说都是一种传播论的认识态度，同时也是一种历史研究的态度，这些理论并不针对当下现实，因而并不具有方法论指导意义。探究文化的来源毕竟关涉一种文化的未来走

---

① 叶隽：《变创与渐常：侨易学的观念》，第 276—278 页。

② 如王扬宗：《"西学中源"说和"中体西用"论在晚清的盛衰》，《故宫博物院院刊》，2001 年第 5 期；乐爱国：《从儒家文化的角度看"西学中源"说的形成》，《自然辩证法研究》，2002 年第 10 期；俞强：《梅文鼎与"西学中源"说》，《南开大学学报》，2003 年第 1 期；徐道彬：《戴震学术地位的确立与"西学中源"论》，《清史研究》，2010 年第 3 期。关于此类话题，研究著述论文甚多，兹不一一赘举。

③ 许顺湛：《关于中国远古文化的源流问题——评瓦西里耶夫中国文化西来说》，《郑州大学学报》，1980 年第 2 期。杨思信：《拉克伯里的"中国文化西来说"及其在近代中国的反响》，《中华文化论坛》，2003 年第 2 期；苏三除了其一系列的三星堆文化猜想之外，最近的著作则是探讨东西文明的《文明大趋势：中华文明及其命运》（中国商业出版社，2014 年）。她勾勒了世界文明传播的路线图，中国因远离地球的心脏地带，因而文明总是姗姗来迟。

向，这因此就引发了学界东西学关系的长期论战。这种论战又往往受制于政治气候、国家实力和时代风潮乃至民族情感，载沉载浮、忽此忽彼。

改革开放以来，随着四大导师统领中国现代学术的结束，随着传统文化的逐步艰难复兴，华夏学人开始意识到，基于西方局部的、历史的经验理论并不天然地具有放之四海而皆准的普遍有效性，以西学本土文化、政治和思想实践催生出来的西方观念在解释异质文化时，难免圆凿方枘。在中国最后一位西方导师施特劳斯保守主义哲学历史使命完成之后，新一轮的中国儒学复兴和政治思想复兴可以逆料。① 这场复兴被称为"第二次启蒙"，以便催生一种共情主义的普世情感，而如何实现与西方真正有效的、平等的对话乃是一个甚为可取的态度。② 平等对话就意味着绝不能再满足于单线传播模式，而应当开启一种互动的、交流的新的文化模式。

在重塑人类文化命运共同体的时代主题感召下，一批学人开始反躬自省：这种自省乃是双向的，其一是域外尤其西方文化究竟应当在未来的文化建设中扮演何种角色？其二是如何看待本土固有的文教传统？在这种双向的文化反思中，催生的新兴力量具有鲜明的时代特点，就是尽管主张各不相同，而大都以复兴本土传统为己任。他们重审被离析的古典文教传统，通过激活本土固有的思想文化资源照察异域文化和本土文化。其中诸如新儒学派、"通三统"派以及叶隽的"侨易"学派便是这方面最有特色的代表。若仔细体察当代各家的主张，则不难发现一个极其鲜明的事实，则是当下鲜有"全盘"之类的极端主张，诸家巨子多是中西兼修、华夷用的。而且一个特别有趣的现象是，即便对传统文化缺乏起码素养的理论家，也大多从文献中撷取一二古典文句作为点缀，是所谓时风所趋不得不尔。

---

① 丁耘：《儒家与启蒙：哲学会通下视野下的当前中国思想》，北京：生活·读书·新知三联书店，2011年，第3—17页。

② 樊美筠、王治河：《第二次启蒙与文明对话的新使命》，《深圳大学学报》，2013年第6期；唐述宗、何琼：《文化全球化背景下的"东学西渐"——寻求与西方文明的平等对话》，《中国科技翻译》，2008年第2期。

叶隽之所以探究大道之本源，正是东西互动格局下的一种学术新变，侨易学应当属于当下新兴的中国学派中的一大阵营，是长期东西文化互动自然发展的结果。叶隽之所以不满意于西方逻各斯思维的主体性，乃是因为它只是近代思想的产物；换言之，乃是因为这种思路割裂古今，够不上"通识"。侨易学之所以回溯易学，乃是因为西方文化一家过于偏狭，而需要另一种思路和资源。追溯问题的本源，从本源处质疑哲思发展的路径，才能更加逼近问题的本质。这个本源，叶隽将其理解为大道之源，而大道之源的源头就在《易经》。[①] 这种理论诉求，显然有反西方中心论和追溯本民族文化源头的隐衷，是中国理论自觉的时代特征之表现。在这种背景下，我们乃不得不进一步追问，即侨易学何以可能？侨易学如何实现自己提出的历史使命？

侨易学的可能性

既然侨易观念的提出意在应对西方现代性和全球化所带来的问题，那么就应当仔细审辨这一理论抱负的可能性和方向。诸多问题的表层可以概括为"古今中西"四字，亦即叶隽所谓的东方现代性与西方现代性的关系问题和传统与现代的关系问题。[②] 当下中国就处于古今中西的结点之上，问题本身带有多层次、多角度的属性，西方的古典和现代属性与本土的古典和现代特质错综复杂地交织在一起。而究其深层而言，则是由现代性所引发的生活方式的去取问题。一般而言，中国的现代性通常被视为西方现代性的延伸，是中国由半殖民地半封建社会过渡的必然历程，中国现代化的过程就是一个向西方寻求真理的单向学习过程。这种对中国问题的阐释模式深入人心，无论其结论如何，大多数学人接纳了该阐释模式。百年现代学术思想史，基本上是遵循这一模式而发展。而今，随着中国经济力量的崛起，不少有识之士已经不再满足于此类明显带有西方中心论的阐释模

---

① 叶隽：《变创与渐常：侨易学的观念》，第 120、282 页。
② 叶隽：《变创与渐常：侨易学的观念》，第 62 页及第八章。

式，他们试图寻求别的关于现代性尤其关于中国现代化路径的解释。而这一解释的关键问题在于突破西方中心论。然而突破西方中心论却又面临一个极为核心的问题，即如何看待西方现代性。

长久以来形成的共识便是，现代性乃是西方特殊性的表现，西方理论家们在这个问题上发表了浩如烟海的著述，围绕着西方特殊性作了大量的研究和评论，因而也就相应地占据了话语高地，这迫使持论不同的反西方中心论者在言行上不得不小心翼翼。即便一些试图瓦解西方特殊论者的思想家，比如雅斯贝尔斯、列奥·施特劳斯试图以更为广阔的视野来理解现代性，然而其最终的结论仍不免是变相的西方特殊性。这就给非西方中心论者提出了一个问题，即是否有一个可供参考的理论视域？中国学派的诞生恰逢其运。何以恰恰是中国学派呢？个中原因其实并不费解。从当下地缘政治格局和经济实力对比而言，中国是西方世界以外唯一有潜能与西方分庭抗礼的国家，她是叶隽所谓的"中坚思想民族"[1]。从历史进程而言，中国因其历史延续的完整性和文献记载的丰富性，具有相当丰厚的思想资源，只不过如张光直先生所言，这一庞大的思想资本迄今尚未被真正利用。尤其是，中国具有强大的吸纳能力，是思想文化的熔炉，历史上成功地将印度思想和本土思想结合，而今又以吞吐宇宙的气概吸纳西方的思想。相较于世界其他民族而言，中国具有强大的思想生产潜能，时代呼唤原创的中国哲学的产生。[2]

中国学派方兴未艾，无论蒋庆的儒家宪政派、甘阳的"通三统"派还是叶隽的侨易学，都试图对当下中国问题进行新的诊断，提出新的应对方案，以便突破西方的理论框架，这标志着新时期吸纳西方学问之后中国本土理论的自觉。从历史经验看，这也符合文化史的规律，自汉末佛教入华至于唐代中国佛教学派的形成，大约经历了五百年的历史。而从利玛窦、

---

① 叶隽：《变创与渐常：侨易学的观念》，第189页。

② 高玉顺：《从"西学东渐"到"中学西进"——当代中国哲学学者的历史使命》，《学术月刊》，2012年第11期。

罗明坚等晚明耶稣会士来华到现在，也接近五百年。从思想史的维度看待侨易学等学术现象，则其会通中西以实现中国理论自觉的思想史意义就更加醒豁。

那么我们会问，侨易学何以可能，侨易学的学术言路将指向何方？叶隽的理论路数毕竟不是传统的，也不是现代的，既不是东方的，也不是西式的，而呈现出来的是一种古今交错、东西杂糅的混搭格调。侨易学主要思想来源有两个，一个是李石曾的侨学，一个是传统文化中的《周易》。李石曾作为中国近现代思想史上的要人，处在西学东渐的关键时期，侨学思想的构建是对当时中国所面临的问题的理论总结不言而喻。侨者，自低而高之谓也，随着中国国门被列强打开，国人逐渐认识到中国文化乃处于弱势，而西方文化出于强势，侨学设想的隐衷不难照察。叶隽之接纳侨学思想，或许也有对中西文化的潜意识判定，毕竟传统文化经过百余年的若干次大劫难，斯文扫地。如何赓续本土固有的文化传统，乃是一个相当棘手的问题。叶隽之所以钟情于《易经》而将其作为侨易学思想的一大源头，恰恰是因为此书的象征性，它乃是民族文化的活水源头。然而，叶隽的理论套路却不是传统的，他并不讨论道器之辨、言象之争等传统易学问题，而是通过对易学结构的重新阐释开发出了"二元三维，大道侨易"的理论构想，并尝试将其运用到对宇宙万象及人世百态的阐释中。平心而论，侨学只是叶隽激活易学的一个过渡而已，叶著中侨学和易学都没有占据太多分量，而是以此为引子，轻巧地过渡到对侨易现象和相关个案的研究中。侨易学基本理论脉络大略可概括如下：通过侨学和易学的接受过渡到侨易学的理论构架，而后阐释侨易学的方法，这套方法实则是现代科学方法（理论模型分析）和传统方法（以"取象"为核心）的糅合。由于有了二元三维的基本原则，该理论因此不断地呈现为"三合"模式，亦即在二元对立的模式之外补充了一个非二元的中间状态，因此乃有"游戏、博弈和侨易"的观察，这一思维被广泛运用于侨易现象的探究中，乃有"主观、客观和中庸"的侨易规则。

由该基本理论看来，叶隽破除西方中心论的意图——质言之，破除二元对立思维的意图——是相当醒豁的。如前所述，西方文化之所以造成现代全球范围内的困境，就在于其自始至终一以贯之的二元论思维，而二元论思维产生的根由在于其哲学奠基期的本质主义，由巴门尼德、柏拉图等人所开创的探究"存在"传统，长期支配着西方哲学史，这个传统提出了本质-现象、物质-意识、主观-客观、理论-实践、道-肉身等多重的二元论命题，然而问题也正如德里达所说，这种命题乃是一种支配式的二元论，[①]除了杜威等人对二元论的批判之外，胡塞尔、海德格尔更试图通过建立一门现象学来挽救二元论的颓弊。叶隽建构侨易学既然意在应对西方现代性（当然，他也提出了东方现代性的概念，不过相较于西方现代性，东方现代性是流而非源）和全球化的挑战，反二元论自是其中应有之义。然而，叶隽的建构仍不免百密一疏，即立足于现代的易学而不是通过"现象学还原"的直观方式进入易经传统，现代学术传统本身就是西方本质主义影响下建构起来的，这就难免使其易学的理解带有二元论特征，以带有二元论特征的易学建构起来的侨易学，试图反对西方的二元论传统，这本身就带有某种程度上的自相矛盾之处。

就其整体理论框架而言，叶隽的探索值得肯定，而侨易学也大有可为，只是需要一个跳出西方二元论的视野。这个视野其实已经包蕴在叶著的论述之中，呼之欲出。其一就是古典学的视野，以古典视野应对西方的现代性；其二便是世界体系的视野，以世界视野应对现代性的西方。

以现代性介入现代性问题，其结果只能是更加强化其现代性。因此，重新激活传统经典本是该理论的固有之意，以复古为开新之道，是侨易学的一种可能性，而叶著恰恰提出要从本源处质疑哲思发展的路径问题，将大道之源追溯到《周易》。从文化传统而言，《易经》被视为六经之首，人更三圣，世历三古，具有相当深厚的文化根基。追溯大道之源而至于《周

---

① ［法］雅克·德里达：《论文字学》，汪堂家译，上海：上海译文出版社，2005年，第13页。

易》，有其一定的合理性。然而，从经学内部的传统框架看来，《周易》可能更只是具有象征意义。传统文化以"六经"构成一完整的教化系统，《国语·楚语上》申叔时谈及太子的教育，谓"教之《春秋》，而为之耸善而抑恶焉，以戒劝其心……教之《诗》，而为之导广显德，以耀明其志；教之《礼》，使知上下之则；教之《乐》，以疏其秽而镇其浮"云云，其中包含了《诗》《书》《礼》《乐》《春秋》的内容，这表明各家经典在塑造人格上的重要作用。《庄子·天下》说："《诗》以道志，《书》以道事，《礼》以道行，《乐》以道和，《易》以道阴阳，《春秋》以道名分。"从古人的文教传统入手，单立《易经》为大道之源可能尚不免于偏颇。实则，以《易经》为"大道之源"的观念是特定文化时期的产物①，从上引《国语》《庄子》也可以窥见个中些许消息。

叶隽的学术初衷乃是以中国传统资源开启另一条哲思的可能路径，在其探索大道之源的学术理路上我以为可以"六经"为中心重审中国文化的传统。然而目前无论是通三统派、新儒家派还是侨易学，对中国文化传统的把握都似乎不甚圆照。其中最大的问题在于倒流以为源。追溯源头应当具有彻底性，换言之，应当把文化源头设定在其文化奠基之初，而果断地排除政治势力的影响，更不能依据影响力的大小来判定其学术滋生的潜力。独尊儒术乃是中国历史上影响甚大的思想文化事件，然而将儒家视为文化源头显然偏颇，儒家一家也不足以解决中国所面临的问题，哪怕仅仅是政治问题。中国文化奠基的标志就是哲人和经典的诞生，而这就是所谓的轴心时期。② 儒、墨、道、法、阴阳等诸家都深刻影响到中国人的心理结构和行为方式，比如其中墨家沉潜两千余年，至晚清才得以与西学接榫而渐彰。在文化重建的当下语境中，它们应起到支柱作用，而非仅仅作为行文之点缀。文化溯源不宜厚此薄彼，而应还原当时的思想实际，百家争

---

① 黄丽丽：《六经次序辨》，《甘肃社会科学》，2008 年第 5 期。

② 关于雅斯贝尔斯这一理论，批判者有张京华：《中国何来"轴心时代"？》（上、下），《学术月刊》，2007 年第 7、8 期。本文同意张先生的批判，然而"轴心时代"这个词语仍具有一定的时代区分性，故仍之。

鸣发生在独尊儒术之前。然而百家影响虽大，也仍然不是中国文化之源。中国文化的根本乃是以"六经"为代表的三代王官之学，追溯至此，方为寻到源头。职是之故，叶隽的"大道之源"虽然可以《易经》为之代表，然而却不应当仅仅局限于《周易》，而应当有牢笼诸家的眼界，以叶先生之宏通，可能略有未照，未必不曾思索至此。

张皇本土精神并不意味着重归中国中心论，中心-边缘的理论模式本来是现代西方二元论介入的产物，然而尤其悖论的是，现代学人一面参照西方二元论模式建构历史叙事话语，一面又立足于现代立场批判其所建构话语的滞后性。实则，这种古典-现代断裂的模式恰恰忽略了对历史实际的真正体察。既然中国传统思想并不一定受二元论思维模式的支配，那么以二元论进入传统其认知在多大程度上吻合本土思想的实际，就大大成其为问题。无论历史上是否有中国中心论的思想，此点无关宏旨。重要的是，激活本土资源应当警惕中国中心论（或曰天朝上国论）的思想趋向。这就需要时刻保持一种天下一体的世界体系眼光。实际上，叶隽的侨易学框架中，"天下一体"这四字已然呼之欲出了。[1] 叶隽将这个时代命名为通识时代，通识也者，乃谓东西学术，一荣俱荣，一损俱损，东海西海，学术攸同。侨易学所展示的学术境界至为阔达，学问发展到这个阶段，必不反矣。就人类文化的历程看来，在文明肇始之初早已注定了今日的格局，[2] 中心—边缘已然丧失了其原有的批判性意义，[3] 而侨易学在这一方向上似乎走得更远。尽管叶著仍然保留了东西对峙等二元框架，然而这个框架却被赋予了全新的意义，向前走一步，东西二学的壁垒即将被拆解。

要言之，古典视野、世界视野或许是侨易学的可能方向。不过，必须

---

① 叶隽：《变创与渐常：侨易学的观念》，第 188 页。

② 刘健：《"世界体系理论"与古代两河流域早期文明研究》，《史学理论研究》，2006 年第 3 期；王正毅：《中国崛起：世界体系发展的终结还是延续?》，《国际安全研究》，2013 年第 3 期。

③ 张康之、张桐：《"世界体系论"的"中心-边缘"概念考察》，《中国人民大学学报》，2015 年第 2 期。

说明的是，这并不意味着排斥现代视野和民族视野。强调这两点的意图乃是针对侨易学目前的框架而言，是反经从权的策略性建议。侨易学的一个观念在其平衡，其理想的境界恐怕是达到东西古今的会通之境，而回归古典、走向世界或许是实现中国现代理论自觉，也是发皇侨易学的必经之路。信耶，非耶，请质诸叶先生。

[本文原载于《江苏师范大学学报（哲学社会科学版）》2016年第4期]

第二辑

作为交易之道的侨易学

侨易的交易之道

陈建华^①

2013 年金秋时节，在台湾中央大学，我初遇叶隽，交谈之下，欣然忘年。我们神聊，聊到百年来学术风尚，学问境界，聊到王国维、陈寅恪、钱锺书，就好像忘乎所以起来，然后继之以叹息。他跟我谈起"侨易学"，近来从事的研究，我还不甚了了。不久收到他的《变创与渐常：侨易学的观念》一书，翻了几页，欲罢不能，不禁勾起了我自己的"侨易"经验，徜徉在他所建构的理论迷宫里，一时门户洞开，风景嫣然。

简言之，"侨易学"是一门探讨文化迁徙、交流和变化的学问，无疑是一门大学问。从晚清迎来"三千年未有之变局"，中国炸开了锅，却像熔冶世界文化的老君炉，无论制度移植、政治转型、知识结构的重建、文艺思潮的迭起，都离不开人才和资源的流动。在当今全球化时代，各类资本，无论经济的文化的，以数码速率"流通"，无远弗届，学术方面翻译、周边、华语文学等跨文化跨学科研究风起云涌，而叶君的"侨易学"最终要探究的是文化交流背后的动力及其解密的方法，因此有"超学科"之意。此书的前半部分是侨易学的理论阐述，后半部分是个案研究，从鲁迅、宗白华等人的"侨易现象"、留学生史到某种"文化单元"的交流模式，可见多年来叶君从事中外文化交流史的研究，已成果累累，而此书则在经验的基础上加以理论化，所谓"以'侨易'为题，不仅是要关注因

---

① 陈建华，香港科技大学荣誉教授，上海交通大学致远讲席教授。

'侨'而致'易'的结构性过程，诸如空间维度的整合与时间维度的演进，物质位移，精神漫游与个体思想观念的形成与创生，乃至不同文化子系统如何相互作用与精神变形，更强调其作为思维方式的立意与哲思可能，标识一种理解思维和原创的方法，或许也自有其独特意义"。①

这段理论表述概括了书中的丰富内容，有很多启思之处。首先是"侨易"这个概念让我觉得陌生，问题出在这个陌生上，那当然是我的问题。在国外大学里流转多年，接触过不少陌生概念，各种主义林林总总，那是不消说的，属于概念性的，索绪尔的"能指""所指"啦，福柯的"话语""规训"啦，布迪厄的"习性"啦，本雅明的"灵氛"啦，于是我们在理论场域中、话语擂台上手之舞之，花拳绣腿者有之，货真价实者有之，不亦乐乎之余，似乎很少意识到这些都不是自己的，但叶君则不然。时值崛起之盛世，他却环顾四周，深感学术主体之衰微，所谓"时至当下，携经济改革之巨幅红利，举国皆曰'创新'，唯其词汇过于泛滥，乃另成新词焉"。于是潜心冥思，自铸伟词，立意传承百年前由陈寅恪、陈垣等前辈先哲所体现的新学统，诚然，这部论著乃叶君的发愤之作。

"侨易"中的"侨"取自1940年代初李石曾所发明的"侨学"，即一种研究事物迁移的动态及其过程中的种种现象，而另增一"易"字，看似不着气力，却尽得风流。一旦引进《易经》的形而上场域，足以彰显自家的思想宝藏，唤醒民族的精神主体，如果更深一层，按照亚斯贝斯的轴心时代文明起源的说法，《易经》本来就具世界性，正如叶君说："仅将问题的中心点定位于'中国'，作为具体的研究者不妨以此定位，但若就此作为理论探讨的出发点甚或取例为主要源泉，则未免局限了一国学术的气象。中国现代学术之规模确立与范式成型，必须以世界为胸怀，不分畛域，将世界文明史的整体进程作为自身治学的客观对象。"② 而且对于侨易学来说，《易经》并非象征性冠冕而已，事实上叶君对《易经》的一番诠释，

---

① 叶隽：《变创与渐常：侨易学的观念》，第4页。
② 叶隽：《变创与渐常：侨易学的观念》，第9页。

在全球的"交易"语境里激活了传统。

众所周知,《易经》意谓"变化之道",而在侨易学论说中,我想最关键的是通过郑玄对"易"本义的解释:"易一名而含三义:易简一也,变易二也,不易三也",而叶君对这一说法加以调整变通,提出"易乃有三进,一为变易,二为交易,三为简易",并形成"侨象、变数、常理"的理论构架,而全书也贯穿着对于"二元三维""物质位移""精神质变"等侨易学原则的论述。这些在哲学与方法论上蕴含着突破二元对立的思维模式,向"第三条道路"开放。其实近数十年来西方学界不断挑战冷战思维模式,"现代性"也几乎成为西方中心主义的代名词,因而纷纷寻求"另类现代性"(alternative modernity)的可能性,虽说不出乎"一生二",而如"多元现代性""被压抑的现代性""日常现代性"等纷至沓来,也足以导向多元。在中国"一分为二"家喻户晓,即作为斗争哲学的"矛盾论",终于把人搞得筋疲力尽。1993年郑敏先生在《文学评论》上发表了一篇讨论新诗的文章,列举五四以来"二元思维"给中国思想和文化造成的伤害,表示深恶痛绝。稍后,庞朴先生在哈佛访问,听他讲"一分为三",简直是中国哲学的哥德巴哈猜想,明知在直接挑战"最高指示",心有余悸焉,后来终于出版了《一分为三——中国传统思想考释》一书。

叶君说:"中国智慧说到底是'一分为三'的智慧",以及"三维结构是个稳定性结构",他接受了庞朴先生的观点,但在侨易学立场上,"究竟'三'是怎样的,仍需深入探讨",显然有他自己的话要说。一个主要论点是:"除了'乾坤二卦'本身之外处于二者之间的'流力'因素,具有重要意义,因为如此就构成了三维结构,是个稳定性结构。"① 具体归结为"二元三维,大道侨易"的论述。

的确,在"百家争鸣"的先民时代,蕴含着远非"二元"所能概括的思维方式,而侨易学原理则根植于《易经》与《老子》,所谓"'大道'即'一',那么乾坤二元构成'二',事物发展过程中的始、中、终(或事物

---

① 叶隽:《变创与渐常:侨易学的观念》,第14—15页。

结构上的上、中、下），在内部形成了三维，就是所谓的'三'。如此与老子的观点'道生一，一生二，二生三，三生万物'恰好若合符节"。① 关于"道通为一""道生阴阳"等，前人说得很多，但在侨易概念中，一、二、三是个运动展开过程，是个稳定结构。首先"一"代表终极的"道"，其实过去所谓"一分为二"属于一种工具理性的命题，受背后的威权机制操控，与"大道"并非一回事。其次，由一生二，道生阴阳，老子说由"无名"到"有名"，即"玄之又玄，众妙之门"。在叶君看来，这个"三"存在于"二元"之中，本身包含横向与竖向的"上、中、下"的"三维"。因此所谓"二元三维，大道侨易"，一、二、三与其说"分"，毋宁是"合"，是不可分割的整体，内部运动生生不息，于是"三生万物"，归于大道。这么看来，一二三是大三维，"第三维"之中含小三维，所谓"事物发展"和"事物结构"，颇如索绪尔所说的"历史的"和"结构的"语言学的概念。

　　"流力因素"是属于"侨易学规律本身"的重要概念，所谓"'乾元-坤贞'构成基本的二元结构，而其内部又构成三维结构。其外则大道笼罩，而内部的流力因素，则是寻求如何搭建两者之间的桥梁，并进而形成有效的'第三者'立足点的可能"。② 另一表述更为明确："在二元三维结构中，这个作为三的第三维是非常重要的。在这里就表现作为流力因素的第三元，即太极图中处于阴阳之间的交互部分，它可以是和谐力，也可以是矛盾，包括冲突、斗争、战争，关键在于如何去把握它。"③ 庞朴先生的"一分为三"有针对性，即淡化矛盾斗争方面而强调两者之间的调和统一，且以"叁"即"参"的古义来说明第三者的参与与调和，确是一大发明；以《中庸》的"中""和"之道加以阐发，也富于卓见。在叶君那里，这第三者即属侨易学规律的"流力因素"，且被纳入整体理论建构之中，它包括

---

① 叶隽：《变创与渐常：侨易学的观念》，第 14 页。
② 叶隽：《变创与渐常：侨易学的观念》，第 16 页。
③ 叶隽：《变创与渐常：侨易学的观念》，第 122 页。

斗争和调和，而且声称："我们必须在一般意义的二元之外，寻求第三极，如此可以构成'三元'建构，但这个三元不是实体三元，因为那个'三'，可能永远不是完整意义上可以与'二'抗衡之'三'。"① 对于这个"实体"并未具体说明，却涉及叶君思虑的某种复杂细微处，给他的"二元三维"设定某种知识的极限，在"实体三元"中，各自不可替代，而"流力因素"之"三"与道体、阴阳实体在性质上有差别。

"流力因素"起中介作用，造成阴阳调和或内在裂变的动力，事实上如果用叶书中反复强调的"交易"概念，或许更能凸现其作为中介的机制，所谓"在二元关系中如何'变三'，进而'归一'的问题，其核心环节应在'交'"②，也包含在"易之三进"中。我觉得"交易"是个关键性概念，直接与我们的全球化境遇相扣联，它必定牵涉到权力关系，叶君也谈到侨易过程中的"资金变易（货币资本变成工业资本再变成金融资本），文化资本的变易（文化资本如何兑换经济资本再兑换政治资本），都可以成为侨易学的研究对象"③。如何在"二元三维，大道侨易"的架构中探究权力关系，这大约是无法回避的议题，也必然会追问"大道"的内涵。另外叶君把"中庸"作为侨易学的核心方法，所谓"致中和"即在主客、时间、空间的二元之间"构筑一道有效的桥梁"④，其实如叶君所论，第三者本身含有"上、中、下"与"始、中、终"的时空三元，此"交易"即为"交域"，如果在此意义上介入"中庸"之道的讨论，我觉得特别有意思。所谓"喜怒哀乐之未发，谓之中；发而皆中节，谓之和。中也者，天下之大本也；和也者，天下之达道也"。此指节制情欲领域而言，"中"尚处混沌状态，由是过渡到"和"，是一个充满协商、调适及斗争的过程。其源于"本"而归于"道"，在新儒家理论中，皆受"天理"的权力机制的操纵。

---

① 叶隽：《变创与渐常：侨易学的观念》，第 14—15 页。
② 叶隽：《变创与渐常：侨易学的观念》，第 125 页。
③ 叶隽：《变创与渐常：侨易学的观念》，第 135 页。
④ 叶隽：《变创与渐常：侨易学的观念》，第 121 页。

一面诉诸中国智慧之源，一面从世界文明史广为引证，从"易之三义"到尼采的"精神三变"，到"儒家三变"，侨易的桥梁作用处处在是，其学可谓至深至广，既以"二元三维"为中坚，又兼收并蓄，有容乃大。如论及席勒在"野人-蛮人"对立的二元划分之外，提出"审美冲动"的"第三条道路"。① 在这里可贵的是叶君尊重文本原意，不将之强行纳入"二元三维"的体系中。在解释"乾卦以龙为喻"时，以刘备、诸葛亮为例来说明人物（或事物）所经历的"起、承、持、转、合、极"各阶段，同样以理解原典为鹄的，审慎中不失圆通。的确"三"字令人着迷，《三国演义》开宗明义："话说天下大势，分久必合，合久必分"，然而三分天下，合不拢，分不均。如三气周瑜，桃园三结义，三顾茅庐，三个臭皮匠赛过诸葛亮，"三"意味着无限多元的可能性、从量变到质变的必然性。三字可成经，也都变成了老百姓的日常智慧。

在表述形式上最使叶君着迷的是"三段式"，已非黑格尔式的"正反合"，而含有侨易意义上的时空动态，是跨文化、超学科的一种思维方法。宇文所安在《中国文论》（1992）一书中劈头劈脑已开始引了《论语》中"视其所以，观其所由，察其所安，人焉廋哉，人焉廋哉"这一段话，作了提纲挈领的论述。不像柏拉图的"理念-模仿"说或亚里士多德的"诗学"，孔子的"三段论"含有由外至里的观察过程，由是为中国文论提供了一种"知人论世"的诠释学原则。从这一点来看侨易学，不理论先行、不向壁虚构，以具体时空中的"侨易对象，往往是人"的经验研究为基础，首先是一种实学。对象类型包括移民、留学生、传教士、外交官、流亡者、游客等，当然侨易学视域不以人物为限，书中的个案示例部分有的以留学生个体或群体为主题，也有关于文化范式的研究。此外叶君指出："我们当然可以进一步扩充其研究范围，包括诸如物器、现象、行为、模式、制度、概念等，都可以取来牛刀小试，当然也意味着一种理论挑

---

① 叶隽：《变创与渐常：侨易学的观念》，第 65—73 页。

战。"① 的确，由是文化勘察的版图可大大拓展，比方说对于晚清民初的跨语言文化的"新名词"研究正方兴未艾，涉及近现代中国知识转型，如果放到侨易学视域中，可能值得"大试"一番，或者从理论资源的角度来看，像萨义德的"理论旅行"或德塞都的"阅读实践"等论述，都可以在侨易交域中加以讨论。

文化的位移现象无时不在，无孔不入。如上面所列的研究对象，跨国似乎是先决条件。鲁迅的留日经历对他的人生至关重要，这人尽皆知，而叶君把他早年从绍兴到南京的一段也视作"侨易过程"而加以考察②，这就含有某种理论潜力。在知识的全球流通，尤其在今天互联网时代，即使足不出户，也能接收海量资讯，融汇中外，神游古今，是否也属精神位移的现象？我的一位诗人朋友不喜旅游，说足迹所至，都不如他想象中的美好。大概想象中的风景带有情绪的灵氛，一旦置身实地，似曾相识之际，反生失望，其中有过许多心理位移的缘故。这么说的话，"侨"的意思就大为延伸了。

大约与我的兴趣有关，对于叶书中论及"侨象""游戏""物器位移"和"文化下延"等处别有会心，惜乎未充分展开，在"物质位移导致精神质变"之间的空间极其旷阔，还有待开拓，包括书中提到的"建筑、纪念碑、景观、雕塑、绘画、书籍、工具，以及保存在人们记忆和语言中的所有象征建构"③，当然还涉及"感情结构"这样的中间地带。

"但凡大本之道，就在于其给后世的无尽诠释性空间"④，这正是《变创与渐常：侨易学的观念》这本书的大好处。我欣赏叶君的文笔，通脱而俊朗，其自觉为诗思民族之后裔，立志于学术启蒙，良有以也。如该书封面标题中两道斜线（变创/与/渐常），变与常之间不必连贯，既具整体性

① 叶隽：《变创与渐常：侨易学的观念》，第 134—135 页。
② 叶隽：《变创与渐常：侨易学的观念》，第 156—163 页。
③ 叶隽：《变创与渐常：侨易学的观念》，第 255 页。
④ 叶隽：《变创与渐常：侨易学的观念》，第 4 页。

的理论建构，也不乏散发性的巧思桥段，实证与理论文本交错，夹叙夹议，含英吐萀；学海浩瀚，自由游走于各类科际，真乃大千世界，无非人文。当读到关于"学"的一段，叶君把它当作"侨易二元"之间的"第三维"，不由得一愣，回过神来，却愈觉其为神来之笔。其实阴阳造化，人为百灵之长，侨易学离不开批评自觉及其主体建构，而这里灵光顿显，作者作为"交易"的中介，介入文本与社会文本之间。叶君强调"以学为本"，令人想起孔子的好学"为己"之论，至其提倡"以侨辅学、以学促易、易道元一"①，伟哉斯言，实即与读者共勉之语，而此书也可视作其侨易之旅的自我呈现，勇于创辟，开拓出一片新学之境界，前景璀璨，可预占焉。

（本文原载于《书城》2014 年第 12 期）

---

① 叶隽：《变创与渐常：侨易学的观念》，第 40—41 页。

交易之道中的中国文化重新建构

何雪凝[①]

19世纪末，西方文化凭借坚船利炮动摇了中华文化之根，国人在民族危亡之际，钦羡于西方的富强国力，在救亡图存的意识下，"求新声于异邦"便成为迫切要求。是时，打倒孔家店，抛弃传统文化成为最大呼声，域外思想被置于救亡的神坛之上。新中国成立之后，由于政治运行机制的限制，苏俄理论则成为国人唯一的思想资源。新时期以来，西方各种新旧理论纷至沓来，被僵化的阶级论思想禁锢的学界犹如大旱逢甘露，学人们饥渴地吸收让人眼花缭乱的西方理论，并凭借若干理论武器，在人文学科大显身手。西方理论本身所具有的深刻性、创造性确实为中国学者开创了全新的视域，对国内的理论建设功用重大。然而，长久以来对西方话语的饥渴和倚重，不可避免地导致理论领域元语言的丧失，早在上世纪90年代，曹顺庆先生就此现象提出"文论失语症"，指出言语表达背后的规则所暗含的学术主体性的丧失，是遗患深远的严重文化病态。近几年，学界对"失语症"的认识进一步深化，整个中国文论界看上去似乎众声喧哗，但"充其量只能扮演某种西方理论话语在中国的阐释者和实践者的角色"[②]，最关键的原因在于缺乏具有民族特色的知识和理论话语，以致在与

---

① 何雪凝，遵义师范学院人文与传媒学院副教授。

② 王宁：《"后理论时代"的文学与文化研究》，北京：北京大学出版社，2009年，第221页。

国际学术界进行对话时时常处于"失语"的状态。"失语"一词的背后是国内学者的焦虑意识，在全球学术互动日益密切的态势下，有学术担当和责任意识的学者不断努力建构中国学术的主体性，通过追问自身的文化身份，思考着在意识形态层面如何对以西方主导的全球化进行反弹，从而发出自己的声音。叶隽先生的《变创与渐常：侨易学的观念》正是一部力图"守正求创"的著作，试图在汲取中国传统精华的基础上确立自己的文化身份，"聚四方之智"，创辟侨易学观念，"为中国文化开新景，为世界文明寻出路"。①

侨易学是在李石曾"侨学"观念的启发下，以中国文化元典《易经》为源泉而进行的理论建构。《易经》是中华民族文化的发源所在，其中不仅具有象数层面的具体推演占卜功用，而且具有宏观层面"易道广大，无所不包"的形而上的宇宙观。在李石曾研究事物的迁移及其现象的"侨学"基础上，叶隽先生增加一"易"字，并非是故作惊人之语的所谓"创新"，而是其在思想立场上与《易经》有密切契合之处，著者对侨易学的界定是"从一种解决问题、阐释现象的方法前提着手，来构建一种相对实用、便于操作，但又具有相当宽阔拓展哲理思维空间的具体理论"②，同时侨易学又具有能博且能容的世界性：以世界为胸怀，不分畛域，探讨异文化间关系乃至人类文化形成的宏观世界之谜。在本国传统文化中汲取精华是民族成长发展的题中要义，以中国儒家和道家两大哲学主流的共同发端《易经》为维度，明确自己的文化身份，唤醒民族精神主体，建立属于中国的文化理论话语体系，这一方向是极具建设性的。当然，《易经》的元思维是多端的，学人可有多向度的阐释空间，而侨易学则侧重选取"交易"一端，以举"交易"一纲而张万目，在当下语境中将传统文化元典激活，探寻建立当代中国诗学的可能。

---

① 叶隽：《变创与渐常：侨易学的观念》，第 1 页。
② 叶隽：《变创与渐常：侨易学的观念》，第 17 页。

一、"交易"之由来

郑玄对"易"的解释为："易一名而含三义：简易一也，变易二也，不易三也。"叶隽先生进一步变通，将之释为："易有三进，一为变易、二为交易、三为简易。"① "变易"是变动不居的世间常态，是万物绵延发展的根本之道；"乾以易知，坤以简能"（《易传·系辞上》），"简易"即是"大道至简"，"甚至其根本性之原则均有其'不易'的一面"。② 然而侨易学的关注点并非在"变易"和"简易"二者上，其理论的核心部分主要落在"交易"层面。这是由于"交易"是变易过程中的关键性环节，在"乾坤相峙"的二元关系结构中，二元只有交互相关，才可能推动事物产生变易，进而得到发展。即是说，侨易学的关注点是二元由"交"而至"易"过程。

侨易学之"交易"概念，由《易经》之"交感"发展而来。《易经》强调异类交感是为宇宙"生生"之道，对立之物在相互关涉之视域中，以直觉性的感应经验判断，超越对立的价值立场，而达至共通的意义场域。如《咸·象》云"柔上而刚下，二气感应以相与"，《泰·象》云"天地交而万物通也"，《泰·象》云"天地交，《泰》"。以交互相关为契机，二元才可能产生碰撞、吸收、融合等变化，只有在阴阳两元的交互作用的合力之中，"道"才能产生。在《易经》之外，钱锺书先生的"通感"论也给予叶隽先生极大启发。叶隽先生借"感觉挪移"的通感论，进一步引申阐释"通感"之含义："主要乃是指一种发自人的主观感知兼容已有知识、理性判断的认识感觉，是一种'理性化'的感知；但这种感知又不是一种及时性的、偶然的、灵感式的，而是综合的、长期的、积淀后达致的'打通'之后的秘索思倾向的感知。"③ 与"通感"立足于感官的互通不同，

---

① 叶隽：《变创与渐常：侨易学的观念》，第 5 页。
② 叶隽：《变创与渐常：侨易学的观念》，第 5 页。
③ 叶隽：《变创与渐常：侨易学的观念》，第 199 页。

"交感"的侧重点在"交"上，关注的是主体的复杂感知经交汇碰撞后产生"理性化"认知的过程。在对异质文化具有敏锐感知力的基础上，主体产生"理性化"认知的过程，集中体现为发生碰撞的异质文化产生相互作用力的过程，是"异质文化间经由相互接触而发生的碰撞、共鸣、吸收、创生的可能"①。于此，叶隽先生将《易经》中表征宇宙物象的"交感"，经由对"通感"的阐发，进一步落实到异质文化互涉之场域，经过交感过程，进而产生精神变易之结果。笔者认为，"交易"概念实质包含两个层次的内容，一为二元产生互涉作用力的"交感"过程，一为由"交"而在思想层面发生质性变易的结果。同时因为二元相交，所以产生侨动过程，经由李石曾"研究在移动中的若干生物，从此一地到彼一地，或从几个处所到另一个处所；研究他们的一切关系上与活动上所表示的一切现象"②的侨学，"交易"发展为"侨易"。由此，"交感/通感—交易—侨易"成为侨易学的学理脉络，侨易学的核心部分在"交易"层面，研究因"侨"而致"易"的结构性过程，探寻侨动过程中的主体如何通过"相交"，而在精神思想上发生变异。

两者相交的交往问题，也是当代哲学的元命题。近代哲学以笛卡尔"我思故我在"为标志，其浓厚的唯我论色彩随着资本主义的高速发展而显示出其缺陷。胡塞尔在对生活世界研究的基础上，开启了从"我思"这一主体性本位向"交往"的主体间性本位的转向。海德格尔进一步明确了交往作为主体间的存在状态，是处于本体论地位的，他指出作为主体个人的"此在本质上是共在"③，而非"无世界的单纯主体"④。萨特则认为历史只能在人与人的关系中加以探索。虽然与侨易学关注异质文化间相互关系不同，当代哲学的焦点更集中在主体间的交往上（当然侨易学对自身的期

---

① 叶隽：《变创与渐常：侨易学的观念》，第 199 页。
② 叶隽：《变创与渐常：侨易学的观念》，第 3 页。
③ ［德］海德格尔：《存在与时间》，陈嘉映、王庆节译，北京：生活·读书·新知三联书店，1999 年，第 140 页。
④ 同上，第 135 页。

许同样是达到哲学家的综合和高度），但两者的基石却是相同的，即对"相交"作用的重视及肯定。"相交"是世界的关键词，世界是一张大网，个体、精神、物质等方方面面在这张网上汇聚相交，从而生发无限生机，只有抓住"交易"这一核心范畴，才可能实现对问题的追根溯源。

从历史上看，大到人类文明的创生，小到个体思想观念的形成，都离不开"异质相交"，侨易主体与对象经由接触而发生碰撞、共鸣、吸收乃至创生的可能。对此，巴赫金指出："我们给别人文化提出它自己提不出的新问题，我们在别人文化中寻求对我们这些问题的答案。"[①] 在全球化语境的当下，不同文化或个体在质性文化差结构中的不同地域、文明或单元之间发生位移的情况更加频繁，交互相关而发生精神层面质性变易的现象愈加突出。具体说来，《变创与渐常：侨易学的观念》一书的完成，本身就是在全球化交易语境中侨易现象的体现：著者以《易经》为文化根基，在国外的研究经历又为其提供多元的理论资源，如李石曾的"侨学"概念、德国哲学思想等，这些理论资源各有长处，但毕竟"各照隅隙，鲜观衢路"，在切身侨动经历的观照下，中西理论资源交互触发，从而创生了"侨易学"观念。在"交易"已成为世界问题的核心之时，中国现代学术之规模确立与范式成型，定不能闭门造车，只能在坚守民族中坚思想的立场上博采众长，正如宗白华所言，将来世界的新文化一定是"一方面保存中国旧文化中不可磨灭的伟大庄严的精神，发挥而重光之，一方面吸取西方新文化的菁华，渗合融化"，从而"免去现在东西两方文化的缺点、偏处。这是我们新中国学者对世界文化的贡献"。[②]

二、交易之道中的理论构建

逻各斯中心主义使西方形而上学思维方法建立在不对等的二元对立基

---

① ［俄］巴赫金：《答〈新世界〉编辑部问》，载《巴赫金全集》（第4卷），石家庄：河北教育出版社，1998年，第370页。

② 宗白华：《中国青年的奋斗生活与创造生活》，载《宗白华全集》（第1卷），合肥：安徽教育出版社，1994年，第102页。

础之上，在西方知识谱系中，"东方"长久被置于次要的、边缘的地位。在经济、政治的强势支撑下，世界也一度被教化为以西方为模板的一元存在。而五四以来，"拥护-打倒"的二元对抗思维似乎成为中国的正统逻辑，新/旧、启蒙/愚昧、集体/个人、现代/落后等等成为水火不容的矛盾，出于政治的决策性考虑，不可调和的二元对立在短期内可以迅速为所拥护的事物打开局面，但将时间维度拉长，急功近利的简单化对立漠视了事物间复杂的关联性和互涉性，思维变得固步自封，走向极端化，中国文化和思想受到深重伤害，人为地给民族文化复兴设置了巨大障碍。但是，在世界接触越加频繁，地球村网络更加紧密的态势下，相关性使二元之间的截然对立不再成立，一元论也失去其存在的合理性。在交易这一场域中，思索中国文化贡献给世界的独特价值，发出自己的声音，必须首先打破二元对立的壁垒，以平等互动、对话为基础，追溯异质文明的交感过程，进而寻求其在思维碰撞、共鸣、创生之后的人类文化命运的共同体。

突破二元对立构建当代中国诗学的学术主体意识，决定了侨易学的基本理论思维——"二元三维，大道侨易"①。侨易学以《易经》的"乾元-坤贞"构成基本二元结构，将乾坤两卦合而观之，强调二元内部相互交感，从而形成处于二者之间的"流力因素"，如此便构成三维结构。"在二元三维结构中，这个作为三的第三维是非常重要的，在这里就表现为作为流力因素的第三元，即太极图中处于阴阳之间的交互部分，它可以是和谐力，也可以是矛盾，包括冲突、战争，关键在于如何去把握它。"②"流力因素"的重要性在于它于两元之间搭建桥梁，超越简单的主观-客观二元对立的方式，为二元构建第三者支柱，使之具有相互转化甚至变化的可能，最终形成具有稳定性的结构。在"二元三维"的哲学思维下，侨易学以"观侨阐理，取象说易，察变寻易"③为方法，为阐释世界提供深度探寻的

---

① 叶隽：《变创与渐常：侨易学的观念》，第 16 页。
② 叶隽：《变创与渐常：侨易学的观念》，第 122 页。
③ 叶隽：《变创与渐常：侨易学的观念》，第 32 页。

途径。其中关键的一步是"取象说易"，侨易学作为一门学科建构，必须要有方法论的指导，要落实到可操作性的层面，"取象"无疑是分析侨易过程的最佳切入点，选取经历了异质性文化变迁的对象，追溯其由"侨"至"易"的关键环节，在大量个案的基础上，以小见大，实现对侨易现象的质性把握。更进一步，"取象"也是侨易学期望成为哲学体系的必经之途，正如《道德经》第二十一章所云："道之为物，惟恍惟惚；惚兮恍兮，其中有象；恍兮惚兮，其中有物；窈兮冥兮，其中有精。"[1] 哲学所追求的宇宙之大道，正蕴涵在具体的物象之中。

将侨易学这一新的理论方法在一些研究颇多的领域进行实践，极有可能会别出手眼。譬如胡适在留学美国期间就极力推崇白话文，在《留美学生季报》上发表《文学改良刍议》，自绝于古典文学。但在表达深刻内容，或追求艺术效果之时，他却常常返身求诸自己在理论上驳斥的古典文。胡适的留学经历，本身就是典型的侨易现象，在个体纵向轴与时代横向轴的交错关联中（这实际上就是"交易"），采用侨易学方法思考侨易主体在白话文/古典文这两极之间的流力因素，观念构型的程度，以及其与场域作用的互动关系等问题，应该会有不少新的发现。除了人的侨易外，思想的侨易现象也十分值得重视。譬如 20 世纪 90 年代，在西方女性主义理论的冲击下，尤其是受到埃莱娜·西苏的"身体写作"策略的影响，林白、陈染等女作家原本备受争议的私人化、女性体验小说得以正名，被认为是女性解放的硕果，是对男性话语权的突围。然而，"身体写作"随后迅速扩散为欲望化的书写狂潮，甚至发展为"下半身"写作。埃莱娜·西苏的"身体写作"强调的是在形式层面以语言建立女性话语体系，但这一思想进入中国之后，作为重点的语言形式被有意忽视，而作为内容的"肉体"却被无限放大。在这一思想的侨易过程中，异质文化思想间产生何种程度的碰撞，又带来怎样的变形以及本土化，从侨易学方法的角度应该会有深入发现。

---

① 《老子》，上海：上海古籍出版社，2013 年，第 44 页。

与交易场域相关，侨易学强调整体性的动态思维，即是在"二元三维"的整体框架内纳入"变创"与"渐常"两个维度。司马迁将《易》概括为"长于变"，王弼也强调《易》乃"适时之变者也"，"变"是万事万物的常态，但要"在变化之中求所创辟"。① "常"是亘古不变的原则，即是老子所谓的"道"，但"常"也并非一成不变，而是在"渐进之中求所守常"。② "变创"与"渐常"是侨易学的二元，说到底是世间万物的原则，在"变"与"常"之间守正求创，在变化迅速的时代把握两元之间的深刻张力。不论是侨易理论的发覆，还是当代中国诗学的建构，其实也处于"变创"与"渐常"的张力之中，坚守传统承续的文化根基是"守常"之部分，而不断与其他文化系统精粹进行碰撞，经过复杂思辨进而吸收融合是"创辟"之过程，最终在具有超越性的第三维的作用下于"创辟"与"守常"之间建立协调之秩序。"二元三维的思维模式之根本就在于求得一种平衡"③，建构和谐之秩序，达到对"道"的寻求，即人类文明结构形成的总体规律。在交易成为时代发展的关键性要素之时，建构中国的学术主体性及诗学精神，面临着在自我与他者（异质文化）的二元之间寻找"流力因素"的关键性问题，如何才能搭建起理想中的当代中西诗学的和谐秩序，这不仅是人文学科知识人的命题，也是侨易学在实践领域的验证。钱锺书先生早有论述，"东海西海，心理攸同，南学北学，道术未裂"④，二元的共通点使各文明子系统的对话及融合成为可能。但不应回避的是，在实现理想秩序的过程中，隐藏着在异质文明对话背后的复杂权力操作对秩序扭曲的可能性，而由此导致的种种问题则可能是侨易学现阶段难以清晰解答的。当然，正如侨易学强调的"变创"与"渐常"一样，侨易理论本身还处于不断思辨并修正的过程之中，现阶段的成果可能不甚完善，但前景值得期待。

---

① 叶隽：《变创与渐常：侨易学的观念》，第 228 页。
② 叶隽：《变创与渐常：侨易学的观念》，第 228 页。
③ 叶隽：《变创与渐常：侨易学的观念》，第 277 页。
④ 钱锺书：《谈艺录》，北京：生活·读书·新知三联书店，2001 年，序第 1 页。

三、交易视域下的通识追求

新时期以来，国内急切引进西方新旧文艺理论，现象学、符号学、形式主义、新批评、接受主义、结构主义、解构主义等等，欧美上百年的理论体系在短短三十多年的时间里几乎是多元共时性地涌入中国。国人因之而迅速开阔眼界，积累了诸多思想元素，受惠良多，但同时也因匆忙地追赶西方风潮而造成对理论的囫囵吞枣和生搬硬套。以"异"为"新"、追"异"求"新"甚至一度成为创新的主要途径，学界的创新情势看似充满生机，但其实大部分所谓"创新"不过是对西方理论稍加包装后的粉墨登场，是亦步亦趋地拾人牙慧，这样的"创新"缺失原创性，长此以往将使得学术运行机制陷入恶性境地。对此现象，季羡林先生早就指出，只有经线没有纬线的"全盘西化"行不通，在"西化"的同时还必须要有"东化"，"拿来主义"与"送去主义"共同发挥作用，如此才能使文化交流顺利进行，文化才能得以发展。[①] 作为全球一体化情势中的中国知识人，当然要以开放的胸怀积极学习汲取国外优秀理论，但首要的立场和任务却应思考如何构建具有原创性的中国理论体系，这才是真正有生命力的创新。诸多有学术担当的知识人开始不断反思以往的理论建构，明确自身的学术身份，此间叶隽先生以宏观的前瞻的理论视野，贯通古今，融汇中西，以中国传统智慧为根柢，旁征博引世界文明史，开创侨易学，建构中国话语诗学体系的尝试，可谓提供了一个启示颇多且具有可操作性的有效途径。侨易学"以学科史为根基，整合学术史的宏通视域"[②] 为治学立场，整合中西哲学思想，形成跨文化的对话及融合，这一立场超越了传统二元对立的研究范式，是对西方中心论的反拨。但这一反拨又不是以东方中心论为旨归，而是在东西文化两元之间寻找可以创生的第三维因素。侨易学对于实现中西文化通识时代这一理想的努力，正与 19 世纪歌德所倡"世界文

---

① 季羡林：《东学西渐与"东化"》，《光明日报》，2004 年 2 月 23 日。

② 叶隽：《变创与渐常：侨易学的观念》，第 285 页。

学"遥遥呼应。

在努力达致东西文化通识的同时，侨易学还力求打破学科壁垒，实现各学科间的通识。学科分类由现代工业社会劳动分工促成，是人类认识自我、社会与自然的必然结果。但随着与工业生产、资本运营的结合越加紧密，原本是研究有机统一体的各学科，被肢解成为截然隔离各自为政的单一片段，所谓的"专业知识"与人类整体知识相隔越来越远。怀特海在《科学与近代世界》一书中就曾敏锐指出，作为工业社会显著特点的专业化，其"所产生的危险是很大的，……社会的专业化职能可以完成得更好、进步得更快，但总的方向却发生了迷乱。细节上的进步只能增加由于调度不当而产生的危险"①。此外，由于人文学科不能像自然科学一样在物质层面产生直接功利，被人为地置于现代学科的边缘地带，呈现日渐萎靡之态。在物质主义与功利主义的规训下，人文学科改变自身困境的策略很大程度上其实是不得不以改变自己的初衷为代价，向"市场"靠拢，对"效益"臣服，在这一过程中，知识者极有可能被潜在的权力网络驯服，从而泯灭了学者的良知和责任。在全球交易场域中，越来越多的学者开始对壁垒森严的学科建制进行反思，认识到当今世界文化总体性的诉求，强调众多学科互涉而形成的文化总体性视野对于认识当今复杂世界的必要性。

契合这一反思浪潮，叶隽先生明确表示："治学毕竟是要求得一种通识，而非仅以自家菜园为一个高筑篱笆墙的划地自牢。"② 侨易学在追求知识之间关联性的基础上，力求"在整体上把握事物（或知识）的谱系，如此则接近了对道的探寻"③。建立交流沟通机制，关注各知识之间的互涉性、关联性，对世界进行整体性的认识，使得侨易学甚至被认为带有"超

---

① ［英］A. N. 怀特海：《科学与近代世界》，何钦译，北京：商务印书馆，1959年，第188—189页。

② 叶隽：《变创与渐常：侨易学的观念》，第107页。

③ 叶隽：《变创与渐常：侨易学的观念》，第24页。

学科"的性质①，在这一宏大气魄下，侨易学"试图建立的是理解世界的元理论"②。不可否认，诚如有的学者所言，侨易学在表述宇宙之"大道"时带有相当理想化的色彩，因而难以解释当下地缘政治冲突不断的原因。③如何将观念与现实进行有说服力的对接，这确实乃侨易学是否能够被广泛接受的基础，是侨易学务必需要下大功夫之处。但作为一套理论阐释体系，其在草创期留有罅隙，也实在是在所难免，不应过多苛责。④

相较于对侨易学草创时期缺憾的关注，笔者同样关注的是侨易学体现在通识追求中的强烈现实人文关怀精神："网络时代的蔓延、战争的此起彼伏的怪圈、金融势力的渗透、核泄漏事故的危害……人类如何才能摆脱这个自己造出的铁笼？仅仅靠'铁屋中的呐喊'可能并不管用，侨易学或许可以提供一种有益的思维方式，即我们要能够在大千世界的变动不居中去把握其大道所在。"⑤ 侨易学并非书斋冥想，而是在会通中西文化、破除学科壁垒的视域中直面当下。即便在解释当下复杂冲突之时，现阶段的侨易学所交之答案未必能令人满意，但其关注中国现状乃至人类命运，执着探寻宇宙之真谛与大道，坚守学人"寻道者"的身份，无不体现出人文学科的精神力量。观念确实应该观照现实，但人文学科的初衷本来也不是"工具理性"，在观念与现实对接的背后，"理想性"或许更是人文学科的魅力所在。更何况，对"寻道者"身份的自觉意识，坚信知识人阐释世界的重要作用，背后其实透露着对人文知识者自身勇气与智慧的肯定以及对自身价值的自信，是对甚嚣尘上的"知识无用"言论的有力反驳，也是对在学科分类中被异化了的学者良知的还醇返朴。在这一人文层面上，侨易

<hr>

① 段江丽：《侨易学理论之内涵与启发》，《江苏师范大学学报（哲学社会科学版）》，2016 年第 4 期。

② 陈戎女：《侨易学断想》，《北京观察》，2016 年第 7 期。

③ 同上。

④ 李川：《文化复兴语境下的"侨易学"现象》，《江苏师范大学学报（哲学社会科学版）》，2016 年第 4 期。

⑤ 叶隽：《变创与渐常：侨易学的观念》，第 98 页。

学也具有积极意义。在交易场域中贯穿通识追求，以民族文化为思想之根，坚守观念的原创性；以世界文明为烛照之源，探寻理论的普适性；以人文关怀为价值之基，追求态度的真诚性，侨易学在中国诗学建构的过程中走出了极有价值的一步。

（本文原载于《书屋》2020年第2期）

侨易学理论之内涵与启发

段江丽[1]

一、从"侨学"到"侨易学"

李石曾先生早年曾提出"侨学"的概念，他指出："侨学为研究迁移、升高、进步的学问"，"侨学是一种科学，研究在移动中的若干生物，从此一地到彼一地，或从几个处所到另一个处所；研究他们的一切关系上与活动上所表示的一切现象"。[2] 由此可见，李石曾的"侨学"研究对象为与"侨"即"移动"相关的现象，它包含移民现象而不限于移民现象。叶隽先生在李石曾"侨学"概念的启发之下，引入《易经》的智慧，创造性地提出了"侨易学"概念。

叶先生之创见在于"易"，理解侨易学之关键亦在于"易"。中国传统学术史上对《易经》之"易"的解释，郑玄之说比较有代表性："易一名而含三义：易简一也，变易二也，不易三也。"[3] 现代学者任继愈先生认为，《易经》表达了三个方面的哲学思想：观物取象、万物交感、发展变化。[4] 叶隽先生由"万物交感"而引申出"易"之"交易"之义，从而赋

---

[1] 段江丽，北京语言大学中华文化研究院教授。

[2] 李石曾：《侨学发凡》，载《李石曾先生文集》（上册），第 296、332 页。

[3] 郑玄：《易赞》《易论》，转引自钱锺书：《管锥篇》（第 1 册），北京：中华书局，1979 年，第 1 页。

[4] 任继愈：《中国哲学史》（第 1 卷），北京：人民出版社，2003 年，第 24 页。

予"侨易"之"易"以四义："乃易有三进，一为变易、二为交易、三为简易；道乃不易，大道不易。"①"四易"当中尤重"交易"："'交易'则是变易过程中一个关键性环节，就是因较大异质性的环境（context）变化而导致的事物的质性变化，所谓侨易，实际上更多体现为交易的内容。因为有二元关系的相交，所以有侨易现象的产生。"叶先生强调："我们提出'侨易学'的概念，虽然也兼顾变易、简易的研究，但其核心部分则主要放在'交易'层面。也就是说，研究对象（侨易过程之主体）是如何通过'相交'，尤其是物质位移导致的'异质相交'过程，发生精神层面的质性变易过程。"② 亦即："侨易学"之"易"，源自《易经》之易，兼及变易、交易、简易、不易等四义，而尤重"交易"——侨易主体通过"相交"尤其是物质位移导致的"异质相交"过程。

二、侨易学的思维模式、核心内容及研究方法

叶先生指出，侨易学的"基本思维在于'二元三维，大道侨易'，即'乾元-坤贞'构成基本的二元结构，而其内部又形成三维结构。其外则是大道笼罩，而内部的流力因素，则是寻求如何搭建两者之间的桥梁，并进而形成有效的'第三者'立足点的可能；而侨易规律本身也不妨视为一种流力因素"③。这一段话对理解侨易学理论非常重要。叶先生所说的侨易学基本思维来自《易经》，"二元"分别指"易经"之乾、坤二卦，"三维"之"三"则是指"'乾坤二卦'本身之外处于二者之间的'流力因素'"④，亦即"太极图中处于阴阳之间的交互部分"⑤。至于"大道"之"道"，即老子"大道泛兮，其可左右"（《老子·第三十四章》）、"道生一"（《老子·第四十二章》）之"道"，亦即天地之间之大道。综合来看，"大道侨易"

---

① 叶隽：《变创与渐常：侨易学的观念》，第5页。
② 叶隽：《变创与渐常：侨易学的观念》，第6页。
③ 叶隽：《变创与渐常：侨易学的观念》，第16页。
④ 叶隽：《变创与渐常：侨易学的观念》，第14页。
⑤ 叶隽：《变创与渐常：侨易学的观念》，第122页。

应该是指"大道"体现在由"侨"致"易"的过程之中。具体来说,侨易学的研究对象是侨易现象。所谓侨易现象即指由"侨"致"易"的过程,其核心点是"迁移"与"变化",尤其关注"物质位移导致精神质变"的现象。因此,侨易学在狭义上的具体研究领域为,"主要关注事物二元取象之后的流力因素,以及间性关系的研究。也就是说,侨易学关注并研究事物的变化过程,同时强调在这一过程中的'二元结构'和'三维要素',"①。

在叶先生的侨易学理论体系中,乾坤二卦以及二者之间的流力因素所构成的"二元三维"乃哲理层面的思维模式,落实到实证性研究中,具体方法是观侨阐理、取象说易、察变寻异。所谓"观侨阐理","乃是就最基本的侨动过程,给出一个原则性阐释,推究其侨动过程的原因"。② 亦即"观侨阐理"就是对侨动现象做出解释说明。至于侨动现象,广义上一个普通农人从一个村庄到另一个村庄走亲戚或赶集,猴子爬山,航天飞船进行航天活动,等等,这些都可视为"侨动",不过,作为侨易学研究对象的侨动现象,则强调"应当是在具有异质性的文化差结构之间发生的侨动过程"③,因此,就有了"取象说易"之说,即面对形形色色的侨动现象,选取那些发生在"异质性的文化差结构之间"的"侨动"现象作为研究对象,并讨论其发生的原因。也就是说,侨易现象有广义和狭义之别,广义的侨易现象指一切侨动现象;狭义的侨易现象指发生在"异质性的文化差结构之间"的、具有学术研究价值的侨动现象。比如,上面所说的一个普通农人临时从一个村庄到另一个村庄走亲戚或者赶集,以及毛泽东从湘潭来到长沙,虽然都发生了"位移",广义上都属于侨动,但是,前者可能并不具有学术研究价值,后者则为典型的具有学术研究价值的侨易现象。"取象"的过程就是"择取'侨易现象',将之上升到一个质性的概念层

① 叶隽:《变创与渐常:侨易学的观念》,第 18 页。
② 叶隽:《变创与渐常:侨易学的观念》,第 32 页。
③ 叶隽:《变创与渐常:侨易学的观念》,第 32 页。

面"。① 在"取象说易"的基础上进一步的研究就是"察变寻异"，即探析事物发展变化过程中的相异性因素，先寻"异"，再存"异"、美"异"，最后达到"和而不同"的"大同"之境。②

三、侨易学理论的启发

侨易学"这个依赖中国传统文化的原创性理论"③无疑具有鲜明的理论创新与启发意义，这里主要谈三点。

第一，建构性。叶隽先生在论及《变创与渐常：侨易学的观念》一书的缘起时说，受到撒切尔夫人关于"今天的中国只能出口电视机而不是思想观念"之质疑等因素的刺激，他和他的朋友深感"吾国之起兴于世界，必当先有思想之原创，乃能别开天地而为中国文化开新景，为世界文明寻出路"。④ 其理论建构之自觉与学术境界之高远于此可见一斑。从某种意义上，正如曾艳兵先生在《侨易学与比较文学》一文中所指出的那样，我们刚刚经历乃至仍在继续经历一个解构一切、消解一切、终结一切的时代，在此背景之下的"建构"无疑更需要识见与勇气。在世事纷繁、学风浮躁的当下，学人如何寻找、确认、坚守自己存在的价值和意义，为中国文化乃至世界文明提供具有建构性意义的原创思想，是每一位学者应该深思的问题。叶先生以他"想了五年，写了三年"⑤的侨易学理论给出了令人钦佩的回答。

第二，整合性。侨易学理论思维的基石是《易经》中的古老智慧，可是并非对《易经》做简单的当代阐释，而是将《易经》智慧中的"变"与"易"作为最根本的理论元素，糅进以《老子》为代表的"道生一，一生二，二生三，三生万物"的"一分为三"的智慧。如果说道家借鉴了《易

---

① 叶隽：《变创与渐常：侨易学的观念》，第 33 页。
② 叶隽：《变创与渐常：侨易学的观念》，第 33 页。
③ 乔国强：《"侨易"的内涵与外延》，《中国图书评论》，2015 年第 2 期。
④ 叶隽：《变创与渐常：侨易学的观念》，总序第 1 页。
⑤ 叶隽：《变创与渐常：侨易学的观念》，序第 6 页。

经》的智慧，那么，侨易学理论基本思维模式之"二元三维"又进一步整合了《易经》二元互补与道家一分为三的智慧；再将"变""易"与现当代无所不在的"侨动"现象结合起来，探求主体由外在"侨动"所导致的内在精神质变，从而凸显并强调二元之间的"流力因素"的意义，即"三"的意义，强调"在大千世界的变动不居中去把握大道所在"[①]，在"变"中求"不变"，在"不变"中求"大道"——透过人类社会中不同文化、不同制度所导致的形形色色的事物的表象，探求其本质的、规律性的、共通性的实质，因此，"'侨易学'是一门探讨文化迁徙、交流和变化的""大学问"[②]，其研究对象与研究方法亦具鲜明的"整合性"特点，具体来说就是，因为侨易主体包括了"个体、群体、机构、国族、文化等"[③]各个方面，所以，从学术研究的范畴来说，侨易学涵盖了比较文学[④]、文化交涉学、流散文学等诸多领域。私意以为，从某种意义上说，侨易学整合了比较文学、文化交涉学、流散文学等学科概念，具有"超学科"[⑤] 而非跨学科的性质，可以作为这些学科概念的一个上位概念来使用。叶先生曾指出，在理论思维和资源方面，对侨易学来说，"应该努力荟萃文学家的艺术与智慧（兼及批评家/文学史家的判断）、史学家的缜密与坚实、社会学家的概括和理论、人类学家的嗅觉和洞察。其余则政治学、经济学、教育学、心理学等都作为相应手段，最后要达致的是哲学家的体系与高度"[⑥]。可见在操作方法的层面，侨易学亦具鲜明的整合性特点。

第三，超越性。如上述第二点所说，侨易学在研究范畴上具有"超学科"的超越性特征；同时，侨易学在研究目的与价值方面亦具超越性特征。侨易学理论认为，在"二元结构"及其内部形成的"三维结构"之外

---

① 叶隽：《变创与渐常：侨易学的观念》，第 98 页。
② 陈建华：《侨易的交易之道——读叶隽〈变创与渐常：侨易学的观念〉》，《书城》，2014 年第 12 期。
③ 叶隽：《变创与渐常：侨易学的观念》，第 34 页。
④ 关于侨易学与比较文学的关系，可参看曾艳兵《侨易学与比较文学》一文。
⑤ 同②。
⑥ 叶隽：《变创与渐常：侨易学的观念》，第 27 页。

"是大道笼罩"①，"是一种面对世界宇宙的精神"②，所以，真正的学人不应该只是"一个'现代学术'制度规训出来的工业化流程'知识匠人'"，"更应自觉意识到自己的'寻道者'身份"③。作为"寻道者"，研究的目的不是停留在"二元对立"的层面，而是关注存在于"二元对立"之外的"世界三"④，关注"二元状态"的多种可能性：优胜劣汰的竞争关系、彼此帮助的互助关系、既竞争又合作的和谐关系，即在考察"二元对峙"的状态时同时要考虑到个体独立与多边博弈的情形。在这种视野之下，"事物都不是孤立存在的，社会已经是个庞大的人类系统，而自然更是一个无所不在的巨型存在，除此之外，甚至还有地球、银河系、宇宙等更为巨硕的集体概念"⑤。这样，侨易学研究的意义也就超越了对任何单一"个体、群体、机构、国族、文化"的价值评判，而是"在于探讨异文化间相互关系以及人类文明结构形成的总体规律"⑥。体现的是"以世界为胸怀，不分畛域，将世界文明史的整体进程作为自身治学的客观对象"⑦ 的可谓恢宏的大格局，因此，其研究本身也就获得了形而上的超越性价值。

总之，叶隽先生在《变创与渐常：侨易学的观念》中，在"接续"中国传统元典智慧的同时，"创辟发明"了具有整合性与超越性意义的侨易学理论，在这个崇尚"解构"、理论原创力相对匮乏的时代，其理论创新的才具与胆识都弥足珍贵。另一方面，作为一种新的、"仍是发展中的理论"⑧，或许还需要叶隽先生及对这一理论感兴趣的学界同仁做进一步的探讨、阐发乃至运用、论证，比如，侨易学理论中诸如"大道侨易""三""道"等核心概念更加精确、清晰的含义；比如，侨易学与比较文学、流

---

① 叶隽：《变创与渐常：侨易学的观念》，第 16 页。
② 叶隽：《变创与渐常：侨易学的观念》，第 17 页。
③ 叶隽：《变创与渐常：侨易学的观念》，第 26 页。
④ 叶隽：《变创与渐常：侨易学的观念》，第 81 页。
⑤ 叶隽：《变创与渐常：侨易学的观念》，第 76 页。
⑥ 叶隽：《变创与渐常：侨易学的观念》，第 18 页。
⑦ 叶隽：《变创与渐常：侨易学的观念》，第 8 页。
⑧ 叶隽：《变创与渐常：侨易学的观念》，序第 6 页。

散文学、文化交涉学等学科的关系；再比如，更多有说服力的精神侨易、文化侨易等领域的个案研究；等等。

［本文原载于《江苏师范大学学报（哲学社会科学版）》2016 年第 4 期］

对侨易学研究的一些看法

乔国强①

叶隽在《变创与渐常：侨易学的观念》一书中提出了"侨易学"的思想。他所提出的这一理论架构的主要依据有两个，一是李石曾在《侨学发凡》中提出的"侨学"；二是道家与儒家共同的思想源泉或被誉为"大道之源"的《易经》。前者是一门"研究侨移、升高、进步的学问"，关注"移动中的若干生物……研究他们的一切关系上与活动上所标示的一切现象"②；后者辨析"变易""易简"与"不易"。从这两个理论依据中不难看出叶隽创新的胆魄和宏大的理论视野。更难能可贵的是，他不但提出了"侨易"理论的架构、研究方法、规则性等问题，而且还举出一些详细的实例加以论证。

以我粗浅的理解，叶隽提出的"物质位移导致精神质变"③ 的侨易学思想，似可以通俗地解释为，通过观察人们在移居异地及其过程中（侨）所发生的言语行为和精神面貌变化（易）的现象，来研究属于不同文化子系统的人们在这"侨易"过程中，所发生的互动关系及由此而产生的转变和新建立起来的思想、言语行为乃至文化模式。这种研究所关注的不仅是"侨易"之后的结果，而且还看重由"侨"而"易"的整个过程。《易经》

---

① 乔国强，上海外国语大学犹太研究所教授。
② 李石曾：《侨学发凡》，见《李石曾先生文集》（上册），第 296 页；转引自叶隽：《变创与渐常：侨易学的观念》，第 3 页。
③ 叶隽：《变创与渐常：侨易学的观念》，第 21 页。

讲究起、承、持、转、合、极六个过程，侨易学也注重"侨易"的整个演变过程，二者所关注的"线路"大体上是一致的，关注的内涵也颇为类似。而且，"侨易"研究的三条法则（"观侨阐理""取象说易""察变寻异"）① 也暗合了《易经》中的这些基本思想和观察对象，特别是关注"事物的发展变化过程，在变化之中寻求相异性的因素"的第三条法则，秉承了《易经》看重起、承、持、转、合、极六个"易变"过程的思想。

不过，《易经》在探讨"易变"的同时，还强调"大道不变"。"侨易"研究如何来"应对"这个"大道不变"却是个问题。叶隽用老子的话解释了"大道"的内涵，但具体到"侨易"，他似乎没有做出应有回应。在"侨易"研究中，这个"大道"应该是指宏观"侨易"的最终结果或终极状态，即人类的最终走向"大同世界"；还是指"侨易"的"易"理，即要与"二元三维"结合起来看，揭示"易变"恒定之道？

《易经》在阐释与人相关的"易变"道理时，主要关注的问题之一是"易变"的主体；叶隽的侨易学关注的也是这个主体，叶隽也称之为"侨易"的研究对象。他说："所谓的侨易对象，就是侨易主体，乃是在侨易过程中发生主要质性变化的对象。"② 从所观察的对象来看，"侨易"研究与社会学研究有密切的关系。社会学家就移民问题提出了"同化"（assimilation）和"文化移入"（acculturation）两个不同概念。前者强调作为少数民族的移民完全融入移入国的主流社会；而后者则表示移居他乡的少数民族在适应主流社会的同时，还在一定程度上保留自己原有的民族文化传统并对主流社会产生一定的影响。换句话说，"同化"在很大程度上是一种"单向"的"易变"，这与"侨易"研究的对象或主体是相一致的；而"文化移入"则在一定程度上是一种"双向"的"易变"，比叶隽提出的"侨易"研究多了一个"客体"，即"文化移入"研究所关注的那个"移入"的主体对作为主流的客体的影响。有关这一点我们从美国犹太移民对

---

① 叶隽：《变创与渐常：侨易学的观念》，第 32 页。
② 叶隽：《变创与渐常：侨易学的观念》，第 37 页。

美国主流社会的影响中可略见一斑。如果叶隽能把这一问题融合到其"侨易"理论中，或许将会更有说服力。

从叶隽所提出的侨易学的理论分析模型（即"观侨阐理""取象说易""察变寻异"）来看，"侨易学"主要关注的是个体的而非群体的"侨易"，或至少在他看来"群体性的侨易学分析，不太容易做到"①。我以为，假如一个理论主要针对的是个体，那么这个理论的有用性是有限的，或至少其广延性是狭小的。好在实际情况并非如此。从19世纪20年代至20世纪20年代这一百年间见证的三次犹太移民浪潮来看，叶隽提出的分析模型并非是主要用于分析个体，也是完全可以用于分析群体的，即这个模式在用于分析群体时更能彰显"侨易学"的有用性。换言之，假如我们运用侨易学的分析模型来研究美国犹太移民这个群体，会清楚地析出他们带有取向性的"侨"和由此而产生质变的"易"。早期的美国犹太移民从欧洲，特别是从东欧国家历经"从边界到港口""底舱的煎熬""埃利斯岛"等过程，千辛万苦地来到了美国。他们在登陆美国后几乎都经历了美国著名犹太学者欧文·豪所说的那种"第一次冲击"："来美国时心怀热望，现在有的人士气陡降，其他人则一蹶不振，问题倒不在乎他们的物质条件恶劣——毕竟他们早已经适应了它。更严重的是那种时刻萦绕着他们生活的精神迷茫。"② 这里所说的"精神迷茫"其实就是指这些犹太移民，因位移到一个异质物质文化环境里而开始发生诸多精神质变中的一种。这也就印证了叶隽所提出的侨易学分析模型也是完全适合于分析群体性的"侨"和"易"的。

不过，可能还需要指出的是，不管是用于个人的"侨易"研究，还是用于群体的"侨易"研究，这个分析模式似还应该从具体的时间和空间两个维度来统筹考虑，如从"侨易"时间来研究"侨易"的时代特性，或从

---

① 叶隽：《变创与渐常：侨易学的观念》，第35页。

② ［美］欧文·豪：《父辈的世界》，王海良、赵立行译，上海：上海三联书店，1995年，第68页。

"侨易"的空间来研究"侨易"的区域特性等。总之,"侨易"研究是一个新兴的研究领域,自然诸多方面还有待于完善,但就从目前的情况来看,其理论价值,特别是实用性价值是不容置疑的。况且,相比于那些只会从国外简单地移植和使用的学者,叶隽的理论创新更是显得难能可贵,同时也是传统思想现代性转化的一种有益尝试。

(本文原载于《中华读书报》2015 年 2 月 11 日第 10 版)

第三辑

文化学视域下的侨易学

一种"文化诗学"：浅议叶隽的侨易学理论

生安锋①

历来学术难做，要想在学术上有所创新更是难上加难。各类大学和研究机构中负有学者名号的人不计其数，但真正能做出水平、实现理论创新的可谓凤毛麟角。体制内的很多所谓学者不过都是在循规蹈矩地做学问混口饭吃而已，外国文学界似乎更是如此。而读完叶隽的新著《变创与渐常：侨易学的观念》，领略过他深邃的学术思考和理论探索，却让人不得不相信这样一个事实：这是一本富有理论原创性的著作，这是一个善于思考的真正学者。

一打开《变创与渐常：侨易学的观念》，迎面而来的是一股巨大的冲击力。一方面是珠玑满眼，新名词、新思想层出不穷，用一句网上的俗话说就是"信息量太大了！"另一方面则是由于新词迭出而对读者造成的那种挫败感，那些佶屈聱牙的名词，从一打开书就让人踌躇犯难，甚至仅仅是该书的题目就让人沉思良久，书里面更是如此，譬如说"观侨阐理""取象说易""察变寻异"，譬如说"变创""创辟""迁变性""区域侨易""侨易主体生性值"等等，不一而足。这些新词足以让一般读者感到头疼，但如果耐着性子慢慢读下来，我们就会发现手中捧的并非是一本故弄玄虚之作，而是一本思想深刻、逻辑严密的创新之作。

作者另造新词如侨易学的核心词汇"变创""创辟""渐常"等，绝对

---

① 生安锋，清华大学外国语言文学系教授。

不是为了哗众取宠，而是另有深意的无奈之举，是理论思辨的需要。作者这样辩道："变是积极的，变也是消极的，变中有太多的不定因素，变中有能看得见的变化，也有看不见的不变。所以我们要强调'变创'的一面，也就是应当在变化过程中求所创辟。所谓创新，如今已经被滥用，所以这里使用创辟的概念，就是指在原有的基础上有所创造、有所发明、有所开辟、有所求新。变创就是要在变化之中求所创辟，渐常就是要在渐进之中求所守常。变创-渐常，构成侨易观念中的基本二元关系，前者不无突变的涵义，而后者更注重观照渐变-渐常的复杂关联。"① 这样一来，"变创、渐常两者就构成了一个行动维度上的基本二元，创是求新，常似守旧；变为新理，渐乃旧势"。②

叶隽所提出的侨易学理论十分复杂，这里只作一简略介绍。叶隽受李石曾的《侨学发凡》一文的启发，融合了我国古代经典《易经》中"易"的概念，创造了"侨易学"的概念。从作者的设计看，侨易学的构想不是要建立起一门整齐的具体学科，"而是从一种解决问题、阐释现象的方法前提着手，来建构一种相对实用、便于操作但又具有相当宽阔拓展哲理思维空间的具体理论"；它更多地是强调一种解决问题的方法论。③ 侨易学首要关注的是"事物二元取象之后的流力因素以及间性关系……关注并研究事物的变化过程，同时强调在这一过程中的'二元结构'和'三维要素'"。④ 那么这里的"二元三维"又是何物？这就涉及侨易学的基本原则了。在作者看来，侨易学的基本原则有三：一为"二元三维，大道侨易"，二元可理解为乾坤，三维则是打破二元思维，使之达到"由二生三"与"由三归二"的根本所在。譬如我们用之理解一个社会内部结构的话，则可运用此三维思路，形成整体性的文化、制度和器物等三个层面的稳固结

---

① 叶隽：《变创与渐常：侨易学的观念》，第 228 页。
② 叶隽：《变创与渐常：侨易学的观念》，第 229 页。
③ 叶隽：《变创与渐常：侨易学的观念》，第 17 页。
④ 叶隽：《变创与渐常：侨易学的观念》，第 18 页。

构；二为"观侨取象、察变寻异"；三为"物质位移导致精神质变"。① 侨
易学意在"通过一种有效的观念、理论、方法的整体形成，通过实证性的
可操作方式，来考察具有关键性的文化、思想、精神的具体形成问题（尤
其是创生）……其主要追问，或许在于人的重要观念的形成，总是与其物
质位移、精神位移息息相关，尤其是通过异质性（文化）的启迪和刺激，
提供了创造性思想的产生可能。故此，侨易学的核心内容乃在于探讨异文
化间相互关系以及人类文明结构形成的总体规律"。② 侨易现象所产生的后
果，即侨易效应等于侨易主体（对象）生性值×侨易时间×侨易条件。③
而侨易的主体可以分为侨易个体、侨易群体与侨易共同体，而侨易现象按
照不同的活动类型则涵盖留学现象、传教现象、驻外现象、移民现象、游
历现象、游侠现象等。④ 在方法论上，作者强调比较法、因果论、归纳法、
演绎法、回溯法等。⑤ 从根本上讲，扎实而具体的研究是检验侨易现象的
基础，而"思想力质变"则是检验侨易现象的规则："检验侨易现象是否
成立的规则在于把握住最根本的一条，就是思想力质变……侨易现象研究
的核心关注还是精神层面的，是思想力。"⑥

　　侨易学关注的不只是人类历史和文化遗迹，甚至也并不仅仅是文学或
者文化的问题，而是对当下 21 世纪的人类命运的担忧与关注，透露出对追
求生命之真谛与大道的执着："网络时代的蔓延、战争的此起彼伏的怪圈、
金融势力的渗透、核泄漏事故的危害……人类如何才能摆脱这个自己造出
的铁笼？仅仅靠'铁屋中的呐喊'可能并不管用，侨易学或许可以提供一
种有益的思维方式，即我们要能够在大千世界的变动不居中去把握其大道

---

① 叶隽：《变创与渐常：侨易学的观念》，第 20—23 页。
② 叶隽：《变创与渐常：侨易学的观念》，第 18 页。
③ 叶隽：《变创与渐常：侨易学的观念》，第 112 页。
④ 叶隽：《变创与渐常：侨易学的观念》，第 111—115 页。
⑤ 叶隽：《变创与渐常：侨易学的观念》，第 132—133 页。
⑥ 叶隽：《变创与渐常：侨易学的观念》，第 137—138 页。

所在。"①

这里需要指出的是，叶隽的侨易学理论构想所展现出的新思维并非是空穴来风，而是建立在其多年来对中外文化交流史、思想史、留学史等多个领域的精深研究基础之上的。出道不久，叶隽就接连出版了多部沉甸甸的著作，包括《德语文学研究与现代中国》《异文化博弈——中国现代留欧学人与西学东渐》《主体的迁变——从德国传教士到留德学人群》《另一种西学——中国现代留德学人及其对德国文化的接受》《现代学术视野中的留德学人》《史诗气象与自由彷徨——席勒戏剧的思想史意义》《歌德思想之形成——经典文本体现的古典和谐》等，显示出非凡的学术功力和严谨的治学态度。这次侨易学理论的提出，也是水到渠成。有着这样长期从事留学史和双边文化交流史研究的基础，作者选择数个心得颇深的研究领域来展示侨易学的手段，小试牛刀即令人称叹。

作者由对中外文化交流史、比较文学领域、留学史等领域的研究所创立的侨易学，与近期学界流行的后殖民主义、世界主义等理论思路多有契合之处。对与此相关的流散文学问题和跨文化研究等议题虽未展开深究，但也有所触及②，如作者明确指出，"犹太人的世界流浪史，其实也是一部物质位移和精神质变强烈互动的侨易现象史，值得认真开掘"③。另外，作者认为，对于一些研究颇多的领域，如果采取这一新的研究方法，我们很可能也会有新的斩获，"譬如对于胡适、吴宓二君，就可以将其留学经验视为一种侨易现象，进行具体分析、深入比较，如此则对于他们日后在现代中国文化场域的成败得失，当有更接近本质的发现。实际上，这样的方法也有助于摆脱过于孤立地将留学史作为孤案来考察，形成一种融通的联通学术场域之效应，对拓进整体性研究是非常有益的"。④

----

① 叶隽：《变创与渐常：侨易学的观念》，第 98 页。
② 叶隽：《变创与渐常：侨易学的观念》，第 45—46、233、236、241 页等。
③ 叶隽：《变创与渐常：侨易学的观念》，第 236 页。
④ 叶隽：《变创与渐常：侨易学的观念》，第 238 页。

作者指出，"一般而言，侨动过程往往很难避免一个长期的过程，即使我们因为研究而不得不人为地界定某个时间断点，但那并不代表这就是事物客观发展的必然断点，其实事物本身就是在不断地变化迁流之中，永无止境，无所谓始，无所谓终，只有在这样一种大宇宙观的背景下我们才能领悟万事万物发展之大道于万一"①；"技术层面可以分解，整体层面必须宏观，这就是我们提出的基本原则——'大道元一，二元三维'"②。"虽然在具体分析个案的过程中，我们要强调'观侨阐理'、'取象说易'、'察变寻异'等基本方法，乃指要借助侨易学的理论分析模型，具体讨论侨易现象分类、侨易现象组成、侨易现象公式等问题。但我们始终不能忘记的是，'二元三维，大道侨易'。我们必须努力在宏观思维的指导下来把握具体个案，在个案身上也必须寻到超越其个体本身的大势承载面。"③从而避免一叶障目不见泰山的常见窘境。

这样看来，侨易学不是一种固化和僵死的理论与方法，而是活跃的、动态的、随机应变的策略和指导方针："无论是一种文化，抑或一个个体，其经由物质侨动经验而引发的种种触动，必然导致思想或观念整体的变化，这就是侨易现象的意义。但这里提示我们的则是，不能用凝滞和固定的眼光看问题，要考虑到引入变量的同时，本来的规定量可能也是在变的。"④

那么侨易学追求的仅仅是一种学科的建立吗？建立一门崭新的学科固然是很多学者梦寐以求的理想，是很多学者毕其一生而追求的目标。侨易学的提出自然也不例外。但叶隽的理想并不止于此。叶隽多年以来就在孜孜探索留学史、文化交流史以及跨文化研究的多个相关课题，对这些领域也有了丰厚的积累。他的世界性经历和穿透古今的眼界已经将他的目光抬高，远远高于具体的学科建设之上。作为一个苦守书斋数十年的学者、研

---

① 叶隽：《变创与渐常：侨易学的观念》，第 166 页。
② 叶隽：《变创与渐常：侨易学的观念》，第 170 页。
③ 叶隽：《变创与渐常：侨易学的观念》，第 176 页。
④ 叶隽：《变创与渐常：侨易学的观念》，第 216 页。

究者和知识者，叶隽自然不会对全球化浪潮和现代化进程所带来的后果熟视无睹，面对人类的困境和信息爆炸所带来的思维枯竭，叶隽提出侨易学的抱负也是十分明显的，"如果仅将侨易学视为一种具体分析研究问题的理论资源，也还未免有些明珠暗投。我更在意的是侨易学的整体性思维，它应是借助于易经思维的总体资源而提供对文明、对自然，乃至对宇宙的大道追寻。寻道之责不忘，大道原则确立，就是最为根本的贡献。我们如果能始终在一个'大设计'中来思考侨易学，化用侨易学，则其意义或可更为彰显"。①

在对侨易学的阐发和建构中，作者不仅从哲学的层面上去探索理论，也展现出一种对知识分子自身价值和自身理论创造的承认和自信，作者借用美国学者海尔布罗纳的话说："凡是能左右人们意向的，则其所掌握的权力，就比军人或君王所掌握的还要大，他们会震撼世界，塑造世界……这并不是出于他们的阴谋诡计，而是由于他们在思想上具有非常巨大的力量"；作者进而指出，"就文明史的进程而言，知识者，尤其是伟大的思想家，是握有极为显赫的权杖的，通过接受者的实践性转化，他们的话语之音可以转变为巨大的爆炸之力"。② 而这些"知识者"的宿命就是去追寻那纷繁复杂现象背后的秩序，就是"寻道"，叶隽认为："知识者生来的使命，或许就是'寻道'。寻道必然是一个个体一生无法终结的过程，甚至或许是人类命运终结之前也无法完成的任务。然而，上天生人，就是要有这样一批寻道者，在某种意义上他们也是殉道者，他们会在求知的道路上披荆斩棘、百折不回、上下求索、九死不悔。"③ 作者意味深长地指出："侨易学的意义或许正在于使我们能够意识到，全球化需要大智慧、人类文明需要新结构、生态空间（宇宙大设计）需要自然律，而这一切都不能不依赖于人类知识精英的勇气、承担和智慧，去面对我们曾经作为的一

① 叶隽：《变创与渐常：侨易学的观念》，第 271 页。
② 叶隽：《变创与渐常：侨易学的观念》，第 246 页。
③ 叶隽：《变创与渐常：侨易学的观念》，第 248 页。

切，无论是正面的，还是负面的。"①

　　作者以可贵的质疑精神、思辨精神甚至自我批评，不断地将自己的理论思索层层推进。因为他深知，理论的任何创新都伴随着自我的复杂思辨甚至是艰难的质疑过程。如果将像叶隽这样一位如此年轻的七零后学者说成是学贯中西、会通古今似乎有过于溢美之嫌，可这确确实实是我读完其著作后的第一感受。另外，一旦突破了开头的新词障碍关，该书可谓具有极强的可读性和参考价值；作者斐然的文采亦跃然纸上，他旁征博引、引证丰实，涉及古今中外很多重要哲学家和文化理论家的论点和著述，很多引文都附有原文，以便有心的读者自己揣摩原作者的深意，实为不可多得的文化研究著作。新历史主义的创始人之一斯蒂芬·格林布拉特将自己结合文学研究与史学研究的理论建构称为"文化诗学"，而叶隽的理论创新无疑是一种跨文化诗学，他对包括文学在内的文化、传统和智性史表现出极大的关注并为之提供了一种崭新的视角和思考维度，而在一种普凡的意义上来看，侨易学不也就是一种文化诗学吗？

　　（本文原载于周云龙主编：《圆桌》，北京：人民出版社，2016 春夏卷）

---

① 叶隽：《变创与渐常：侨易学的观念》，第 278 页。

跨文化研究：从"侨易学"学习什么？

周云龙[①]

一、跨文化研究：非学科性与间性诉求

跨文化研究（Cross-cultural studies）不是一个学科，在其逻辑结构中，那（过于）庞杂的内涵使其外延显得极度渺小，它不足以构成一个学科所必须界定的诸如理论前提、研究对象、观念方法、基本领域、核心概念等内容。因此，毋宁说跨文化研究是一种综合并跨越诸多学科的知识立场、思想视角。

作为一种省察问题的视角和立场，跨文化研究的跨学科性赋予了其"非学科性"的知识动力和鲜明的批判色彩。学科划分背后的理论假设与社会政治制度转型之间的密切互动关系早已不是什么秘密。卡尔·博兰尼（Karl Polanyi）早在1940年代初期就清晰地揭示了18世纪末期"自律性市场"取代"外力节制的市场"以后，社会制度被切分成经济、政治、社会等若干部分；相应地，在学术制度上，既有的政治经济学也被划分为政治学、经济学、社会学等学科。如果说"自律性市场"是稍后人类大灾难（惨绝人寰的世界大战）的根本原因，那么学科疆界日益清晰的制度化进

---

① 周云龙，福建师范大学文学院教授。

程无疑也难辞其咎。① 时隔二十多年后，1970 年 12 月 2 日，米歇尔·福柯（Michel Foucault）在其著名的法兰西学院就职演说《话语的秩序》中，犀利地指出所谓"学科"不过是一种控制话语的内部程序而已，它"并不是关于某一事物的真理性陈述的总和；甚至不是符合某种连贯或系统性原则的一切可以接受的相关陈述"。福柯曾举了一个形象的例子来说明这一点："人们常常奇怪，19 世纪的植物学家或生物学家怎么竟看不到孟德尔（Mendel）所说的正确性。但那是因为孟德尔所研究的对象、所用的方法，以及所置身于其间的理论视界均与当时的生物学格格不入。"福柯最后总结道，"学科是一控制话语生产的原则。学科通过同一性的活动来限制话语，其形式是规则的永久重新启动"。② 1990 年代中期，伊曼纽尔·华勒斯坦（Immanuel Wallerstein）等人从"世界体系"的角度指出："正是在世界的权力分配格局发生变化的背景下，经过历史发展而形成的社会科学在文化上的偏狭才变得突出起来。"而"十九世纪思想史的首要标志就在于知识的学科化和专业化，即创立了以生产新知识、培养知识创造者为宗旨的永久性制度结构。多元学科的创立乃基于这样一个信念：由于现实被合理地分成了一些不同的知识群，因此系统化研究便要求研究者掌握专门的技能，并借助这些技能去应对多种多样、各自独立的现实领域"。③ 华勒斯坦等人所论及的"多种多样、各自独立的现实领域"事实上可以和博兰尼探讨的"自律性市场"取代"外力节制的市场"相互印证、指涉。这一点从两个不同时代、两种不同角度的论述所涉及的重点时间段——"1850 年

① ［匈］博兰尼：《巨变：当代政治、经济的起源》，黄树民、石佳音、廖立文译，台北：远流出版事业股份有限公司，1989 年，第 129—143、203—226 页。

② Michel Foucault，"The Order of Discourse，" translated by Ian Mcleod，in（Edited and Introduced by Robert Young）*Untying the Text：A Post-Structuralist Reader*，Boston，London and Henley：Routledge & Kegan Paul，1981，p. 59，pp. 60-61. 这里的引文采用了肖涛翻译的《话语的秩序》，载许宝强、袁伟选编：《语言与翻译的政治》，北京：中央编译出版社，2000 年，第 12、13、14 页。

③ ［美］华勒斯坦等：《开放社会科学：重建社会科学报告书》，刘锋译，北京：生活·读书·新知三联书店，1997 年，第 56 页，第 8—9 页。

至 1914 年间"① 的重合上，也可以清晰地看出来。

通过强调差异、制造壁垒等区隔行为，进而界定某种学科场域的准入尺度与资格，几乎是所有学科的共同经验。中国自近代以来的学科细化倾向，渐渐取代了"文史哲不分家"的治学传统，更为明显且危险的一个状况是，"传统"与"现代"已成为现代中国学术中不证自明的两分范畴。②这一情势不仅是中国社会的急剧转型在学术场域留下的印痕，同时还暗示了西方学术制度对于中国学术思想结构的深刻介入。因此，在学科层面讨论跨文化研究的非学科性质，事实上要强调的是游弋于现代学科场域中的跨文化研究自我反省的气质，具有跨学科和非学科性质的跨文化研究对于学科的幻象是一种有力的拆解。如果说现代学科的精细分工是现代化思想在学术制度上的体现，那么跨文化研究在第一次和第二次世界大战期间兴起就不是一个偶然——它在一定意义上是对启蒙理性的反驳、替代，甚至可以说是补充和完善。因为在 1960 年代跨文化研究开始了其学科化的历程，被渐次整合到其他学科之中，这似乎有些讽刺的意味。但这种"学科"的"进化"史也正说明了跨文化研究在意识形态层面是启蒙主义思想的另类方案，它既在其中，亦在其外，既具有合作的成分，也具有颠覆的意味。如果借用华勒斯坦等人的表述模式，跨文化研究的真正意义就在于"开放××科学"。

除了"非学科性"，在跨文化研究相当繁复的内涵中，我们还可以发现其另一个明显的属性，即对他者智慧的关注。

如果说在跨文化交流中，他者构成了自我确证的必须，那么，首先无法回避的重要问题就是：在绝对不均衡的跨文化交流权力格局中，他者的

---

① 华勒斯坦等人指出："只是在 1850 年至 1914 年间，从社会科学学科结构中反映出来的思想多样化，才以我们今日所知的形式在主要大学里得到正式承认。"［美］华勒斯坦等：《开放社会科学：重建社会科学报告书》，第 14 页。

② 史书美认为，"传统与现代作为现代中国学术中明显两分的范畴，事实上是'五四'启蒙话语的遗产"。［美］史书美：《现代的诱惑：书写半殖民地中国的现代主义（1917—1937）》，何恬译，南京：江苏人民出版社，2007 年，第 59 页。

意义是什么？爱德华·W. 萨义德在 1978 年发表的《东方学》一书，就"东方学"这一学科（知识）如何协调权力展开文化批判。在萨义德看来，"东方学"为西方强权构建了一个东方他者，这个东方的形象中充满了西方的偏见，以此反衬西方的优越。在《东方学》一书的最后部分，萨义德指出：

> 真正的问题却在于，究竟能否对某个东西进行正确的表述，或者，是否任何以及所有的表述，因其是表述，都首先受表述者所使用的语言，其次受表述者所属的文化、机构和政治氛围的制约。如果是后一种情况（我相信如此），那么，我们必须准备接受下面这一事实：一种表述本质上乃牵连、编织、嵌陷于大量其他事实之中的，唯独不与"真理"相联——而真理本身也不过是一种表述。从方法论的角度而言，这一事实迫使我们认识到表述（或错误的表述——二者之间的差异至多只是一种程度上的差异）包含有一片公共的游戏场（field to play），决定这一游戏场的并不只是某种具有内在一致性的共同对象，而是某种共同的历史、传统和话语体系。①

萨义德的分析与结论让人感到绝望，但同时也让人看到希望。如果说在后现代的、批判的知识立场上，他者的知识是不确定的，永远都是在场的缺席，具有主体镜像的特征，那么，主体是否能够拥有自我的绝对知识也就值得怀疑。比如，借助萨义德的结论，我们也可以反躬自问：我们（或某个文化群体）是否可以表述关于自身的"真理"？意义源自差异，这个问题本身就已经预设了"他者"的存在，以及"我们"相对于"他者"中心的前提，答案显然是否定的。但这个明知故问的反思式疑问有利于我们认识到主体知识能力的限度，进而关注他者的智慧。此时的他者将不再是那个印证自我优越的他者（other），而成为促进主体进行自我反思的他者（Other），于是，主体自身也被他者化、去中心化了，这正是开启真正

---

① ［美］爱德华·W. 萨义德：《东方学》，王宇根译，北京：生活·读书·新知三联书店，2011 年，第 349 页。

意义上的"跨文化"（inter-cultural）交流的基本前提。

跨文化研究不仅批判主体的中心主义叙述，而且反思非此即彼的、倒置的重建中心的叙述。它的思想诉求在于挑战"中心主义"的逻辑，诚实地发展出一套"互为他者"的、文化间的超越视点和对话框架。

正是跨文化研究的两个最显在的属性，即非学科性和对他者智慧的关注，让我们看到了"侨易学"观念中所包含的可以为其所借用的思想资源。

二、"侨易学"观念与跨文化研究的思想叠合

"侨易学"是由我国当代著名学者叶隽先生综合中、西方哲学思想提出并建构出来的一套学术观念[1]，意义相当复杂。"侨易学"提出的具体知识背景是当代比较文学的建制危机以及中国学者的理论自觉，"侨易学"是一种在方法论上对既往的比较文学研究的思考与拓展。换句话说，"侨易学"是"开放比较文学"的一次尝试和努力。根据叶隽先生的论证，"侨易学"的观念包含两大层次，一是哲学层面，二是学科层面。两个层面既有联系，也有区别：

> ……在广义的理论/哲学层面，所谓"理论"乃是指一种相对普适意义的概念运用，具有跨学科的学术宏观层面意义，而"哲学"则更是最高端的理论境界，即能尝试在最深刻的层次上解释人类、世界、宇宙的基本规律问题。建构起最基本的"乾元-坤贞"的二元结构，同时在各自的内部建立三维（上、中、下；始、中、终）、六步（起、承、持、转、合、极）的基本层次，强调"限止"、"断念"等核心概念；二则下降到学科/领域层面，即作为一般意义的侨易学，它也可以确立自己的学科界限和研究对象，提出学科概念、核心内

---

① 叶隽：《侨易学的观念》，《教育学报》，2011年第2期；叶隽：《游戏·博弈·侨易》，载乐黛云、李比雄主编：《跨文化对话》（第29辑），北京：生活·读书·新知三联书店，2012年，第212—229页。

容、基本原则。①

本文将结合"侨易学"观念在方法论上的创新，思考"侨易学"的观念对于跨文化研究的启迪意义。

综合叶隽先生的论述，"侨易学"观念的核心思想可以概括为三个方面：一、主体在空间上的位移导致其精神发生质变；二、易有三义（简、变、不易），但其核心为不易；三、在"主体-客体"二元结构中，空间的位移、侨动是变易的物质根源和载体，但思想的博弈是常态，意义的重新创制则是关键。概而言之，"侨易学"的基本观念就是主体在空间上位移，在思想上变易，因此，我们可以借助其变化的表象来把握其不变与变异的本质。"侨易学"理论中蕴含的观念与方法显然突破了单一的学科局限，从狭义的比较文学迈向了广义的比较文化研究；而且其重视"交易"发生语境的变易（即"侨易现象"），进而深入到"关联性""互涉性""迁变性"等哲学层面，即"事物二元取象之后的流力因素，以及间性关系研究"。事实上，"侨易学"关注的乃是文化间、主体间如何对话的间性智慧问题。

跨文化研究批判主体中心主义的宏大叙事，其思想起点既不在主体层面，也不在他者（other）层面，而在于二者互相参证、互相启发的中介层面。换句话说，跨文化研究关注的问题既不是 A，也不是 B，而是 A 与 B 的互动。借用"侨易学"的思想和术语来说，就是 A 与 B 的"侨易现象"、如何"异质相交"，以及其背后的精神变易问题。诚如叶隽先生所言："……如果仅仅将侨易学作为一种理论，或是哲学来看待，往往有可能陷入浮生空谈，所以有必要特别强调其可操作性问题，甚至是具体的专门研究领域的问题。"叶隽先生此段文字意在形而下层面为"侨易学"界定外延上的学域指向，而我们可以借此反思、检讨一些跨文化研究的具体例证。本文在这里以当前的中外文学关系研究为例，思考"侨易学"观念在

---

① 叶隽：《侨易学的观念》，《教育学报》，2011 年第 2 期。下文出自该篇的引文不再另注。

跨文化研究的具体操作层面的启示意义。

三、学术例证："侨易学"观念如何"开放比较文学"？

在当前的中外文学关系研究中，有一种很常见的思路：借助后学理论武器，纠正既往"影响-接受""冲击-回应"的两极框架。在这样的"纠偏"论述中，后殖民主义文化批判理论几乎成为学界思考问题的万能模式。这当然是跨文化研究的思想立场对于既往中外文学关系研究的一种介入，它的主要意旨在于重构"世界文学"的版图。

在本质上，中外文学关系研究力图把握的是文学的"世界图像"，其背后依托的则是一种未经检讨的"元地理学"（Metageography）构图原则。所谓元地理学，是一整套被视为理所当然的空间结构。在这些地理"常识"背后，往往潜藏着一个隐形的空间秩序，该秩序构建出了人们关于世界的知识。[①] 源自古希腊的元地理学观念，经由地理大发现时期的西方冒险家们的东方经验"实证"，测绘出一套极简易的秩序化世界图式，它不仅支持了殖民主义和帝国主义的意识形态构筑，而且形塑了几个世纪以来的人类空间想象。以西方为中心的元地理学知识不但发挥着宏观层面的国际政治领域中的意识形态权力，在微观层面也调动了人类对自身事务的所有全球性观照。这套习以为常的无意识空间结构和地理学框架操控着包括文学在内的诸多人文社会科学研究。晚清中国留学生和西方传教士的西去东来，为中外文化和文学的关系图式的测绘提供了例证和可能。五四时期，现代启蒙意识高扬，在人的理性主体得以确立的同时，世界也被把握为"图像"，于是在绝对时空框架中想象世界的实践也在开始不同层面实施。在文学研究领域，中国与西方（欧洲）文学的关系图式成为处于国族焦虑中的现代知识分子考量"世界之中国"（梁启超语）的重要参照之一。

---

① Martin W. Lewis, Kären E. Wigen. *The Myth of Continents：A Critique of Metageography*，Berkeley and Los Angeles：University of California Press，1997，p. IX.

以西方为中心构建起来的世界地理的时空观念秩序塑造了"世界文学"的时空观念秩序，即西方文学的先进性与东方文学的滞后性。这一暗隐的观念致使早期的中外文学关系研究具有一种明显的"西方主义"倾向，这尤其表现在论者把西方文学设定为中国文学的未来前景的进化思路上。20世纪初的中外文学关系研究多为中西文学现象的类比，其根本意图在于引介西方文学思潮，或者用西方既有的文学现象论证中国文学（进化）运动的合理性。这个阶段的中外文学关系研究从总体上看，采取了一种空间迂回的方式，即以元地理学知识构建文学的"西方主义"话语，在与西方文学的非平行类比中勾画出一幅辐射性的文学图像，把中国文学设定为辐射或吸聚其他国家文学的中心。该研究实践的根本诉求是以中国文学的民族主义反写"世界文学"的空间秩序，凸显民族文化的主体性，进而实现本土文化与西方现代文化分庭抗礼的期望与想象。但这种文学关系图像的勾画方案事实上可能是一条不问收获的单程道，因为它借助了欧洲中心主义的元地理学的基本概念，如民族国家、东方西方等。元地理学知识的操演场域虽然是空间，但它最终的效力却来自于时间与空间的逻辑置换。元地理学的基本构图原则是依照与欧洲空间距离的远近把世界划分为等级不同的地理范畴，这里的等级包括现代与前现代，因此这一观念体系同样属于时间范畴。依据地理决定论，即用与欧洲的文化距离作为尺度划分文学等级，就会以"西方"文学单向审判"中国"文学。如此，中国文学就意味着传统、落后，西方文学则是现代、进步的代名词。如果进化观念下的中国文学的未来前景是西方文学，那么这种把握中外文学关系图像的方式就意味着：中国文学的未来除了接受西方现代性设计好的"世界文学"秩序外，别无选择。

中外文学关系研究在逻辑起点上不但接受了元地理学的知识框架，也预设了该研究领域的空间构图原则，即以民族国家为基本分析单位，以西方文学为根本价值尺度。20世纪初的中外文学研究的两种思路在表面的殊异下，内在的逻辑并无二致。两者都试图回应西方文学的"地理传播主义"，凸显中国文学的主体立场，但是其中暗隐的"反写"结构基于文化身份（民族文学）与政治实体（国家）相一致的元地理学预设本身却未能得到反思。从这个意义上说，中外文学关系研究在其起点处就具有主体镜像的特征。这种时空层次预设既为后来的学术实践提供了批判超越的起点，也为其划定了基本的论述空间。

鉴于中外文学关系研究在起点处的时空层次结构悖论，中国现当代文学在当下的全球化语境中背负了沉重的思想负担，必须在中外文学关系研究中不断论证自身的文化主体性，从西方覆盖性的"影响"阴霾中走出。换句话说，就是要努力把中国文学与世界（西方）文学之间的时间鸿沟填平。这时候的中外文学关系研究重心从早期的"西方主义"式的民族主义书写转换为对于中国文学时间意义的重新论证和追认。这一学术实践既承续了 20 世纪初的"自我东方化"思路，也汲取了当代多元理论兴起以及"中国崛起"论述的思想资源。中外文学关系研究作为学科领域的合法性正是在这种努力中，渐渐得到了学界的确认，也可以说是忘却。而事实上，这一实践同样借重了元地理学的知识框架，这一努力本身就是全球化的衍生物，或者说是全球主义文化实践的组成部分。当下的中外文学关系研究对于元地理学自身所极力掩饰的构图原则的盲视，很可能致使中国文学的主体立场步入"中国文学中心主义"的陷阱，中外文学研究最终演变成当代中国人"身份政治"诉求的载体。在逻辑上，当下的中外文学关系研究借助后学理论武器，凸显民族文学（文化）的主体性，事实上是对"西方中心主义"的倒置，使文学关系研究沦为国别文学间的拼图游戏。因此，可以说中外文学关系研究与弱势民族的文化实践策略、元地理学与欧洲中心主义在全球化意识形态中具有同构性。

当下的中外文学关系研究中的跨文化研究其实是一种不彻底的"跨文化"研究，它采用了跨文化研究的一般方法，但忘记了跨文化研究的基本精神——在根本上它是"再建中心"的。但是，我们如果借助"侨易学"的观念，换一种思路，把中外文学关系视为一种"侨易"现象，即在中国和其他民族国家的文学、文化观念互动的平行结构背景下来理解二者的关系，也许可以更接近"对话"的跨文化研究精神。比如，中国文学的现代转型可以视为中国现代学人的物质"侨动"、精神漫游、变易之后，对于西方文学观念的吸收、创化的结果。在这个意义上，西方文学"影响"中国文学、中国文学被动"接受"西方影响的说法，在学理上根本就站不住脚。在这个"侨易现象"中，究竟谁是主体？谁是客体〔他者（other）〕？谁是中心？

显然，用"侨易学"的观念去思考跨文化现象，具有一种全面而彻底的批判潜力，它可以消解中心，对困扰跨文化研究的诸如主体、他者等概念进行重置和解构。在"侨动""交易"的过程中，我们看到的是互为他者（Other）的间性智慧。既往研究中习惯性预设的分割线此时已变得模糊不清了——中国学人此时既是掌握西学的主体，也同时是接受西学的客体；西学（或中国学人交往的西方学人）既是知识的主体，也是被意义创化的客体。同样，西方文学观念与中国文学思想的交往（"侨动""交易"）亦是如此，比如庞德、尤金·奥尼尔、桑顿·怀尔德等与中国文化间的"侨易现象"中同样包含着这些问题。借助"侨易学"的观念和方法，我们看到的他者（Other）已不再是印证自我优越的他者（other），而是促使自我反思的他者（Other），他者的知识有可能被运用为一种具有积极意义的批判性自我反思资源。比如，在中国五四时期，新文化倡导者借用西方的文学（文化）观念建构本土的"西方主义"话语，对抗具有压抑性的传统文化符码系统时，西学〔他者（Other）〕作为一种批判性思想资源就暗含着解放性意义。这场"侨动""交易"中，新文化倡导者、中国文学与西学之间就不再是非此即彼的宰制与被宰制关系。同样，一战前后在西方迅速蔓延的激进的文化思潮也离不开东方的他者（Other）。一战的巨大破坏和泛滥于资本主义工业社会的物质主义，使东西方同时意识到了西方凌驾于世界的现代性经验的合法性危机。在这种"西方没落"和内省的思潮下，西方最具有批判意识的知识精英对于资产阶级的核心价值发起了激烈的批判，并以"反现代主义的现代性"对抗社会现代性。这种"反现代主义的现代性""试图脱离现代社会，因为它抨击这个社会或者至少与之保持距离，它要去寻找另一个世界"。[①] 西方某些知识分子开始转向"东方"寻求疗治"西方"痼疾的良方，对西方的社会现代性经验则表现出强烈的质疑和否定激情。于是，包括中国在内的"东方"就再次以新的形象和意义出现在西方人的想象中，这里的他者就是促使自我反思的他者（Other）。在"侨动""交易"的过程中，思想间的博弈、意义的再创制超越了既往的单向"影响-接受"模式，同时，也无需（不可能）重建中心，这就是"侨易学"观念在方法论层面所具有间性智慧和思想批判力度所在。在这里，我们看到了跨文化研究"开放比较文学"的可能途径。

四、结语

当然，本文在这里借助的还是"侨易学"观念最基本的方法层面，在其更深、更复杂的层面，还涉及主体在"侨动""交易"过程中带出的整个"场域"[②] 的问题，以及不同主体在"场域"中的博弈游戏、力量制衡问题等。因为"侨易学"理论中包含的观念与方法具有跨学科的学术宏观层面，"侨易"的思想智慧还可以被应用在跨文化研究的其他诸多领域中。而且"侨易学"中暗隐着类似于皱褶般的巨大的意义空间，需要我们在借助并反思既往的研究方法的基础上，一层层地细致地打开、尝试，而远非一篇短文就可以完成的，这项任务还需要学界同人给予持续关注，一起努力，进一步推动相关问题的深入思考和研究。

［本文原载于《江苏师范大学学报（哲学社会科学版）》2014 年第 4 期］

---

① ［法］伊夫·瓦岱：《文学与现代性》，田庆生译，北京：北京大学出版社，2001 年，第 83 页。

② "场域"的概念来自法国社会学家皮埃尔·布迪厄，主要指代一种动态的力量关系结构。［法］皮埃尔·布迪厄、［美］华康德：《实践与反思：反思社会学导引》，李猛、李康译，北京：中央编译出版社，1998 年，第 133 页。

试从侨易学视角考察近代中德文化关系

崔文龙[①]

人类的历史是自原始、孤立、分散的人群发展成为全世界成为密切联系整体的过程。"世界历史学科的主要任务是以世界全局的观点，综合考察各地区、各国、各民族的历史，运用相关学科如文化人类学、考古学的成果，研究和阐明人类历史的演变，揭示演变的规律和趋向。"[②] 齐世荣、吴于廑先生对于世界史学科的研究任务做出了高屋建瓴的归纳。通过自己的努力"研究和阐明人类历史的演变""揭示演变的规律和趋向"，是历史学者们一直以来所努力追求的目标。

一、从"冲击-回应"模式到"跨文化相互作用"理论

20 世纪 50 年代以后，在费正清（John K. Fairbank）和列文森（Joseph R. Levenson）等人的影响下，美国学界对中国近代史研究的主流观点认为，中国社会曾长期处于停滞状态，缺乏冲破传统框架的动力，只是在 19 世纪中叶经过西方的冲击之后，才发生巨变，向现代社会演变。这就是所谓的"冲击-回应"模式。[③] 冲击-回应模式把中国描绘成停滞不前的"传统"社会，有待于精力充沛的"西方"赋予生命，把它从永恒的沉睡

---

① 崔文龙，教育部高等学校社会科学发展研究中心副研究员。
② 吴于廑、齐世荣主编：《世界史》，北京：高等教育出版社，2011 年，序言。
③ 李学智：《冲击-回应模式与中国中心观》，《史学月刊》，2010 年第 7 期。

中唤醒。① 与"冲击-反应"理论并行的是中国近现代史研究中的"帝国主义"取向,这一取向把近代的工业化描绘成一件真正的好事,而且也认为中国社会缺乏必要的历史先决条件,无法独立产生工业革命,因此西方入侵直接或间接地提供了这些条件。② 对此,美国学者柯文提出了"中国中心观"的研究路径,在《在中国发现历史——中国中心观在美国的兴起》一书中,柯文归纳了中国中心观的四个特征:(一)从中国而不是西方着手来研究中国历史,并尽量采取中国的而不是西方的准绳来决定重要历史现象;(二)把中国按"横向"区分为不同地域展开历史研究;(三)把中国按"纵向"分解为不同阶层研究;(四)吸收历史学以外诸学科的理论方法和技巧。③ 柯文把这种新的研究趋向称之为"走向以中国为中心的中国史",即所谓"中国中心观"。这一努力不是要恢复古老的"中国中心主义",而是试图把"起点放在中国而不是西方"来看问题。④

长期以来,对于近代中国社会变革的认识,反帝反封建是我国史学界研究的基本理论框架。转入以经济建设为中心的新时期后,以罗荣渠为代表的学者开始从现代化的角度研究中国的历史进程。罗荣渠等学者认为,近代中国的变革贯穿了"自身衰败、半殖民地化、革命化、现代化"四个进程,各种内外因素对近代中国大变革发生作用的过程,不是按简单化的"挑战(冲击)-回应"模式或"传统-现代"模式运动的,而是一个主客体相互作用、复杂的网络运动。⑤

具体到中德关系史领域,长期以来,我国学者撰写的近代中德关系史基本上都是以"双重使命"作为理论框架的,只是在不同时期强调的重点

---

① [美]柯文:《在中国发现历史——中国中心观在美国的兴起》,林同奇译,北京:中华书局,2002年,第168页。

② 同上,第169页。

③ 同上,第201页。

④ 罗荣渠:《现代化新论——世界与中国的现代化进程》,北京:北京大学出版社,1993年,237页。

⑤ 同上,第240—241页。

有所不同。20世纪90年代之前,在反帝、反西方意识形态的影响下,几乎所有论著都偏重于德国的侵略和破坏作用。近20年来,随着现代化建设事业的加速进行和学术自由风气的日渐兴盛,现代化话语开始占主导地位,不少学者开始强调把道德评价与历史研究区分开来,肯定德国在客观上建设性的一面,其作为"历史不自觉的工具"而产生了客观的现代化后果。然而,无论是偏重于德国的侵略和破坏作用还是肯定德国客观上建设性的一面,其思维模式都没有摆脱"欧洲中心论"或"西方中心论"的窠臼。它片面地强调了德国单方面的主观意志和客观作用,忽视了中国与德国对等的主体地位和主观能动性,没有看到中德关系是一种双向的、互动的关系。近年来,随着后殖民、后现代主义的兴起,跨文化研究在西方学术界蓬勃发展,跨文化联系、接触和交往的意义受到普遍关注。①

跨文化研究以世界各国、各民族间的文化差异、文化接触和文化互识为研究动向,致力于探讨某特定文化群体的人们在与作为"他者"的异文化群体发生关系时所经常出现的认知模式和行为方式,总结文化间交往的一般规律。② 柏林自由大学罗梅君、余凯思等教授研究中德关系史,强调赋予中国以平等地位,消解文化上的霸权主义,分析了中德双方跨文化接触的承载者、中介人和相互感知等问题。主张把中国社会作为一个独立的、与德国对等的社会或文化体系来看待。③ 余凯思从"视角转换""话语分析""阶层分析""动态取向"等四个维度考察了近代中德关系史发展的进程。④

二、近代中德文化关系的行动选择

中国和德国是地处亚欧大陆两端的两个大国,数千年来,中国人和德

---

① 孙立新:《近代中德关系史论》,北京:商务印书馆,2014年,第40页。

② 同上,第40页。

③ 同上,第62页。

④ [德] 余凯思:《在"模范殖民地"胶州湾的统治与抵抗——1897—1914年中国与德国的相互作用》,孙立新译,济南:山东大学出版社,2005年,第283页。

国人在自己的土地上繁衍生息，建立了各自的国家，创造了各自灿烂的历史文化。中国和德国的关系从最初的通过书本勾勒彼此的形象，到探险家和传教士等人长途跋涉直接接触，再到国家之间正式的交往，中国和德国的关系经历了从无到有、从小到大、从单一到形式多样的发展历程。文化的地域性与民族性，决定了文化发展的差异性与不平衡性，造成了文化演变，特别是交流过程中的冲撞与矛盾。①

在历史上，德国曾和其他西方国家一样出现过"中国潮"，著名的哲学家莱布尼茨便是其中的代表。他对中国的历史和文化十分着迷，在1697年编辑出版的《中国近事》一书的序言中说："过去有谁相信，地球上还有这样一个民族，他比我们这个自以为在各方面都有教养的民族更具有道德修养。自从我们对那些中国人比较熟悉以后，便在他们身上发现了这点。"② 西方的这股"中国潮"持续了大致一百年的时间。1792年以后，随着英国马戛尔尼使团的访华，西方社会的中国形象完成了从正面到负面的转变，中华帝国被构筑成否定性的他者形象——精神上愚昧、道德上堕落、历史上停滞、政治上专制。丑化的中国形象为西方帝国主义的扩张侵略提供了必要的意识形态，"文明"的西方征服"野蛮"的中国成为"历史进步"的必然规律，西方发动掠夺性的野蛮战争获得了"正义"的解释与动机。③

鸦片战争后的中德交往中，传教士作为"中介人"，发挥了十分重要的作用。作为文化中介使者的传教士，其功用既非简单的宣示福音，也没

---

① 朱宏源、郑月裡：《"文明"会冲撞？从马来西亚华人穆斯林谈起》，载栾景河、张俊义主编：《近代中国：文化与外交》，北京：社会科学文献出版社，2012年，第77页。

② 安文铸等编译：《莱布尼茨和中国》，福州：福建人民出版社，1993年，第104—105页。

③ 周宁：《天朝遥远——西方的中国形象研究》（上），北京：北京大学出版社，2006年，第312页。

有局限于承担国家使命，他们还要担负起文化沟通的重要职责。① 虽然不乏卫礼贤这样反对"文化帝国主义"宗教扩张行为的传教士和汉学家，但总体看来，更多的传教士是把传教和西方的殖民扩张相结合的。对西方文化优越性和基督教"绝对真理"的坚信使他们忽略了中国文化的价值，他们所致力的也是对中国的宗教、文化渗透和意识形态征服。② 如在传教士花之安看来，中国首先是一个"异教大国"，他认为中国"礼貌普遍流行，但在礼貌的背后往往隐藏着卑劣的动机、报复心理、残忍、傲慢等恶欲"。③ 他研究中国的目的主要是为了使基督教更快更彻底地征服中国，使中国早日"福音化"。④

　　鸦片战争以后，侵略者隆隆的炮声惊醒了清政府的有识之士，"船坚炮利"的德国成为"师夷长技以制夷"提倡者所效仿的对象。购买德国军火，聘用德国顾问成为一时流行的风气。1897 年德国对胶州湾的侵占，使得德国在中国的形象大打折扣，接下来德国的军事强权遭到了中国民众的强烈抵抗，随之爆发的轰轰烈烈的义和团运动更使得德国殖民者清楚地认识到，文化的作用是巨大的，仅仅依靠武力不能征服中国，德国应该推行对华文化政策，以便能获取更大的经济和政治利益。1906 年 3 月 7 日到 5 月 8 日，清政府派出的赴欧考察团在德国逗留 46 天，受到了德方的热情招待。回国后，端方、戴鸿慈等考察大臣在上奏文中具体指出了国家在维持军事力量、国民尚武精神，以及任用人才和严格行政等方面的重要意义。清政府由此将军事大国德国作为其军事改革的模范，对军事技术开发和军需品国产化的重要性、维持军队的士气和皇帝的作用的关系、作为国民教育场所的军队、征兵制和社会秩序的关联性，以及对军人的专门教育和地

---

① 叶隽：《主体的变迁——从德国传教士到留德学人群》，上海：上海外语教育出版社，2008 年，第 35 页。

② 孙立新：《从中西文化关系角度看 19 世纪德国新教的中国传教》，《文史哲》，2003 年第 5 期。

③ 孙立新：《近代中德关系史论》，北京：商务印书馆，2014 年，第 121 页。

④ 同上，第 131 页。

位的提高等方面有了明确的认识。①

第一次世界大战的失败，使得德国的经济和军事实力损失殆尽，通过传统的"硬权力"在国际社会发挥影响已不可能。协约国对德国的敌视，使得德国外交在欧洲陷入了十分孤立的困境，德国急于寻求"盟友"，以获得物质和道义上的支持。在这种情况下，德国主动提出与中国建立外交关系。一战后，名义上属于"战胜国"的中国却再次遭到了列强的瓜分，巴黎和会欲将德国在中国山东的利益转让给日本，中国代表拒绝在合约上签字。德国和中国在国际上的处境同命相连。1921年5月20日，德国和中国签订《中德协约》，不仅提出放弃所有不平等特权的主张，而且把推行对华文化政策置于突出的地位。《中德协约》是中国在平等的基础上同西方列强签订的第一个条约，它的签订使德国在中国赢得了巨大的好感。条约签订后，德国把对华政策的重点放在经济和文化领域，其对外文化政策在中国得到了认可和欢迎。德国在中国兴办的学校于20世纪20年代后纷纷得以恢复和扩建，中国学生赴德留学也在这一时期出现了一个小的高潮，众多中德文化协会和团体也于这一时期成立。

1933年，希特勒纳粹政权上台后，对内重整军备，大力发展重工业，增加就业，给德国带来了经济景气的表象。对外则在国际上冲破英法限制，撕毁《凡尔赛合约》，进军莱茵河西岸，重新步入世界列强行列。与之形成鲜明对比的是，曾在一战结束之初，同德国处于类似境地的中国在这一时期却仍旧积贫积弱，饱受列强欺压。1931年，日本帝国主义制造"九一八"事变，发动了蓄谋已久的侵华战争，中国大片国土沦入敌手。短短十几年间，中国和德国的国内国际境况形成了如此巨大的反差，这不能不给正在寻求独立富强道路的中国各阶层带来较大触动。德国的制度和文化一时间成了中国各阶层效仿的对象，包括法西斯主义在内的德国思想文化在中国广为传播。以蒋介石为首的国民政府出于对纳粹主义的钦佩和

---

① ［日］小池求：《从中德关系看考察政治大臣出洋——以德国考察和德国的对清政策为中心》，《社会科学研究》，2011年第2期。

好感，积极支持中德文化关系的发展，企望从德国文化中汲取成功的经验。

德国法西斯政权建立后，在政策上倾向于同日本结盟，达到其侵略称霸的目的。但由于德国在中国存在着重要的经济利益，在上台初期，纳粹政权仍注意保持和中国的良好关系，在德国政治、经济、军事各界对华友好人士的努力下，中德之间的文化关系依旧得以继续保持和发展。20世纪30年代初期，中国学生赴德留学出现了新的高潮，德国的政治、经济、军事思想在中国的影响进一步增强，中德文化组织的数量也出现了增长。然而，德国纳粹政权出于现实政治的需要，于1938年2月承认伪满洲国，在政策上公开倒向日本。德国的这一举动极大地伤害了中国民众的感情，但中德之间的文化关系并没有因此而立即中断，德国在华的各项文化活动仍继续维持和发展。直到1941年纳粹政权承认汪伪政权后，中国才与德国正式断交，中德文化关系也随之告一段落。

三、侨易学与中德"侨易事件"案例分析

随着全球一体化进程的发展，文化在国家间关系中的作用越来越受到学者们的重视。叶隽受李石曾"侨学"观念的启发，从中国经典哲学著作《易经》中汲取智慧，创立了"侨易学"。叶隽具有深厚的学术功底，长期从事留学生、传教士及中外教育史的研究工作，创立"侨易学"，可以说是他长期思考和实践的成果。"侨易学"的提出为近代中德关系史的研究提供了哲学基础，开拓了学术研究的新视野。侨易学的基本原则有三条：一为"二元三维，大道侨易"；二为"观侨取象、察变寻异"；三为"物质位移导致精神质变"。[1] 侨易学的基本理念是"乾""坤"二元，因"侨"而致"易"，这其中既包括物质位移、精神漫游所造成的个体思想观念的形成与创生，也包括不同的文化子系统如何相互作用与精神变形。[2] 在侨

---

① 叶隽：《变创与渐常：侨易学的观念》，第20—21页。
② 叶隽：《变创与渐常：侨易学的观念》，第19—20页。

易二元之间的三维，就是"学"。①

　　侨易事件是指具体的历史事件，也就是已经发生的作为完成时的具体事件。从狭义上来说，就一定要是对侨易主体发生重大的刺激和影响的事件。侨易现象可以是普遍性的，也可以是偶然性的，但侨易事件则是具体的。事物的发生发展过程总是由具体的事件构成的，不通过历史学的方法对具体事件进行考察，有时往往难得正解。② 抗日战争时期中德文化关系的种种，用侨易学的理论可以得到很好的解释。

　　1938 年 2 月 20 日，德国承认伪满洲国，带来了中德两国关系的全面危机，可以说是中德关系史上的一个重要"侨易"事件。根据"侨易学"的理论，在这一事件中，中国和德国是对立的"乾""坤"二元。通过上节的梳理，我们知道，自《中德协约》签订以后，中国社会各界对德国普遍抱有好感，德国的迅速复苏让中国诸多有识之士立志"以德为师"，也希望中德能在政治上结成同盟。"九一八"事变爆发后，中国希望能得到德国的支持，1932 年 1 月，徐道邻著《德意志与中日两国之外交关系》一文，对于中德之间结成友好同盟给予了很高的期望。他指出："中德天然之友谊，人们常认为的理由是：德国是工业国家，中国是农业国家"，"这虽然是主要理由，但不足以自圆其说"。中德之间脱离帝国主义束缚的类似处境和国际形势的发展，是中德之间具有天然友谊的重要原因。其从国情、军事、外交、国际形势和民族性格五个方面进行分析，提出德国联华有五利，联日有五害。1935 年 5 月 29 日，中德文化协会在南京成立，朱家骅被公推为主席。在致辞中，朱家骅表示，中德"两国文化上的关系，倒是很早就发生了。……我们的前辈以及我们的自身，对于西方科学的进步，何等表示钦佩。尤其是德国的工艺、医学等等，以及其在欧战后的复

---

① 叶隽：《变创与渐常：侨易学的观念》，第 40 页。
② 叶隽：《变创与渐常：侨易学的观念》，第 117 页。

兴运动，使我们更加尊敬"。① 中国国民党及其领导人出自对德国人和德国精神的崇拜，一向持着"联德"方针，希望得到德方对其统一和建军的帮助。于是，围绕着德国军事顾问来华、原料和军备的易货贸易及经济建设等多方面，中德展开了实质性的外交，取得了重要的成就。②

但是，就是在这种表面看上去中德文化关系"发展繁荣"的大背景下，却发生了德国承认伪满洲国的事件。"九一八"事变后，日军侵占中国东北。1932 年 3 月，日本扶植的伪满洲国傀儡政权建立，并多次呼吁德国政府尽快承认。1932 年 3 月 11 日，国联大会通过一项提案，声明会员国不承认违反《国际盟约》或《巴黎公约》的手段所造成的任何情势、条约或约定，其中当然包括刚刚成立的伪满洲国。德国对国联的决议投了赞成票，作出了不承认伪满洲国的决议。③ 德国不承认伪满，并非基于主持正义，恪守公道，而是德国的在华利益与日本侵华的矛盾未能协调，承认伪满洲国对于德国在华利益得不偿失。④ 1933 年 1 月 30 日，希特勒被任命为德国总理，德国进入纳粹统治时期。受 20 世纪在欧洲流行的"黄祸"思想的影响，希特勒对中国不但知之甚少，而且偏见很深。对内专制、对外扩张是纳粹德国政权奉行的内外政策。这与走上军国主义侵略扩张道路的日本臭味相投，在纳粹决策层中，普遍存在着轻视中国、重视日本的倾向，德日逐步成为相互结盟的对象。⑤ 早在"九一八"事变后，徐道邻便对当时尚为在野党的纳粹党对中国的认知进行了分析，徐认为，"国社党乃一精神有余，而智识不足之组织，迷信武力，不知远谋。对中日之争，虽明知其是非所在，然精神上则不免崇拜日本之敢作敢为，而菲薄中国之懦弱无能。又以其高揭国家主义之旗帜，以为他人之事，不足过问"。他

---

① 中国第二历史档案馆：《中德文化协会第一届会务报告》，《民国档案》，1999 年第 3 期。

② 马振犊：《战时德国对华政策》，武汉：武汉大学出版社，2010 年，封底。

③ 同上，第 65 页。

④ 同上，第 74 页。

⑤ 同上，第 76 页。

进一步指出："故我国虽获该党报纸之同情，然不易望该党在政治上有何臂助。此该党中一甚有地位之领袖，为道邻亲口说明者也。"①

1933年，德国纳粹党的上台构成了中德之间关系发展的最大变量，1936年11月25日，德国与日本签订《反共产国际协定》，中德关系的发展进一步充满了变数。但是德国政府并没有像日本政府所期望的那样立即承认伪满洲国，这和德国政府内部的构成有着紧密的联系。当时，在德国政府内部存在着"亲华派"与"亲日派"，传统的技术派官僚如国防部部长柏龙白、外交部部长牛赖特及主管经济事务的沙赫特等出于对国际事务的理解，反对日本侵华，主张继续对华友好，保留顾问团在中国，提供军备，执行《中德易货协定》。而以戈林、戈培尔、里宾特洛甫等人为代表的纳粹党"亲日派"分子倾向于"联日"，压制中国。② 日本通过这些"亲日派"势力在德国积极活动，争取纳粹政权承认伪满洲国。德国政府内部的"亲日派"在德国承认伪满洲国这一事件上发挥了作用。1938年1月26日，德国驻东京大使狄克逊向德国外交部递交了一份冗长的报告，建议德国改变东亚政策，承认伪满洲国。③ 1938年2月4日，希特勒对德国政府中的两个重要部门——外交部和国防部中的保守势力展开清除行动：国防部部长柏龙白被迫辞职，原外长牛赖特被罢免而由里宾特洛甫接任。④ 2月20日，希特勒在国会发表演说，宣布承认伪满洲国。

纳粹德国承认伪满洲国前夕，国民党中央讨论委派朱家骅出使德国，以图力阻德国承认伪满洲国。朱家骅申请以"行院参事"名义"前往襄助"。德国承认伪满洲国后，朱家骅的德国之行暂予推迟，但未被取消。对于出使德国，朱家骅极为谨慎，并不抱有乐观态度。在向国民政府报告

---

① 徐道邻：《德意志与中日两国之外交关系》（1932年12月），《外交评论》，1933年2月刊，转引自中国第二历史档案馆编：《中德外交密档》，桂林：广西师范大学出版社，1993年，第34—47页。
② 马振犊：《战时德国对华政策》，第314—315页。
③ 同上，第363—365页。
④ 同上，第365页。

赴德使命时，提出："此次奉命赴欧，主要工作当系与德国朝野接洽中德文化技术及经济等合作事业，并商妥切实办法。俾德国对我关系不致再行恶化，且可徐图改善，继续以军火输助我国，将来抗战终了，各项建设亦可吸收德国科学机械与人才，以资迅速改造。"李乐曾指出，朱家骅将中德双方在文化、经济技术等领域中的合作确定为他赴德的工作重点，主要原因是中德政治关系由于德国承认伪满洲国已无拓展空间，而在技术和经济交流等方面双方不仅有利益互补的传统，而且仍有这方面的需求。①

四、余论

近代中国的社会变迁是和国际社会紧密相联的，把中国放在全球视野下去考察在学术界方兴未艾。而中国近代史在"全球视野"里如何评价，需要什么样的理论做指导，则是中外学者们需要解决的问题。自 20 世纪 50 年代开始，"冲击-反应"理论、"帝国主义"理论、"中国中心观"、"现代化理论"、"跨文化相互作用理论"等诸多理论的提出和发展，展现了中外学者们所做出的努力，也展示了"在全球视野下研究中国近代史"水平的提高。叶隽长期从事中外关系史的研究，在汲取中国传统智慧的基础上创立了"侨易学"，提出了基本理论和基本方法，为中国社会变迁的研究贡献了"中国力量"。"二元三维，大道侨易""观侨取象，察变寻异"，侨易学的基本原理与社会的发展变迁紧密相联，用侨易学的视角考察历史上的"侨易事件"，我们可以事半功倍，大道不惑。

[本文原载于《江苏师范大学学报（哲学社会科学版）》2016 年第 6 期]

---

① 李乐曾：《抗战初期国民政府的对德政策——以朱家骅使德计划为中心》，《德国研究》，2009 年第 3 期。

从德中文学关系研究实践看
"侨易学"的意义与问题

罗　炜①

叶隽在德语文学、中德文化关系和中西文化交流等多方面展开长年研究并取得丰硕成果基础上，经过缜密思考酝酿，大胆提出"侨易学"基本理念，一方面致力于从形而上的高度探寻异文化间相互关系以及人类文明结构形成的总体规律，另一方面又努力使这一理论构想能够落到实处，从而把"侨易学"界定为具有宽厚哲理依托的一种相对方便实用的具体操作模式。叶隽的这种高度的理论自觉特别值得肯定。不仅如此，叶隽的"侨易学"理论思路也开始引起国内外同行关注：2011 年 4 月，他的中文论文《侨易学的观念》② 在北京发表；2011 年 11 月，他又有一篇相关的德语论文经过激烈竞争和重重筛选入选北京大学举办的高端学术论坛"北京论坛"分论坛"他者的视角：德国 欧洲 中国"并在论坛上进行宣读，继而又入选论坛会议论文集；2014 年 1 月，叶隽乘胜追击，再度出版更为成熟的集"侨易学"思路之大成的专著《变创与渐常：侨易学的观念》，为当前国内相关研究领域的理论构建尝试注入新的活力。

对于叶隽"侨易学"理论框架下的一些思想因子和早期判断，笔者其实近年来也早已开始不自觉地予以采纳和借鉴，如叶隽主编的"中德文化

---

①　罗炜，北京大学外国语学院德语系教授。
②　叶隽：《侨易学的观念》，《教育学报》，2011 年第 2 期。

丛书"及其"总序"① 中的诸多基本观点都曾被笔者毫不犹豫地应用到了笔者在北大为研究生新开的课程"中德文学文化关系"的实践中，并且取得了良好的效果。下面，借着《变创与渐常：侨易学的观念》这部"侨易学"理论奠基性著作面世的契机，笔者拟以更加自觉的方式，有意识地从笔者多年从事的德中文学关系研究的具体案例，来探测一下"侨易学"理论思路的意义与可能存在的问题。

一

在《变创与渐常：侨易学的观念》上篇"观念与方法"中，叶隽对作为学科的"侨易学"的基本概念与核心内容进行了界定，指出"侨易学"的"基本理念就是因'侨'而致'易'"，"侨易学"研究的对象就是"由'侨'而致'易'的过程"，故此，"侨易学"主要考察人的重要观念的形成与物质位移和精神位移之间的密切关系，尤其是考察在异质性文化启迪和刺激下创造性思想产生的可能性。② 叶隽的这个思路是完全可以在比较文学领域，尤其是其中的分支之一——德中文学关系的研究中得到印证的，具体就现代德语文学对中国传统文化的接受而言，我们碰到的一个较为奇特的隐遁变形的相关例子就是卡夫卡通过杜甫《秋兴八首》之四创作《中国长城建造时》的核心篇目《一道圣旨》。

卡夫卡 1917 年开始写作《中国长城建造时》，但一直未完成，在他死后 7 年才由其挚友马克斯·布罗德（Max Brod，1884—1968）等人出版。《一道圣旨》是其中的一个片段，但却是卡夫卡生前就自己单独拿出来发表了的。它收录在 1919 年发表的小说集《乡村医生》（Ein Landarzt）中。由此也可窥见卡夫卡对它的重视程度。据布罗德在其所撰写的《卡夫卡作品中的绝望和救赎》一书中所讲，由汉斯·海尔曼（Hans Heilmann，

---

① 叶隽：《中德文化丛书总序》，载吴晓樵：《中德文学姻缘》，上海：上海外语教育出版社，2008 年，第 I—V 页。

② 叶隽：《变创与渐常：侨易学的观念》，第 17—20 页。

1859—1930）转译为德文的中国诗歌集《公元前十二世纪至今的中国抒情诗歌》（1905）对卡夫卡具有"特别本质性的影响"。卡夫卡非常热爱此书，有时甚至会将其作为阅读的首选。卡夫卡在这段时间里特别钟爱中国诗歌，并对中国诗歌进行了非常细致的研读。这些诗歌给卡夫卡以灵感和启发。据布罗德回忆，卡夫卡会经常为他朗读其中的内容。此书的导言长达 56 页，约莫为全书篇幅的 1/4，比较客观准确而又系统全面地介绍了中国诗歌各个历史发展时期的背景和语言特点。卡夫卡也非常喜欢这个引言。卡夫卡特别喜欢的诗人和诗作有李白《侠客行》、袁枚《寒夜》、白居易《松声》、杜甫《寄李十二白二十韵》和《秋兴八首》等。布罗德最后还特别强调指出，《一道圣旨》的构思便是首先发端于《秋兴八首》之四中的"直北关山金鼓振，征西车马羽书迟"[①] 两句。[②]

  鉴于布罗德和卡夫卡的密切关系，布罗德的提示是特别值得注意的。从创作过程和创作心理来看，《中国长城建造时》这部作品对中国大环境的选择显然是卡夫卡受中国诗歌和其他介绍中国的书籍的影响而作，其创作过程无疑是明显受到中国文化影响的，然而，奇特的是，由此而产出的文本中中国文化显性影响的痕迹却并不多，具体到《一道圣旨》这里，语言层面仅保留有"皇帝""信使"等不典型词语指征，内容方面也只能隐约感到卡夫卡对杜甫原诗[③]中某种苍凉氛围的截取。如果将杜甫中文原诗、卡夫卡所看过的德文译诗及《一道圣旨》的主题意向进行细致比对，可以认定德文译诗是基本忠实于中文原诗的，翻译环节的变异基本上也是可以忽略不计了的；另外还有一点可以认定的是，与"征西车马羽书迟"一句

---

  ① 此诗句中文原诗就有两个版本，一为"驰"，一为"迟"，卡夫卡接触到的是后一个。

  ② Max Brod. Über Franz Kafka. Frankfurt am Main：Fischer Taschenbuch Verlag，1974，（26.-30. Tausend：April 1980.）S. 344-345.

  ③ 此处指的是海尔曼译本中的杜甫诗歌德译文，如诗句"百年世事不胜悲"中的"悲"字在此忠实地译为"traurig"（悲伤），"鱼龙寂寞秋江冷"中的"寂寞"和"冷"的意向也被相应地用德文的"Schweigen"（沉默或寂）、"sich zurückziehen"（隐退）、"eisesstarr"（冻僵）、"Winter"（冬）表达出来。

对应的德文译诗 "Im Westen sind alle Straßen voller Reiter und Kriegswagen，selbst die kaiserlichen Eilboten finden den Weg versperrt."① 所传递的一个具体的"此路不通"的意向成为卡夫卡《一道圣旨》所要表达的"没有出路"的催化剂和助推器。

　　实际上，即便是通过比对确定了具体的吸收接纳痕迹，对内容的理解却也助益不大。② 卡夫卡非常巧妙地对中国元素和中国意向进行转换，从而最终创造性地呈现出他自己的世界观和世界图景。《一道圣旨》③ 开篇便用一个大写的"你"来招呼读者，直接和读者进行交流，明确地告诉读者下面所要讲述的事情其实和他有关。这个故事关系到每一个人的生活和命

---

　　① 中文字面意思是："在西部所有的道路上都满是骑兵和战车，甚至于皇帝的特急信使都发觉路走不通了。"

　　② Karl Brinkmann. Franz Kafka. Erzählungen. Das Urteil. Die Verwandlung. Ein Landarzt. Vor dem Gesetz. Auf der Galerie. Eine kaiserliche Botschaft. 9. Auflage. Bearbeitet von Robert Hippe. Hollfeld/Obfr.；C. Bange Verlag，1979，S. 58-62.

　　③ 为方便读者理解下文的分析，特将笔者参考孙坤荣修改译出的《一道圣旨》兹录于此："皇帝，据说，向你这位可怜的臣民，在皇天的阳光下逃避到最远的阴影下的卑微之辈，恰恰是向你，这位皇帝在他弥留之际发布了一道圣旨。他让信史跪在床前，悄声向他交代了圣旨；皇帝如此重视他的圣旨，甚至还让信使在他的耳根重复一遍。他用点头示意他的重复无误。他当着向他送终的满朝文武——所有碍事的墙壁均已拆除，帝国的巨头们仁立在那摇摇晃晃、又高又宽的玉墀之上，围成一圈——皇帝当着所有这些大臣派出了信使。信使立即出发；他是一个孔武有力、不知疲倦的人，一会儿伸出这只胳膊，一会儿又伸出那只胳膊，左右开弓地在人群中开路；如果遇到抗拒，他就指着胸前那标志着皇天的太阳；他就如入无人之境，快步向前。但人口是这样众多，他们的家屋无止无休。如果是空旷的原野，他便会迅步如飞，那么不久你就会听到他那响亮的敲门声。但事实却不是这样，他的力气白费一场；他仍在一直奋力地穿越内宫的殿堂，他永远也过不去；即便他过去了，那也无济于事；下台阶他还得经过奋斗，如果成功，也仍无济于事；还有许多庭院必须穿越；过了这些庭院还有第二圈宫阙。接着又是石阶和庭院；然后又是一层宫殿；如此重复，几千年也走不完；就是最后冲出了最外边的大门——但这是决计不会发生的事情——面临的首先是帝都，这世界的中心，它的沉渣已经堆积如山。没有人会在这里拼命挤了，即使有，则他所携带的也不过是一个死人的圣旨。——而当夜幕降临时，你却坐在你的窗前对它（这道圣旨）梦寐以求。"孙坤荣选编：《卡夫卡短篇小说选》。北京：外国文学出版社，1985 年，第 280 页。

运。小说中濒死的皇帝（Kaiser）委派一个专使或特急信使（Eilbote）给"你"送达一道圣旨。这位信使必须把身子俯得很低才能听清垂死的皇帝下达的旨意。接受委派后，信使即刻启程，一路向"你"飞奔。可是皇宫的殿堂密密麻麻，里三层外三层围得水泄不通，他只能一点一点往外挤。他奋力开路，大步疾走，为完成圣令不遗余力。可泱泱皇宫似乎没有尽头。好不容易冲破重围的他却又总是不断遭遇新阻碍。前路漫漫，他永远无法到达。正当读者和这位信使一样感到无比绝望的时候，小说收尾的一句却突然笔锋一转，由过去回到当下和现实："而当夜幕降临时，你却坐在你的窗前对它梦寐以求。"①

这个文本因其多义性有各种解读，莫衷一是。有学者认为，《一道圣旨》是理解卡夫卡全部作品的钥匙，小说似乎向那些经历外部世界失望的人们暗示了一种通过内心幻觉经历彻悟的可能性。② 这是一种乐观的解读。笔者认为，这里所表达的是一种彻底的绝望：没有出路，再努力也是徒劳，人生就是梦一场！这里"人生如梦"的这个主题就在另一个层面上和李白的"人生如梦"发生了某种呼应。只不过李白用的是一种浪漫主义的情怀来应对人生的痛苦，卡夫卡却是用一种深重的恐惧感的呈现来以毒攻毒。

二

通过上面这个小例子，我们可以大致清晰地看到在异质性文化启迪和刺激下一种全新的创造性思想产生的可能性。不过，这却只是一个内部微观层面的点而已，即作为个体的卡夫卡和中国文化发生精神层面接触所带

---

① 此处对应的德文原文为："Du aber sitzt an Deinem Fenster und erträumst sie Dir, wenn der Abend kommt." Franz Kafka. Beschreibung eines Kampfes. Novellen, Skizzen, Aphorismen aus dem Nachlaß. Frankfurt am Main: Fischer Taschenbuch Verlag, 1983, S. 60.

② ［美］乔伊斯·欧茨：《卡夫卡的天堂》，载叶廷芳编：《论卡夫卡》，北京：中国社会科学出版社，1988年，第680页。

来的创造性结果。而把这个点放到一个外部宏观层面上去作一次横向和纵向的考察，也同样会有十分有趣的发现。

从前面所述可知，卡夫卡阅读的是汉斯·海尔曼从其他语言（而非汉语）转译为德文的《公元前十二世纪至今的中国抒情诗歌》。海尔曼的这个德译本 1905 年作为皮佩尔出版社"果壳"丛书的第一卷面世。该书的翻译特点是：使用朴素简洁的散文体，不改写，语言朴实自然，不矫揉造作。该书售罄后也没有再版。①

那么，我们首先来横向厘清一下为什么恰恰是由海尔曼来做这个中国古诗的德译本。海尔曼其实也并非主动请缨，而是被动应出版商赖因哈德·皮佩尔（Reinhard Piper，1879—1953）之邀辑译这个德译本的：皮佩尔和海尔曼都是德国作家阿诺·霍尔茨（Arno Holz，1863—1929）的好友。霍尔茨本人迷恋东亚文化，尤其是日本木刻，他的这种热情也感染他的朋友。皮佩尔同时还是霍尔茨的一个弟子。1899 年，皮佩尔发表了一个用新风格写成的诗歌小集子，专门献给霍尔茨。皮佩尔的诗歌成就不大，今天已经被人遗忘，但作为出版商的皮佩尔却对在德国传播东亚诗歌贡献颇大。霍尔茨不仅把他对日本木刻的迷恋传染给皮佩尔，他还把德理文的《唐诗》拿给他看过。皮佩尔后来自己开了一家出版社，就想起这本书来。据皮佩尔回忆，大概在 1904 年他问霍尔茨谁合适来做这个翻译，霍尔茨就向他推荐了老朋友、《柯尼希斯堡报》的编辑海尔曼。②而继 1905 年推出海尔曼的中国诗歌选集之后，1909 年皮佩尔出版社又推出了一本日本诗歌选集。

其次，我们再来纵向整理一下这个海尔曼德译本的具体生产过程。19 世纪末 20 世纪初德国的汉学水平还落后于英国和法国。在欧洲范围内，法国的汉学历史悠久，英国紧跟其后。所以，对于不懂汉语但却精通欧洲语

---

① Ingrid Schuster. *China und Japan in der deutschen Literatur 1890-1925*. Bern：Francke Verlag，1977，S. 26.

② 同上。

言的德国出版商和译者而言，自然就会首先想到去借鉴汉学先进的欧洲其他国家。这在当时也是德国译介东亚文化的一个常用套路。海尔曼也是如此。他的这个德译本主要参考了下面三本书：其一是英国汉学家翟理思（Herbert Allen Giles，1845—1935）的《中国文学史》。翟氏编写的这本书，诚如作者自己在序言中所说，作为"最早为中国文学写史的尝试"[①]，第一次以文学史的形式向西方读者展现了中国文学发展概貌，在中国文学西传过程中具有特别重要的作用。此书 1901 年由伦敦威廉·海涅曼公司出版，是 19 世纪以来英国译介中国文学最早的杰出成果。而翟理斯本人早在 1867 年 22 岁时就通过英国外交部选拔，远涉重洋，来到中国，成为英国驻华使馆的一名翻译生，此后历任天津、宁波、汉口、广州、汕头、厦门、福州、上海、淡水等地英国领事馆翻译、助理领事、代领事、副领事、领事等职，直至 1893 年返英，客居中国近 25 年之久。[②] 除这本英文书外，另外的两本则是法文书，即 19 世纪法国汉学界最重要的两本中国诗歌法译集：按出版年代先后，首先是 1862 年由法国著名汉学家德理文侯爵（Le Marquis d'Hervey de Saint Denys，1822—1892）在巴黎出版的《唐诗》（*Poésies de l'époque des Thang*）——最早在西方出版的唐诗法译集，以及五年后于 1867 年由法国女作家、翻译家、评论家，对东方文化特别是中国古代文化情有独钟的朱迪特·戈蒂耶（Judith Gautier，1845—1917）在其中国家庭教师丁敦龄（Tin-TunLing，？—1886）帮助下出版的法译中国古体诗选集《玉书》（*Le livre de Jade*）。这两本诗歌集很快就被翻译为德文，在德国持续发挥深远影响。《唐诗》的译者德理文是法国重要的汉学家和中文教授，同时参与法国政府对华事务咨询，以他这样的身份译介中国文化自是分内之事，不足为奇。相比之下，倒是朱迪特·戈蒂耶翻译发表《玉书》颇具传奇色彩：她的父亲、法国高蹈派大诗人，同时也是

---

① Herbert Allen Giles. *A History of Chinese literature*. London：William Heinemann，1911，p. v.

② http://baike. baidu. com/view/973666. html，检索时间：2013-11-23。

剧作家、小说家和文艺评论家的泰奥菲尔·戈蒂耶（Theophile Gotiers，1811—1872）致力于研究中国多年，戈蒂耶家族一直认为自己有东方血统。德理文《唐诗》的出版更是增强了戈蒂耶对中国的兴趣，1863 年他甚至把一个叫丁敦龄的中国人请到家里为他的两个女儿教授汉语。这位丁敦龄具体何许人也？丁敦龄祖籍中国山西太原，为清朝秀才，因与太平天国运动有牵连，为躲避清军搜捕镇压，逃到澳门，为谋生计，便替途经澳门的西人充任通事。后应澳门主教加勒利（Callery，1810—1862）之邀，协助编纂法汉字典，并于 1860 年前后和主教一起前往法国。不料，加勒利主教抵法不久即病故，语言不通、陷于经济困境的丁敦龄遂流落巴黎街头，时年三十岁左右。不久，泰奥菲尔·戈蒂耶在火车站偶遇丁敦龄，遂将其接到家中做清客，兼教汉语。自此，丁敦龄便成为戈蒂耶的两个女儿朱迪特和露易丝的中文家庭教师。戈蒂耶是当时法国的名流，不仅同巴尔扎克、雨果交好，府邸更是经常有波德莱尔、福楼拜这样的名人雅士聚会，丁敦龄迅速成为戈蒂耶家中的一道迷人风景，被待为不可或缺的座上宾。也是在丁敦龄帮助下，22 岁的朱迪特·戈蒂耶于 1867 年出版了法译中国古体诗选集《玉书》。[1]虽然丁敦龄有"悄然取物"的陋习并因重婚罪被捕入狱，但朱迪特依旧维持同丁敦龄的师生关系。丁敦龄于 1886 年离世，最后仍是朱迪特为他举办葬礼，将其安葬在戈蒂耶家族墓地。朱迪特对她的这位中国老师始终满怀感激之情，她后来这样追忆逝者说："他用远方祖国的种种珍闻来滋润我的心田，我们一同诵读中国诗人的作品。他向我描绘那边的风土人情，奇幻般地讲述异国流传的神话，让我的想象里充溢东方光洁的梦境。多少年流逝了，但我不改初衷，依然是一个中国女性。"[2]

海尔曼在创作这个译本的过程中，体现了德国人严谨的治学传统。在

---

[1]　Ingrid Schuster. *China und Japan in der deutschen Literatur 1890-1925*. Bern：Francke Verlag，1977，S. 90.

[2]　沈大力：《清代山西秀才巴黎当家教　法国才女承继中国梦》，《人民日报》，2011 年 11 月 14 日；孟华：《试论汉学建构形象之功能——以 19 世纪法国文学中的文化中国形象为例》，《北京大学学报》，2007 年第 4 期。

《导言》之后的《译本序》中他专门给出了一份译文参考书目，共有 13 部，除上述德理文、戈蒂耶和翟理思三人的相关著译外，这份书目还包含了近代英国著名传教士汉学家理雅各（James Legge，1815—1897）的《中国经典》（*The Chinese Classics*）、德国汉学家硕特（Wilhelm Schott，1807—1889）的《中国文学纲要》（*Entwurf der Beschreibung der chinesischen Literatur*）、德国汉学家顾路柏（Wilhelm Grube，1855—1908）的《中国文学史》（*Geschichte der Chinesischen Literatur*）。[①] 理雅各在汉学史上的历史地位和贡献，在此毋庸多言，唯一要强调一下的是他的"侨"的经历：他从 1843 年起长年侨居香港，1873 年到中国北方游历，其间参观孔府，同年离开香港并游历美国后回国，1875 年开始担任牛津大学首任汉学教授。两位德国汉学家的国际名气不及理雅各，但在德国汉学史上却也都是响当当的人物。硕特 1819 年开始在哈勒攻读神学和东方语言，虽然没有到过中国，但当时哈勒有两个中国人，硕特同他们交往密切，并因此对中文产生浓厚兴趣。1826 年他以用拉丁文撰写的《论中国语言特点》的论文获得博士学位，同年又通过了内容为研究孔子的教授论文，1832 年他被聘为柏林大学阿尔泰语、满文和芬兰语教授，也讲授汉学，为德国学术性汉学奠基人，他 1854 年出版的《中国文学纲要》是德文中该类著作的第一部。相比硕特，顾路柏约晚生半个世纪，但他的"侨"的经历却十分丰富，他出生于俄国圣彼得堡，曾任柏林民俗博物馆东亚部主任，1885 年起还兼任过柏林大学编外教授，教授汉语、满族语和蒙古语，1897—1899 年（一说 1898—1899 年）他还来华旅行并在北京从事民俗研究，此行收获成为其代表作之——1901 年出版的《北京民俗学》，由于这部书中的一些内容是顾路柏在北京实地考察得来的结果，所以直到今天这部书依然是研究北京民俗史的重要参考文献。顾路柏 1902 年出版的《中国文学史》还是

---

① *Chinesische Lyrik vom 12. Jahrhundert vor Christus bis zur Gegenwart. In deutscher Überseztung, mit Einleitung und Anmerkungen von Hans Heilmann.* München und Leipzig：R. Piper & Co.，1905，S. LIV.

德国第一部由专家撰写的中国文学史著作，全书分为十章，从先秦儒道经典及屈原《楚辞》讲到唐宋诗词、宋元戏剧和明清小说，比之前硕特撰写的《中国文学纲要》完备许多不说，更由于顾路柏在此书中大量引用了由他自己译为德文的丰富的中国文学经典原文，使得该书不断再版，在之后长达半个世纪的时间里一直是德国汉学界唯一的名著。①

三

至此，从卡夫卡微型小说《一道圣旨》创造性思想的产生，到考察卡夫卡和中国诗歌的关联，及至回溯海尔曼中国古代抒情诗歌德译本的生成过程，继而深挖其参考书目中具代表性重要著译者的生平履历，通过这样一种逆向爬梳，一个复合多元的因"侨"而致"易"的过程便在较为宏大的历史经纬中得以清晰地浮现出来。依据叶隽对侨易现象的具体划分②，上述翟理思客居中国 25 年之久的"驻外现象"，丁敦龄从中国内地经澳门流亡到法国并最终作为海外华人客死他乡的"流民现象"，理雅各所体现的"传教现象"和"游历现象"，硕特在哈勒和两个中国人交往的"移民现象"，顾路柏在华实地考察的"游历现象"，这些侨易现象共同作用，引发错综复杂的叠加和化合效应，最终导致一系列后续的文化传播上的奇异变化，具体到卡夫卡身上就是借鉴中国文化元素完成精神质变和现代性创生。像卡夫卡这样，本人没有到过中国，也不识汉字，其发生的"精神质变"不是由自身直接的"物质位移"所促成，类似的例子在德语文学与中国文化关系的研究实践中比比皆是，如德语文学古典时期的"诗坛君王"歌德和席勒，德语现代先锋派文学发动机德布林③、德语戏剧大师布莱希

---

① 张国刚：《德国的汉学研究》，北京：中华书局，1994 年，第 23—27 页；李雪涛：《日耳曼学术谱系中的汉学——德国汉学之研究》，北京：外语教学与研究出版社，2008 年，第 36—37、42—43 页。

② 叶隽：《变创与渐常：侨易学的观念》，第 111—116 页。

③ 德布林被誉为"德语文学接受中国文化的里程碑"的长篇小说《王伦三跳》(1915) 其实是更典型的由"复合侨易"而致"精神质变"的例证，但因文章篇幅有限，此处不再展开。

特等也都曾借鉴中国文化资源完成重大文学创新，但他们均从未到过中国，也不识汉字，对中国思想文化的吸收接纳基本依赖资料阅读，是真正的诚如德布林所说的"关起门来的旅行"①。

需要强调的是，这种情况绝不只限于比较文学领域，而是广泛存在的常态，对此叶隽也是给予了足够关注的。在《变创与渐常：侨易学的观念》的第一章中，他专门使用了"精神漫游"这个概念，并且首先以歌德为例，明确指出歌德是通过"精神漫游"式的异文化资源补给而形成其"古典和谐观"。② 接着，在第二章阐述"侨易现象组成"时，为充分证明蔡元培因留德留法而发生精神变化是"一种自觉的侨易行动"，叶隽又以歌德为例启用"精神侨易"一词："当然值得提出的还有一种纯粹的精神侨易现象，譬如歌德在书斋里不断地周游世界，譬如阿拉伯—波斯，以及遥远的印度、中国与日本，都在他的精神侨易过程之中，这也应可算作是一种侨易行动。这不尽符合我们的'物质位移，精神质变'的原则，但确实也是一种特殊的侨易现象。"③ 从此段措辞中通过使用"也应可算作""不尽符合"和"但确实也是"等表述所流露的让步性和限定性语气，读者可以感觉作者对"精神漫游"作为侨易现象的判断变得有些含糊和不确定起来。而在此后的第三章论述"侨易方法"重要性时，作者似乎又恢复到了最初的坚定："譬如还有根本就不发生物质位移的例子，譬如康德，他的一生中就根本没有出现我们强调的物质位移的现象，也就是说，毛泽东的省侨、京侨，蔡元培的京侨、外侨，他一次都没有经历过，但这并不妨碍他成为一代大哲……但这里必须提及'精神侨易'的重要性，也就是说即便不发生物质位移，精神侨易也是可能产生的。"作者随即还顺势把"侨易"提升到"是一种普遍之法的高度"。④ 然而，值得注意的是，在接

① Alfred Döblin. *Schicksalsreise*：*Bericht und Bekenntnis*：*Flucht und Exil 1940-1948*. München：R. Piper，1986，S. 113.

② 叶隽：《变创与渐常：侨易学的观念》，第 19—20 页。

③ 叶隽：《变创与渐常：侨易学的观念》，第 38 页。

④ 叶隽：《变创与渐常：侨易学的观念》，第 85 页。

下来的第四章论及"侨易现象"是"物质现象和精神现象的结合"处，作者又通过举出同样的康德的例子而在一定程度上重蹈削弱自己在前一章中已达到坚定性的覆辙："譬如康德在柯尼斯堡小城独居以终天年却成就了伟大的哲学体系的事例，这是否属于侨易现象呢？物质位移始终是存在的，但其局限在一定的范围之内，并不属于具有明显侨易过程与特征的侨易现象，则也是事实。"① 这样的犹豫反复并未就此结束，在第五章探讨"作为研究对象的侨易现象"时，作者再度特意用一个注释作出如下断言："值得指出的是，徐光启、李之藻这批士大夫，他们并没有发生涉外性质的物质位移，但同样出现了精神侨易现象，即因接受基督教而发生的精神质变。"②

由此可以看出，叶隽已经高度关注"精神漫游"这一现象的普遍存在，并努力尝试在其"侨易学"思维模式内去解释这一现象，但似乎并未十分圆满，所以出现了左右摇摆的状态。笔者以为，原因可能在于："侨易学"思路首先在很大程度上是由研究"留学史"和"留学现象"的数据而导出；其次，作者似乎有一个预设，即是自身的"侨"导致自身的"易"，至少是过于看重自身的"侨"。如此一来，这种留学的主体的"侨"和"易"往往比较容易从第一眼看上去就得出是一致的印象，实则不然。就拿蔡元培来讲，即便他是自身主动有意识地"侨"到德国、法国，如果仅靠这种单纯的"位移"，而没有他此外展开的众多的"精神漫游"——听课、学习、社会交往，他也不可能全面吸收西方古今文化精华，产生思想上的神奇变化。同理，康德虽一生不离自己的故乡城市，没有发生浅层意义上的"侨动"，但他的各种"精神漫游"却始终存在，在大学学习、授课，在图书馆等各种场所博览群书自不待言，除此以外，他每天都会固定利用长达数小时的午餐时间在家里不分高低贵贱地宴请各色人等，和他

---

① 叶隽：《变创与渐常：侨易学的观念》，第 91 页。
② 叶隽：《变创与渐常：侨易学的观念》，第 113 页。

们高谈阔论，听取他们"侨动"过程中获得的各种见闻。①

　　总之，如果不拘泥于"侨"的自我主体性，而是以更为宽泛和灵活的方式去理解它，即这个"侨"的主体同时也可以是他者，甚至是一个"集体的"他者，"复合的"他者，那么，"精神漫游"就应该可以顺理成章地被视为一种自然的"侨易现象"，"因侨而致易"适用于比较文学乃至其他更多学科和领域的途径应该就会变得更加顺畅与便捷。

　　以上是笔者对"侨易学"这个新生事物的一点初步认识，不当之处，还望海涵。

　　[本文原载于乐黛云、李比雄主编：《跨文化对话》（第 33 辑），北京：生活·读书·新知三联书店，2015 年]

---

　　① Hans Joachim Störig. *Kleine Weltgeschichte der Philosophie*. Überarbeitete Neuausgabe. Frankfurt am Main：Fischer Taschenbuch Verlag，2002，S. 440-441.

第四辑

侨易学与中国学术的自觉

"侨易学"与思想创新

——对一种新文化理论的评析与思考

顾明栋

纵观中国思想史，自先秦时期以降，中国古代思想家只有为数不多的人将提出新思想、新理论、新学说作为终生追求的目标，大多数人都醉心于对已有思想和学术进行考证、诠释和演绎，结果是两汉以后，很少出现像先秦时期诸子百花齐放、百家争鸣的场景，更少出现原创性的哲学思想和体系。进入现代社会以后，情况并没有根本改变，相反，由于受西风东渐的影响，追求原创思想、建立宏大理论体系的创作冲动受到了更为严重的压制。令人感到欣慰的是，原创性在近十数年以来已经列为中国学界议事日程的头条要务，成为大家殚精竭虑追求的终极目标，也出现了一些致力于提出新思想、新理论或建构宏大概念性体系的论著。近几年来在文化研究领域出现的侨易学理论就是重要的成果之一。

侨易学是由叶隽在多年研究中外文化交流史和跨文化理论基础之上，呕心沥血耗费七八年时间提出的带有鲜明中国特色的文化理论，其奠基之作是不久前发表的《变创与渐常：侨易学的观念》。该书系统地构建、阐述侨易学的思想和方法，令人读后感到耳目一新，其新颖独创之处就在于敢于提出前人所未敢提出的大设想，并据此构建一个宏大的理论体系："侨易学既是一种理论，一种哲学，但同时也是一个领域，一种新兴的学科。"[①] 侨易学理论的提出已引起学界的相当关注，也出现了一些评论或运

① 叶隽：《变创与渐常：侨易学的观念》，第16页。

用侨易学理论从事研究的文章，但总的来说，学界的关注还很不够，发表的评论也仅限于泛泛而论，尚未来得及进行深度思考和梳理，为数不多的运用侨易学理论进行具体案例分析的研究文章其实只是在作者本来熟悉的研究之上套上"侨易学"的一些名词。这些情况说明，侨易学这个新理论有待于学界的强力推进。本文的目的有二，一是评介侨易学这一新理论，二是对该理论进行深度考察，找出其不足和潜力，提出一些改进和发展的建设性看法，以促进这一新文化理论的提升和完善。本文的重点在于第二个目的。

一、侨易学的缘起和核心思想

叶隽提出侨易学的主要目的有二：一是为了给人们观察世界、社会、人生"提供一种理论与学理上的支持"①，二是"为追求事物的真相提供一种可能的思考途径、一套可操作的学术方法"②。由于侨易学的一个核心支柱来自《易经》的智慧，因此，其构建体系的勃勃雄心不由得令我想起了西汉的扬雄，他模拟《易经》而作《太玄》，构建了一个有别于《易经》二元论的宇宙生成模式，以三进制周期运动为基础，即三元论的宇宙生成模式的独创体系，并提出了以"玄"作为宇宙万物根源的原创学说。侨易学志在提出原创思想、建立思想体系的雄心，堪比扬雄的《太玄经》。说起原创思想，如果说近代以前还相对容易一些，因为思想界尚有大块有待开垦的处女地，但进入21世纪之交以后，在信息时代知识大爆炸、各种思想异彩纷呈的全球化时代，要提出原创思想实在不易。我们注意到，今日的原创思想基本上是各种思想交叉碰撞再生的结果。叶隽的侨易学理论也是这样一种情况。正如作者提到侨易学缘起时所言，侨易学是受到李石曾的"侨学"的启迪，并将之与中华民族的群经之首《周易》的智慧相结合而产生的一种新的文化研究理论。"侨""易"二字既反映了该理论的缘

---

① 叶隽：《变创与渐常：侨易学的观念》，第 22 页。
② 叶隽：《变创与渐常：侨易学的观念》，第 107 页。

起，也是其核心思想的高度概括，更是了解、熟悉、理解、运用侨易学这一理论构建的一把钥匙。换言之，搞懂了"侨""易"二字的来龙去脉和内涵外延，也就掌握了侨易学的主旨。何谓"侨学"？根据李石曾的表述，"侨学为研究迁移、升高、进步的学问"，"是一种科学，研究在移动中的若干生物，从此一地到彼一地，或从几个处所到另一个处所；研究他们的一切关系上与活动上所表示的一切现象"。"易"当然指的是凝聚了中国数千年的智慧结晶的《易经》所承载的哲学思想。

叶隽十分精准地抓住了《易经》的核心思想就在于"易"，即变化。本人对《周易》小有研究，知道《易纬》说过："孔子曰：易者，易也，变易也，不易也。"（《易纬·乾凿度》）东汉的郑玄重申了这个定义："易之为名也，一言而含三义：简易一也，变易二也，不易三也。"（《易赞》）关于"易"的含义，叶先生展示了一种与笔者不谋而合的思想，即"易之三义并不是原初性的东西，不易之义乃是后人所加……但凡大本之道，就在于其给后世的无尽阐释性空间"。这里所说的"无尽阐释性空间"也就是笔者在英文著作 Chinese Theories of Reading and Writing 中所言的"诠释开放性"。笔者认为"易"的含义其实还不止三义，根据后人及本人的阐释，"易"可以有四种本体论含义，三个词源学定义，以及一个语音学定义。[①]

侨易学理论的核心思想来自《周易》中"交易"的启发，叶隽在构建侨易理论时采用了历代学者《易经》归纳的三个方面的哲学思想，即："观物取象、万物交感、发展变化"。根据"一阴一阳之谓道"的思想，叶隽强调变化是在交互作用的合力之下而产生的，所以他在构建侨易学时主要采用交易的思想，"必须有交互相关的一之立名，也包括交感的意思在内。即侨化的过程中，理所当然地就涵盖了交互的意思，达到交感的作

[①] M. D. Gu. *Chinese Theories of Reading and Writing：A Route to Hermeneutics and Open Poetics*，Albany，New York：State University of New York Press，2005，pp. 105-109.

用。所以，我将其再做变通，乃易有三进，一为变易、二为交易、三为简易；道乃不易，大道不易"。在此，叶先生表现出令人钦佩的创新精神，他把《周易》研究的方法论中的一个思想上升到本体论的高度，并以此作为其理论构建的主要支柱之一。我们知道，毛奇龄的《周易》研究认为，从方法论角度来看，《周易》作为一本变易之书，其本质在于卦象与爻辞的内在变化。他把卦爻变化的方法分成五个范畴，名曰"五易"（《仲氏易》）：变易（阴阳变化）、交易（卦象连接）、反易（卦象倒置）、对易（卦象互换）、移易（爻象互换）。叶先生在强调"交易"的基础上建立了"二元三维-大道"的侨易理论基础："作为理论的侨易学，其基本思维在于'二元三维，大道侨易'，即'乾元-坤贞'构成基本的二元结构，而其内部又形成三维结构。其外则是大道笼罩，而内部的流力因素，则是寻求如何搭建两者之间的桥梁，并进而形成有效的'第三者'立足点的可能；而侨易规律本身也不妨视为一种流力因素。"① 究竟何谓"二元三维-大道"？叶先生进一步解释说："如此则终极命题指向'大道'，即'一'；那么乾坤二元构成'二'；事物发展过程的始、中、终（或事物结构的上中下），在内部形成了三维，就是所谓'三'。如此与老子的观点'道生一，一生二，二生三，三生万物'恰好若合符节。"② 在将"二元三维-大道"的理论与"侨学"相结合以后，侨易学的基本理念、操作方法和研究对象就推陈出新，脱颖而出了。简而言之，"'侨易学'的基本理念是因'侨'而致'易'，这其中既包括物质位移、精神漫游所造成的个体思想观念的形成与创生……也包括不同的文化子系统如何相互作用与精神变形……同时也包括社会结构间的重要概念的层次转换过程"。关于侨易学的核心思想和基本原则，作者将其归纳为如下三条：一为"二元三维，大道侨易"；二为"观侨取象、察变寻异"；三为"物质位移导致精神质变"。③ 依笔者愚见，

① 叶隽：《变创与渐常：侨易学的观念》，第 16 页。
② 叶隽：《变创与渐常：侨易学的观念》，第 14 页。
③ 叶隽：《变创与渐常：侨易学的观念》，第 20—21 页。

第一条是侨易学的本体论和理论基础，第二条是侨易学的方法论和研究路径，第三条是侨易学的认识论及其结果。这三条基本原则构成了侨易学的核心思想。作者提出侨易学的根本目的就是"为了更好地给我们观察变动不居的大千世界、纷繁复杂的人事兴替、红尘滚滚的功利时代，提供一种理论与学理上的支持，同时开辟出一块新的更高的学术平台"。[①]

二、侨易学现有理论的得失

侨易学是对物质位移而导致思想变异的文化现象进行研究的文化理论，其探讨核心就是侨易现象："侨易现象主要包括：侨易对象（对研究者是侨易对象，但在具体的侨易现象之中则可称为侨易主体）、侨易行动、侨易条件。"[②] 以侨易对象为中心的理论构建、案例分析和方法探讨是侨易学十分成功而又令人信服的地方。总的说来，侨易学的理论是开创性的，而其思想是开放性的："侨易学的目的不在于建立起一个自我封闭的为稻粱谋的自留地，而仅仅是为追求事物的真相提供一种可能的思考途径、一套可操作的学术方法。"[③] 同时也是欢迎学界参与探讨并对其提出改进意见的："无论在理论、方法还是范式上，侨易学的提出都是初步的，需要大量的实践性研究来不断充实和提升自己的理论层次，尤其是规律性定律的普遍适用问题。"[④] 为了侨易学的进一步完善与发展，笔者在此对侨易学的现状提出一些不成熟的看法，仅供完善侨易学理论时参考。首先，笔者认为，太过泛化也许是本书一个较大的缺憾，我通读全书以后觉得该书由于以《易经》的智慧为支柱，因而同样带有《易经》大而空泛的倾向。《四库全书总目》对《易经》曾有过这样的总结："易道广大，无所不包，旁及天文，地理，乐律，兵法，韵学，算术，以逮方外之炉火，皆可援易以

---

① 叶隽：《变创与渐常：侨易学的观念》，第 22 页。
② 叶隽：《变创与渐常：侨易学的观念》，第 37 页。
③ 叶隽：《变创与渐常：侨易学的观念》，第 107 页。
④ 叶隽：《变创与渐常：侨易学的观念》，第 104 页。

为说。"① 我们对比一下侨易学的内容，多处遇到类似的说法，比如："对于任何一个问题，都可以用侨易的眼光去审视与考察之。也就是说，我们可以在哲学思维层面来使用侨易概念。"② 这一段话中隐含的一层意思，容易使人觉得侨易学好像是一种放之四海而皆准的理论。这种无所不包的思想是否受《易经》的影响，不得而知，但笔者感觉这也不是巧合，因为"侨易"的"易"就是《易经》之"易"，而且，作者在书中就沿用传统治易的方法进行阐释分析。比如在第一章，用乾坤二卦的卦爻辞解释诸葛亮、刘备、关羽等人物的三国故事，曾国藩的人生，武则天的沉浮，采用的几乎是传统易学的附会式解读。全书这样的现象还有多处，在此无需一一赘述。

书中探讨的问题和案例基本上是根据侨易学的方法论而进行的，但也有相当多的文字，虽说与侨易学不是完全无关，但常常给人以牵强的感觉。这一点是否也受到《易经》的影响，笔者不得而知，但无所不包的说法却让我想起了《易经》的诠释系统，那本来就被认为是一个无所不包、无所不能解释的大系统，一种完全开放的大系统。作者不是没有意识到这个问题，甚至在有一节中自我提出警示，说不要把侨易学构建成"十全大补汤"。但在理论展开以及案例分析时却有"抓到筐里就是菜"的做法，把一些存在着模糊联系的材料纳入书中。譬如，有些章节实际上是对哲学和文化的中西思想、理论、现状的综合分析和思考，作为哲学研究和文化研究自有其精辟分析和独到见解，但与侨易学的理论和实践却显得十分疏远。比如第九章"侨易学学域的展示：留学史、文化下延、传统承续"就是这样的情形。奥尼尔、莱辛的剧作中的东西方文化冲突等问题涉及的是跨文化研究，纳入侨易学的学域，总体上勉强可以，但显得十分牵强。这样的论述有时是如此牵强，以至于如果不是在章节中不时提到侨易学，读者可能只会想到跨文化研究问题，而不会想到侨易学。有时，即使作者在

---

① 永瑢等：《四库全书总目》，北京：中华书局，1965年，第1页。
② 叶隽：《变创与渐常：侨易学的观念》，第126页。

讨论结束时谈到侨易学，如第九章第三节，作者分析赫尔德、芮斐德、卡逊、海森堡、奥尼尔、李济等人对传统的论述，虽然全节的标题是"传统承续的侨易学解释"，但读者几乎看不出与"侨易学"有直接关联，直到节末才有这么一段话："侨易学的学域当然远不止以上三种，在任何一种'观侨阐理'的择取现象过程中，我们都可能看到侨易现象的身影，但如何将之捕捉并提升为学术对象，则是考验研究者的眼光、功力和智慧的过程了。"① 这一段话我们可以认为是一种牵强的小结，但读者也可将其看成是一种较为无力的自我辩护。这种泛泛而谈，与侨易并无直接联系，或者说只是牵强联系的分析，类似的讨论书中还有一些。如关于矛盾冲突的讨论，虽然分析本身很有意义，但与侨易的观念没有直接的关系。经过几页的论述，才有这样有关的话："故此，知识形成与思想变易当然是非常重要的，但也必须在一种元规则范围内进行，这就是我们所说'二元三维，大道侨易'的更深层的含义。"② 然后才接着说起："我们看四川诸精英走出家乡的过程，看浙江诸君子，如蔡元培、王国维、鲁迅等走向现代中国中心场域的过程，就会发现其实颇多共通之处。他们都有一种对新事物的渴望和追求，往往都通过都市侨易的经验来实现自己思想观念的变化，或者更理论化地表述就是，都通过物质位移来实现精神质变。在中国语境里，北京/北平无疑是绝对中心场域，不管是在政治上，还是文化上都是如此。所以就物质位移而言，京侨过程往往是必然的。"③ 在此之前的洋洋洒洒几页好像与本节的主题并不十分关联，因此，一些案例的分析，常常给人以突兀、牵强的感觉。第八章"中国文化的'精神三变'"，其中第一节本身很有意思，但看不出与侨易学的理论有何直接联系。全节几乎没有提到"侨易"的理论。第二节也只是议论了半天才提到"交易"的一段话，而在这段话之前，提到钱锺书的"通感说"，将其与侨易学挂钩，但

---

① 叶隽：《变创与渐常：侨易学的观念》，第 267 页。
② 叶隽：《变创与渐常：侨易学的观念》，第 175 页。
③ 叶隽：《变创与渐常：侨易学的观念》，第 175 页。

没有清楚交代为何是侨易现象。第三节谈到和谐，以莱布尼茨的单子学说和前定和谐论为分析材料，也看不出与侨易学的核心理论及框架有清晰的吻合。全节基本可看成是对世界各个主要文化性质及其关系的辨析，与该书前几章构建的侨易学理论几无直接关系。

总之，书中大量引用中西方思想家和学者的论述，然后予以分析讨论，其量之大，其涉及面之广，其分析程度之深，不仅常常使读者忘记本书、本章节的主题，而且使人觉得分析的内容好像是作者阅读已存学术思想的心得体会和评价，而不是支撑侨易学理论的案例和讨论。目前，国内已发表了一些运用侨易学理论进行研究的文章，笔者注意到，其实也就是使用了几个侨易学的名词，着眼点在于事物的位移。如果把那几个概念去掉，基本上不会影响文章的原意。比如，笔者看过一篇谈美国大学历史的教育学文章，虽然点缀性地使用了侨易学的一些概念，但与文章的内容几乎是油与水的关系，使用的方法与大家耳熟能详的"文化移植""文化杂糅"之类的概念几乎没有什么差别。

三、侨易学理论的改进与发展

前文说过，侨易学以侨易对象为中心的理论构建、案例分析和方法探讨是十分成功的地方。但是，为了证明侨易学理论的巨大涵盖性（也许是受李石曾"侨学"的影响），侨易学试图突破人事的时空性位移，将侨易现象扩展到器物、社会制度、文化的内部和人们的精神层面，这既是侨易学理论的一个勇敢突破，也可以说是一个不足之处，因为笔者觉得这样无限制地扩展位移和变化的范围，似乎大有值得商榷的余地。侨易作为研究人或事物因位移而产生的质变很有道理，但如何扩展到思想精神层面有待深入的探讨。首先，对"侨"的阐述颇值得商榷："所谓'侨'者，无非是位置之间的移动而已。"[①] 但我们必须注意，根据《辞源》，"侨"有二

---

① 叶隽：《变创与渐常：侨易学的观念》，第32页。

义："一是'高'，通'乔'。二是'寄居异地'。见'侨士'。"①"侨"字的偏旁是"人"，这提醒我们，"侨"应该指人的空间性位移，并在新的空间位置上有时间的绵延。李石曾对"侨学"的定义突破了"侨"字的本义："侨学为研究迁移、升高、进步的学问"，把一切事物的位移都看成是"侨"与传统"侨"字的概念已无多大关系。事实上，李石曾和叶隽论说中的"侨"的概念基本上与"位移"同义。在如此突破传统概念的基础上谈论"侨学"或"侨易"，思想观念的变化与其说是侨易现象，不如说是观念和理论的旅行而产生的变异，这倒可以被看成全球化的一种先声。侨易学的第三条原则，"物质位移导致精神质变"就是根据这种广义的"侨学"而提出的。作者是这样解释"物质位移"的："这里的物质位移，乃是由多个因素构成的重要的文化区结构差之间的位移过程，如此导致个体精神产生重大变化。"② 显然，这里所说的物质位移从人员的迁徙转向器物的流通和文化结构的改变等。以这样急剧的转向定义"侨易"实际上与全球化所涉及的人员、资源、科学、技术、商品和生活方式等的流动并无多大的差别。这种"物质位移"对个体的思想产生的影响也与国际化和全球化的思想观念的流通没有本质的差异。如此一来，就带来了一个重要的问题：侨易学与全球化又有什么本质的区别呢？

在全球化、信息化和网络化的后现代社会，"侨"的概念变得更加难以界定。古代有"秀才不出门，可知天下事"之说，康德几乎一辈子没有离开家乡小城到外乡定居，这丝毫不影响自己思想的变化，因为他可以通过阅读来获得信息。在当下网络化时代，人们更不必走出家门国门而获得新知，因此，侨易概念中的"侨"就显得不是那么重要了。此外，侨易学将位移从侨易对象扩展到位移的器物和思想也存在着一定的难点。在全球化时代，思想文化中的主体与他者界限模糊，很难说谁是自我，谁是他者，也很难说有高、中、低的层次，更不会有"侨迁"和"侨居"的发

---

① 《辞源》，北京：商务印书馆，1988年，第140页。

② 叶隽：《变创与渐常：侨易学的观念》，第20—21页。

生。因此，作者提出把文化下延和传统承续问题视为侨易学的研究对象也使得问题更加复杂化。作者也似乎看到了问题，因而说："文化下延问题则提供了一个立体型结构中的观念功用产生问题的案例。这也是一种物质位移，只不过其表现形式不像地理空间差距这样明显罢了，它是在基本概念之间形成的物质位移，有点类似于精神位移。"① 这里的问题不仅是精神的位移无法以空间来界定，更重要的是，作者只是采用了"文化"的精英定义，如马休·阿诺德（Matthew Arnold）所说的"所能想到和言及的最好的事物""一种对完美的研究"②，而忽略了文化的多重含义，如雷蒙德·威廉斯（Raymond Williams）所定义的"一种全面的、涉及物质、思想和精神诸方面的生活"③。威廉斯在一篇有名的文章中声称"文化是普通的"④，也是文章标题的这句名言说明，文化并不都是指高端的社会存在，无论是精神层面还是物质层面，因为除了高端文化，还有亚文化，次文化，如"同性恋文化""吸毒文化""邪教文化"和"黑社会文化"等，我们知道，亚文化和次文化是封闭、排他的、拒绝外界影响的，高端文化如何向这些亚文化和次文化位移？又如何对其产生影响和变异呢？不同文化的位移而产生精神变化可以说得过去，但同一文化内部的文化现象的位移似乎不好用"侨易"的概念来阐释，因为，在同一文化内部的位移似乎不可称为"侨"。李石曾在构建侨学时将其构建成"研究迁移、升高、进步的学问"，"是一种科学，研究在移动中的若干生物，从此一地到彼一地，或从几个处所到另一个处所；研究他们的一切关系上与活动上所表示的一切现象"。这是一种涉及广义科学的定义。即使根据李石曾表述的、超出人文社科的定义，研究对象依然是生物的位移，而在人文社科领域，作为

① 叶隽：《变创与渐常：侨易学的观念》，第 242 页。

② Matthew Arnold. *Culture and Anarchy*，Cambridge：Cambridge University Press，1969，p. 6，p. 45.

③ Raymond Williams. *Culture and Society：1780-1950*，Harmondsworth，England：Penguin Books，1961，p. 16.

④ Raymond Williams. *Resources of Hope：Culture，Democracy，Socialism*，London：Versa，1989，p. 3.

研究对象的生物只能是人，而不会是动物、器物等物质现象。而且，从词源学的视角来看，用"侨"解释中国历史人物从家乡迁居外地（如毛泽东）好像也显得较为勉强，因为毛泽东在思想成熟定型之前没有出过国。根据现代汉语词典，"侨"字的核心定义是："在外国居住"，虽然"古代也指在外乡居住"，[①] 但至少用"侨"解释现代人在自己国家内的迁徙定居似乎有点牵强。当然，突破原有词义，或恢复古义而提出广义的"侨"的概念则另当别论。如果坚持要恢复古义并采用广义的位移，则有必要说明，"侨易学"的"侨"字的内涵和外延兼顾古今，囊括人的位移、器物的位移和精神的位移。

但这样一来，坚持要如此宽泛地定义侨易学的"侨易现象"，并且把思想观念的流通视为侨易现象，就会带来一个较大的问题，其结果就会与已有的理论撞车，失去侨易学理论的新颖独到之处。一个新理论的提出，面对的最核心的问题，同时也是十分明显的问题就是：新理论如何与已有的理论不一样？如何能提出新的视角？如何能提供新的研究策略？我自己在构建汉学主义理论时也遭遇同样的难题，比如：如何与东方主义和后殖民主义相区别，如何与受东方主义影响的前期汉学主义观念不同？经过多年思考之后，笔者提出以"知识的异化""文化无意识""反思自我殖民，精神殖民和文化殖民"，以及"舍弃后殖民的政治意识形态批判路径，倡导尽可能客观、公正、无功利地生产知识"等核心观念作为汉学主义的本体论、认识论和方法论，但是这些观念的集合是否已经构建一个有别于东方主义和后殖民研究的文化批评理论，目前仍然是争议很大，言人人殊。[②]侨易学也面临着这样的问题。

侨易学很容易使人想起一系列与之类似的观念和方法。除了全球化理论涉及的人员、资源、资金、技术、思想等在跨文化场域之间的流动之

---

① 《现代汉语小词典》，北京：商务印书馆，1988年，第450页。

② 有关争论可见周宪、顾明栋编：《汉学主义论争集萃》，北京：中国社会科学出版社，2017年。

外，笔者能够想到的还有斯蒂芬·格林布拉特在思考身份和语言的话语与旅行、边界等的关系时呼吁建立的"运动研究"（Mobility Studies）[1] 和萨义德在一篇十分著名的文章中提出、若干年后又在另一篇文章中重新审视的"旅行的理论"（Travelling Theory）。[2] 此外，尚有大量的有关流亡（exile）、流散（diaspora）、移民（immigration）、流放者（émigré）等研究和理论。这些研究和理论与侨易学理论在研究对象、研究方法等方面有着相当多的重叠、类似或共通之处。因此，人们会问，侨易学与这些观念和理论有什么本质区别呢？以萨义德那篇十分有名的文章《旅行的理论》为例，开篇伊始萨义德就声言："像人和批评流派那样，思想和理论在个人与个人之间，情形与情形之间，时代与时代之间旅行。"[3]

笔者在阅读《变创与渐常：侨易学的观念》的过程中就注意到，萨义德的思路与叶先生的思想位移导致精神质变的思路不谋而合，殊途同归，只是没有"侨学"的维度。在本文完成之后我又获悉，叶隽已发表过一篇文章《作为侨易个体的萨义德及其理论形成》[4]，对萨义德的"旅行理论"有深入精彩的分析和研究，甚至把萨义德的"旅行理论"视为不是范式的"模式化建构"，并将其归入"侨易学"理论范畴，用侨易学的一些理论术语予以讨论。文章旁征博引，写得引人入胜，十分精彩，是一个比《变创与渐常：侨易学的观念》一书中许多案例分析要系统而又深刻得多的研究，其精彩之处就在于作者通过观侨取象，察变寻异的方法，认识到萨义德理论构建与其本人侨易经历有着密不可分的关系。笔者认为，该文值得称道

① Stephen Greenblatt, et al. *Cultural Mobility*: *A Manifesto*. New York: Cambridge University Press, 2009.

② Edward Said. "Traveling Theory", in *The World*, *the Text*, *and the Critic*. London and Boston: Faber and Faber, 1983, pp. 226-247; "Travelling Theory Reconsidered", in Robert M. Polhemus and Roger B. Henkle, eds. *Critical Reconstructions*: *The Relationship of Fiction and Life*. Stanford, California: Stanford University Press, 1994, pp. 251-265.

③ Edward Said. "Traveling Theory", p. 226.

④ 叶隽：《作为侨易个体的萨义德及其理论形成》，《江苏师范大学学报（哲学社会科学版）》，2015 年第 1 期。

之处不在于阐述理论的旅行、碰撞、变异和再生，而在于把萨义德视为一个不断位移、其思想观念因为位移而产生变化的个体，也就是一个侨易对象，正因为从这一视角出发，萨义德受迁徙、教育、阅读、旅行、思考带来的思想变化才称得上一种侨易现象。该文分为两部分，第二部分是对萨义德与亨廷顿关于"文明冲突"的评析，虽然也写得颇见功力，并有精辟的见解，但几乎与侨易学没有直接关联，其实完全可以作为另一篇文章发表。

笔者将《变创与渐常：侨易学的观念》与那篇文章相比较想要表达的看法是，侨易学把物质的位移和思想的位移视为侨易现象看似突破了"侨学"的限制，扩大了研究范围，但这样做会使其理论与其他相关观念和理论的分野无法区别，导致原创性的丧失。相反，如果侨易学不从把事物和思想的位移视为侨易现象的视角出发，而从与事物与思想的变异密切相关的侨居者、流亡者入手，不仅较有说服力，而且可以克服现有构思因为无所不包而显得大而无当的缺陷。既然汉语的"侨"字以人为中心，侨易学也应该以侨居和乔迁之人为本，以位移的事物、思想为辅。如此重新构建的理论体系虽然好像是瘦身了不少，但会显得更加精明强干，别具一格。而且，笔者前面指出的问题，如泛泛而论、牵强附会和稍有离题的现象也会因放弃了与全球化等观念类似的宽泛定义而消失。

因此，笔者建议将侨易学的第三条原则"物质位移导致精神质变"改为："主体位移导致精神质变"。此处的"主体"不仅指笛卡尔、斯宾诺莎、康德、黑格尔等启蒙思想家所构想的自在、统一、独立的自我，也应指尼采、弗洛伊德、拉康、福柯等人所说的被社会、政治、意识形态和文化所构建的主体。[①] 在侨易学的理论构建中，"主体"应该既指侨易现象涉及的个人在迁徙之前对自我的感知和认识，也指个体在迁徙、侨居之后的外界变化如社会、语言、意识形态和文化等因素对侨居者主体性的构建。以这样的视角从事侨易学的研究既可包括萨义德"旅行的理论"所涉及的

---

① Nick Mansfield. *Subjectivity：Theories of the Self from Freud to Haraway*, New York：New York University Press，2000.

思想变异，又增加了"旅行的理论"基本不关心的层面，即由于种种原因而产生位移，从而引发理论旅行并使其产生变异的主体。

结　语

像众多新生事物那样，侨易学的现状仍然存在着不少有待改进之处。尽管如此，其出现在追求原创和创新的中国人文社科领域无疑是一个可喜可贺之事件。侨易学是建立在"侨学"和"易学"这两大支柱之上的理论，在汲取"侨学"和"易学"理论资源方面，吸收前者的思想较多，对后者只是吸收了"变异"这一核心思想，而对"易学"的再现诠释体系只是采用了"交易"的理念。因此，两大支柱呈现出一长一短的现状。侨学是长腿，易学是短腿，"侨易学"的理论构建较为成功，但"侨易学"的方法论似乎尚处于常识性研究的阶段，两条腿的长短不一容易使人质疑"侨易学"与李石曾的"侨学"有何根本区别。对于侨易学的将来发展，笔者以为应汲取《易经》再现系统和诠释系统的卓见，在方法论和分析阐释的实用性和有效性方面下功夫。侨易学的第一大原则，"二元三维，大道侨易"是其核心思想，如何将此更紧密地与侨易学的另两大基本原则，即"观侨取象、察变寻异"和"物质（主体）位移导致精神质变"① 在文化研究的实践中结合起来，笔者认为，这应该是侨易学理论将来发展前景较好的一个方向，如果在这方面的功夫做到家了，侨易学就不再是一些学者所说的"假设"或"假说"，② 根据其切实可行的方法论从事的研究也不会是常识性认知，而会成为跨文化研究的一种崭新的理论和有效的工具。

[本文原载于《清华大学学报》（哲学社会科学版）2017 年第 4 期]

---

①　此处括号中所加的"主体"二字是本文作者的想法。
②　见周宁先生为《变创与渐常：侨易学的观念》一书所写的序言。

现代中国思想范式的建立：侨易学初探

吴剑文[①]

一、现代中国文艺复兴的歧途

尽管"文艺复兴"的口号在中国宣告了颇有近百年时间（自新文化运动始），但世纪之交，季羡林提出的"21世纪是东方文化全面复兴的新纪元"这一"狂言"，仍遭到不少人士哂笑。现代新儒家之思想原创力，不说与战国时代的"儒分为八"相比，比之宋代新儒家的理学，也远远不及。原因何在？

陈寅恪在《冯友兰〈中国哲学史〉（下册）审查报告》中说："其真能于思想上自成系统，有所创获者，必须一方面吸收输入外来之学说，一方面不忘本来民族之地位。此二种相反而适相成之态度，乃道教之真精神，新儒家之旧途径。"[②] 陈寅恪深知"二千年来华夏民族所受儒家学说之影响，最深最巨者，实在制度法律公私生活之方面；而关于学说思想之方面，或转有不如佛道二教者"。[③] 宋代新儒家吸收佛道二家思想，不过以儒家学说之瓶装佛道思想之酒，于儒家一脉延续为有益，于佛道思想发展则无补。不惟无补，反有害佛道二家思想之精纯。故宋代新儒家之成就，不

---

① 吴剑文，江西广播电视报社编辑。

② 陈寅恪：《冯友兰〈中国哲学史〉（下册）审查报告》，载刘桂生、张步洲编：《陈寅恪学术文化随笔》，北京：中国青年出版社，1996年，第17页。

③ 同上，第16页。

在"有所创获"，而在以佛道二家数百年互参融贯的产物，"弥缝"儒家学说思想之方面的粗鄙。其成功的原因不在其"弥缝"如何圆融，而在儒家"其说所依托之社会经济制度未尝根本变迁，故犹能借之以为寄命之地"。所以，尽管其学说系统错漏百出，仍能维系八百多年，直到"社会经济之制度，以外族之侵迫，致剧疾之变迁；纲纪之说，无所凭依，不待外来学说之掊击，而已销沉沦丧于不知觉之间"。① 时至今日，若还以儒家学说建立"本来民族之地位"，那真是"以舟之可行于水也，而求推之于陆，则没世不行寻常"② 了。

叶隽先生在《变创与渐常：侨易学的观念》一书中指出，现代新儒家其思路在于"以西济儒"，但此处之儒也非最初之儒，而是援佛入儒之后的儒。③ 这恰恰是现代新儒家体系结构未能创新、完成的症结所在。一是"援佛入儒之后的儒"家"弥缝"的杂凑学理，缺乏逻辑一贯性与思想融贯性，无法真正与近代西学对话、参证；二是在未能完成对传统文化的批判、扬弃，在"没有把集权统治下的政治文化传统和中国文化的本体相区别；没有认识到五千年以上的中国民族文化传统与二千年的集权统治下的政治文化传统有着质的区分"④ 的情况下，盲目继承传统，以为除此儒家一脉外，再无其他可释放出新热能的传统文化资源。此是现代新儒家之过也。

有识之士，致力于"回到经典"，以轴心时代的学说思想为本体，吸收西学逻辑思维的长处，寄望于返古开新。路径虽然正确，但在本体的择取、西学的吸收上，常常或自觉、或自发地走向同一渠道：以传统易学为体，黑格尔辩证法为用。

《易经》是中华文化之渊薮，列为六经之一、三玄之首，儒道两家共

---

① 刘桂生、张步洲编：《陈寅恪学术文化随笔》，第 4 页。

② 《庄子·天运》，载张远山：《庄子复原本注译》，南京：江苏文艺出版社，2010年，第 722 页。

③ 叶隽：《变创与渐常：侨易学的观念》，第 179 页。

④ 陈思和：《秋里拾叶录》，济南：山东友谊出版社，2005 年，第 3 页。

同推重。若要回到传统文化经典，于《易经》无论如何绕不开去。而黑格尔辩证法，作为马克思主义哲学的直接理论来源之一，已成为众多当代学人思维的惯性范式。然以传统易学和黑格尔辩证法为基础，于思想上妄求成一系统，非但不能开新，反易误入歧途。

这里有必要对传统易学和黑格尔辩证法做一个简单的阐释。胡河清在《中国全息现实主义的诞生》一文中论及《易经》，一语中的地指出："《周易》象数的推衍，实际上就是中国历史绝对精神的独特演绎方式。《周易》中的政治哲学体系，在根本上制定了中国社会生存竞争的游戏规则。"① 他洞见了易经思维与黑格尔辩证法、精神现象学的隐秘关系：传统易学的推衍原理，与黑格尔哲学相通，其实都是一次性从现象中"取象"后，便从此脱离了"存在"大地的精神现象范畴的游戏。取象之后，不再察变寻异，无视现象的变动与发展，仅以精神现象的范畴演绎与现象界乱相比附，敷衍成理。无论这位德国哲学家所创造的正反合辩证逻辑定律是否得自《易经》的启发，可以肯定的是，传统易学的思维方式，与黑格尔辩证法并无轩轾。这也是许多中国学人竟对号称"晦涩"的黑格尔哲学及其辩证法颇为热衷的缘由所在，有两千多年《易经》辩证思维的思想积淀，黑格尔辩证法在中国思想界的普及，比之南北朝时佛家弟子援引老庄格义佛学的教授，总要轻松得多。

邓晓芒先生是这群学人中，极富思想原创力的一个。他致力结合中国本土国情和全球化视野，站在普遍人性的高度锻造自己的思想，于马克思主义哲学的研究极有创见。尤其在论感性对客观世界的本体论证明中，为实践唯物论补上感性学的缺环，使封闭的唯理主义走向开放的经验主义成为可能。邓晓芒若以此为基，当能开出一路现代中国思想范式。但他一旦面对黑格尔辩证法，便不能自拔地入其彀中。邓晓芒在其发扬的"自否定哲学"中，以马（克思）补黑（格尔），削足适履，将感性学纳入辩证法，使其颇以为傲的自否定哲学仅仅成了黑格尔辩证法的升级版。自以为避

---

① 胡河清：《灵地的缅想》，上海：学林出版社，1994 年，第 202 页。

免了二元对立的中国"假黑格尔"哲学的粗鄙模式，但恰恰后脚又踏进了"真黑格尔"自否定辩证法的陷阱。

西方哲学的辩证法，有"二元"的苏格拉底式与"一元"的黑格尔式之别。在苏格拉底式的辩证中，二元并非斗争对立，而是相辅相成。对话双方，没有"说服者"与"被说服者"的先验设定，苏格拉底在对话中总是从"我一无所知"开始，以没有结论但引起对话者思考而结束。这种对话的辩证过程，便是思想的深化与提升的过程，是"二生三"的过程，呈现出开放式的结构。而二元对立的中国"假黑格尔"哲学，却总是从一方握有"放之四海而皆准的普遍真理"开始，最后以另一方放弃自我的独立思考、全盘接受一方的思想模板而结束。这种对话的辩证过程，便是思想的专制与一统的过程，是"二归一"的过程，呈现出封闭式的结构。"假黑格尔"哲学表面上是二元的，但其中的第二元，仅仅是扮演第一元所握"真理"的活靶、陪练的角色。不但开不出第三维，适足以让第二元成为思想一统的"炮灰"。从这个意义上来说，邓晓芒的努力有其廓清环宇之价值。但其复归的"一元"自否定"真黑格尔"哲学，在消除了二元对立斗争哲学的同时，也关闭了二元三维的发展空间。

顾准曾指出："有人把民主解释为'说服的方法'而不是强迫的方法。这就是说，说服者的见解永远是正确的，问题在于别人不理解它的正确性。……那么说服者的见解怎么能够永远正确呢？因为他采取了'集中起来'的办法，集中了群众的正确的意见。怎么样'集中起来'的呢？没有解释。"[①] 而邓晓芒对黑格尔的还原为"集中起来"的"正确性"作出了冠冕堂皇的解释：自否定。邓晓芒将自否定视为悖论的实质，认为"如果我们把形式逻辑的同一律（A＝A）理解为'树叶是树叶'、'太阳是太阳'等，这是毫无意义的；但在最普通的命题如'树叶是绿的'、'太阳是恒星'、'白马是马'中，就已潜在地包含着'个别是一般'这种对立关系，并在这种对立关系中又潜在地包含着'个别不是个别'这种自否定（矛

---

① 《顾准文集》，贵阳：贵州人民出版社，1994年，第343页。

盾）的关系"①。邓晓芒这段看似精彩至极的创见，正是其自否定哲学的谬误之源。要知道，同一律的设定，是对在同一思维过程中不能任意改变概念的内涵与外延的检验，从而保证思维的精确性。"树叶是树叶""太阳是太阳"，并非毫无意义，因为人们往往在具体的思维表达中，或有意地偷换概念，或无意中变更概念的内涵或外延，造成谬误。而邓晓芒认为的"在最普通的命题中潜在包含的对立关系及自否定的关系"，乃是将不同思维层次的两个概念扭成一团，看成同一思维层次而造成的谬误。"白马是马"并非意味着"个别是一般"，而仅是分子与分母般的归属关系。因为邓晓芒没有看出不同层次的概念的立体结构，所以误以为其中含有无所不在的自否定，于是将悖论上升到辩证法的高度。

由此可见，邓晓芒引以为傲的自否定哲学体系，不过是主体左右双手互搏的伪辩证，与二元对立的"假黑格尔"哲学表象相异而实无不同。唯其是自否定，一切谬误都可被其自视为迈向真理的必要条件，所以更为封闭。尼采早已说过："哲学体系仅在它们的创立者眼里才是完全正确的，在一切后来的哲学家眼里往往是一大谬误，在平庸之辈眼里则是谬误和真理的杂烩。然而，无论如何，它们归根到底是谬误，因此必遭否弃。"② 尼采所否弃的哲学体系，就是黑格尔哲学这类唯理主义的封闭体系，如果说邓晓芒的自否定哲学有何价值，那也仅仅是在清算"假黑格尔"哲学后"过渡时期"的代用品而已。

但不要以为邓晓芒的错误是浅薄的、个别的。邓晓芒对文化重建的推进之力已经超越了众多同代学人。他对儒家、现代新儒家的批判直指对手死穴，他的"普遍人性批判"闪烁着尼采的思想光辉，故他能更早地触及现代中国的思想困境，并提出自己的解决方案。无奈这种"坎井出跳"的

---

① 邓晓芒：《实践唯物论新解——开出现象学之维》，武汉：武汉大学出版社，2007 年，第 26 页。

② ［德］尼采：《希腊悲剧时代的哲学》，周国平译，南京：译林出版社，2011年，第 43 页。

"改良"式方案，无异于想通过抓着自己的头发而使自己离开地面。真正应了顾城为这"一代人"的传神写照："黑夜给了我黑色的眼睛，我却用它寻找光明。"

批判儒家的邓晓芒，自称是"一个自我反思、自我批判的儒家知识分子"①，这一触及灵魂的反思，显出其思想与真诚已达至鲁迅的高度。人之所以会去批判什么东西，往往是因为自己置身其中难以自拔，从而想通过批判得以从中解脱。邓晓芒的确是一个"儒家知识分子"，因为一元的自否定哲学，不待黑格尔，在儒家六经之《易经》中，已有其另一演绎范式。周文王"序卦"的推衍，便是自否定辩证法的"真正诞生地和秘密"。此一思维模式，经孔子、子夏等儒家知识分子信授，早已下延民间，普及到"百姓日用而不知"了。邓晓芒所面对的，是宛如"无物之阵"的文王易学与黑格尔辩证法的双重鬼影。其以黑格尔辩证法为"批判的武器"而批判儒家思想，确实只是一种变了形的"自我否定"而已。

邓晓芒的困境并非思想史特例，中国许多力图融汇中西、追本溯源以开新象的当代学人，都将面临同一困境。如何扬弃传统的易学，重择参证的西学，以驱除"绝对理念的鬼影"，将成为重建科学的现代中国思想范式的首要问题。

二、中国学人文化重建的努力

建立科学的现代中国思想范式，并不是简单地颠覆黑格尔的自否定哲学。阿城说："无产阶级'文化大革命'的文化本质是狭窄与无知，反对它的人很容易被它的本质限制，而在意识上变得与它一样高矮肥瘦。"② 同样的意思，钱锺书更为精辟地阐释道："就是抗拒这个风气的人也受到它负面的支配，因为他不得不另出手眼来逃避或矫正他所厌恶的风气。正像

①　邓晓芒：《儒家伦理新批判》，重庆：重庆大学出版社，2010年，第11页。
②　阿城：《闲话闲说——中国世俗与中国小说》，北京：作家出版社，1998年，第180页。

列许登堡所说，模仿有正有负，亦步亦趋是模仿，反其道以行也是模仿。"① 黑格尔哲学的辩证法作为理念的"统一场"，早已将对立面"统一"进其体系。马克思"反其道以行"的颠覆，在思维结构上并未跃出黑格尔的藩篱。

德国哲人中，歌德、叔本华、尼采三人，能于哲学领域别出手眼，对唯理主义进行了深刻的反思与批判。他们各以其独异于人的努力，驱除了"黑格尔的鬼影"，成为侨易学的异域先驱。

慧眼独具的歌德，洞见黑格尔辩证法的滥用，必然导致颠倒黑白，混淆是非。歌德因研究自然哲学而提出的"原始现象"学，使他能穿透黑格尔哲学封闭体系的云遮雾障，看出其"概念游戏"的诡辩本质。冯至指出："歌德所用的方法可以说是综合的，这原始现象是从自然界万象中综合得来的假定，把所有个别的、偶然的、特殊的事物除去了以后而得到的万物的共同的现象。……原始现象是从万物观察得来的，可是得到以后，又可以利用它反过来观察万物，他先得到自然的综合，然后再把这普遍观念运用在无数个别事物上，而感到无往不宜。"② 这一"原始现象"学体系，已与侨易学的方法——观侨阐理、取象说易、察变寻异——暗合，叶隽对歌德的强烈认同感，不为无因。

叔本华将充足理由律视为一切科学的基础，并在此基础之上建立自己的思想学说；尼采对歌德的推崇及其不事体系的自觉，都可说是黑格尔绝对理念的解毒剂。无奈这一脉西学传统，在 20 世纪中国未能成为学人共识。而黑格尔的绝对理念世界，却让中国大多数知识分子如痴如醉。仅王国维、鲁迅等零星异数，方能逸出牢笼，成为"值得庆幸的偶然事件"。

郜元宝精辟地指出："鲁迅之外，现代中国大多数知识分子，不管有没有认真读过黑格尔的书，都可以说是不幸入了黑格尔的彀中。中国传统

---

① 钱锺书：《七缀集》，北京：生活·读书·新知三联书店，2002 年，第 1 页。
② 冯至：《从浮士德里的人造人略论歌德的自然哲学》，载《论歌德》，上海：上海文艺出版社，1986 年，第 38 页。

思想本来就有对自在自为、完美无缺的'道'的迷信，宋儒更是努力追求包举宇宙、弥纶群言的终极性思想体系，因而在思想传统上，中国知识分子和坚信自己的哲学乃是宇宙中本来就存在的先验哲学的黑格尔之间，有着巨大的亲和力。……问题是黑格尔的东方的学生比起西方的乃师来，又多了一点小聪明，叫做'爱而知其恶'，经常要自欺欺人地发动对乃师的批判，却不知道这种批判的结果，是把黑格尔对绝对理念的坚信，改成了东方的不成器的学生对'历史必然性'的迷信，进而改成对代表'历史必然性'的'风流人物'的绝对的委身。"① 应该说，正是新儒家的借尸还魂，使黑格尔哲学在中国得以发展壮大，以"自否定"的蛮横方式，迫使一切自由意志折腰于代表"历史必然性"的"真理在握"的集权者，从而将中国逼进了"文化大革命"的死胡同。邓晓芒的悖谬，就在于未认识到黑格尔辩证法与儒家这一脉易学文化资源的相通，在反儒的同时演出了一幕"以西济儒"的喜剧。

当代中国学人，唯有像歌德、叔本华、尼采一样，跳出黑格尔绝对理念的藩篱，建立一种立体的经验主义的思想范式，方能完成文化重建，使中国文化得以顺道发展。在这一向度上努力者，前有顾准"坚决走上彻底经验主义"② 叩其端，后有李劼"全息思维论"振其绪，直至张远山"语言三指论"和叶隽"侨易学"的提出，现代中国思想范式的建立方有了切实的成绩。

顾准曾说过："唯有科学精神才足以保证人类的进步，也唯有科学精神才足以打破权威主义和权威主义下面的恩赐的民主。"③ 顾准推崇的现代科学精神，建立在叔本华所论及的充足理由律的基础上，正是彻底的经验主义。顾准以经验主义的立场批判唯理主义的弊病，如同经验主义的休谟哲学，使康德从唯理主义独断论的迷梦中惊醒。"文革"中上下求索、廓

---

① 郜元宝：《鲁迅、黑格尔与胡风》，载《现在的工作》，广州：广东教育出版社，2004 年，第 25 页。

② 《顾准文集》，第 424 页。

③ 《顾准文集》，第 345 页。

清迷雾的顾准，虽在思想原创上力有未逮，却为后来者指出了文化重建的正确向度。

李劼先生于 1986 年提出的"双向同构"思想，是跳出二元对立，构建现代中国思想范式的一次尝试。但"双向同构"与黑格尔"正反合"的区别何在，别说刚从"文革"走出来的其他同时代学人，恐怕作者本人，于其时也未必能辨析分明。作为"双向同构"思想的发展，李劼在 1993 年所撰关于《红楼梦》的论著中，提出"全息思维"概念。《历史文化的全息图像——论〈红楼梦〉》一书，可算是李劼运用"全息思维"方式进行研究的个案展示，但学理性的建设，却迟迟未见完成。（尔后，胡河清、张远山、邓晓芒等人也分别在不同研究领域，使用全息这一名相，所指互有异同。）李劼和尼采一样，认为思想不能形成体系，故只能于相关文章中，见出其全息思维的大致所指。在《论第三空间——兼论从双向同构到"三生万物"》一文中，李劼对"双向同构"的"二生三"作了详尽的解析："过去的对立统一也罢，合二而一也罢，黑格尔的正反合也罢，实际上都是一种单向度的封闭的哲学，而不是双向度的开放的哲学。以前由于哲学上的封闭性，导致了实际运用当中的斗争方式，导致了文化上没有宽容余地的方式，动辄便是单向度的你死我活，而不是双向度的你活我也活。其实，双向度的开放性哲学，早在老子的《道德经》里，就已经说得明明白白。那就是几乎人人皆知的名言：'一生二，二生三，三生万物'。在一生出二之后，不是为了回到一。因为二不是为了统一而生出来的对立，而是为了继续生出三来的同构。以前的哲学，问题出在一生出二来之后，马上把二确认为对立，从而通过对立，回到统一，回到一，回到唯一独尊，回到唯我独尊。飞龙在天之后，尚且有个亢龙有悔，可是唯一独尊和唯我独尊却从不后悔。以前的哲学，从来不向二生三进化和过渡，而总是人为地打断二向三的进化，人为地窒息三生万物的可能性。"①

这段关于"二生三"的辨析，与叶隽《变创与渐常：侨易学的观念》

---

① 载李劼新浪博客，http://blog.sina.com.cn/s/blog_48c6f21501000ame.html。

一书中关于"二元三维"的论述，若合符节。李劼"全息思维论"的不事体系，与叶隽"侨易学"构建的开放性体系，都从老子的宇宙论开出，是对同一向度的相反而适相成的努力。

真正在学理上可与"侨易学"相互参证的思想体系，乃是张远山先生于1992年初步成形的"语言三指论"（提纲）。同样是建构新的现代中国思想范式，张远山的语言三指论，是在对先秦名家学说创造性研究的基础上，补上索绪尔"普通语言学"之"受指"这一缺环的思维哲学系统。它包含了本体论、认识论和方法论，在三指的立体结构中建立科学的世界图式。而叶隽的侨易学，则是在民国学人李石曾发扬的"侨学"基础上，对传统"易经思维"的点铁成金。

如前文所述，传统易学与黑格尔辩证法相似，滥用必然导致颠倒黑白，混淆是非。侨学注入易学的意义，是使现象之"侨"成为把握本质之"易"的稳定剂。叶隽在书中言及："作为中国传统智慧源泉的《易经》，不仅有着具体的象数层面的推演卜测功用，而且在宏观层面往往能博而能容、具有哲学体系的'不建而构'的宇宙观色彩。"[①] 在传统易学的改造中最为当务之急的，就是扫清传统易学"推演卜测功用"（易经象数，本属上古天文历法学产物，并非推演卜测人运之用[②]）的神秘主义色彩，去除牵强附会的推演卜测，让易学成为科学的哲学体系。有了"观侨"这一严格的经验主义的限制，侨易学便可避免成为传统易学般的"万金油"式东方神秘主义。

如果说，语言三指论是从中断两千余年的先秦名家绝学中开新，具有"哥白尼式革命"的彻底性；那么，侨易学便是在传统易学和黑格尔哲学的"奥吉亚斯牛圈"中，清扫出一条道路，属于内部突破的努力。不过，一个开放性的科学体系的建立，必须能经受住一切现象变易的检验，"是愚人才把眼睛仰望着上天"（歌德语），开出上帝（或绝对理念）创世的巫

---

① 叶隽：《变创与渐常：侨易学的观念》，第6页。
② 详见《社会科学论坛》2014年第3期起连载的张远山伏羲学系列论文。

术偏方。这正是张远山欲"究天人之际、察古今之变"后，将《语言三指论》专著留待最后写出的审慎之由。叶隽则在大量的个案研究中不断修正、补充体系，不惜把自己作为标本，将修正致思的过程呈现于众，这也是发扬真理的极大勇气。所以侨易学的完整体系，只能说初步成形，远未形成。叶隽的大量个案研究，就是其经验主义的坚实"大地"。如果说关注精神质变的侨易学仍然是一种精神现象学，那么它也已是一种"忠实于大地"（尼采语）的精神现象学。

三、作为现代思想范式的侨易学

理清思想，认识天道，需要有效的思维工具。思路不清的人，只能留下一些脱离背景、没有明确范围的格言、语录，价值极其有限。侨易学便是一种创造新的思维立体结构，从而解释人类、世界、宇宙现象的基本规律的尝试。

尽管叶隽在谈及"侨易学的缘起"时，强调了李石曾发扬"侨学"概念的历史贡献和《易经》的多重意义，致敬前贤的启迪与发凡，凸显侨易学的知识资源，以至于有人可能会以为，"侨易"观念是试图用《易经》思想来理解人类文明史，但可能少有人会注意到，作为一场静悄悄的革命，侨易学已经偷梁换柱地改造了传统易学的核心部分。侨易学已不是简单的侨学或易学，更不是两者的并集，其重心在于一种新的思想范式的建立。所以，从传统的侨学和易学的角度，不能见出侨易学的创见。

现代思想者可以依靠的思想资源极为丰富且驳杂，思想者在进入这样一个丰富驳杂的思想传统之时，更容易面临选择的困难。老子说："执古之道，以御今之有，能知古始，是为道纪。"① 如何应对新语境下新现象对旧体系的越轨，重新认识传统，升级思想模式，成为思想脱困和文化创新的关键。如果掩耳盗铃，对新现象的挑战视而不见，随意选择某种传统思想作为自己的依靠，而不是升级之、更新之，就很可能被自己误读的传统

① 高明：《帛书老子校注》，北京：中华书局，1996年，第288页。

所欺骗。

《易经》便是这样一个丰富而驳杂的传统。传统易学认为，易一名而含三义：简易，变易，不易。这个观点因为钱锺书在《管锥编》开篇第一节就加以引用而为当代学人所熟知。钱氏认为，这是两个相反的意思用同一个字来表现的例子，并以此批驳黑格尔"中国语言不宜思辨"的观点。但从思维层次上看，易之三义的位格并不相同。"简易"是思维运作的形式，"变易"是思维对现象的直观，但"不易"却是对现象背后抽象结构的高度理解。在这里，"变易"属于现象层面，"不易"属于本质层面。

稍具逻辑学知识的人都知道，在同一思维过程中，对同一对象不能同时作出两个矛盾的判断，否则便是悖论。思维必须与思维的对象互相分离，但思维本身也可以成为思维的对象，这便是悖论产生的根源。消除悖论的出路，在于认识到一旦把"思维"当成思维对象，思维就已经进入元思维，两者并不在同一层面。① 而传统易学玩的花样，便是混淆不同思维层次的"统一场"。变易和不易，并非两个相反的性质互补地共存一体，而是从两个思维层次进行的不同观照。

叶隽有识于此，将三易做了一个精彩的变创。谓："易有三进，一为变易、二为交易、三为简易；道乃不易。"② 并将之与老子所言相互发覆："道生一，一生二，二生三，三生万物。万物负阴而抱阳，冲气以为和。"③

叶隽进而解释道："事物的'变易'乃是生生不息的过程，凡有宇宙客观之存也，则变易为万世之理，纵然表象为静态，其内部亦始终在运动之中；'简易'表现的是大道至简，最复杂的过程呈现可能最后落实到原理层面，则仅为言简意赅甚至公式表现的公理、定义而已，甚至其根本性之原则均有其'不易'的一面；而'交易'则是变易过程中的一个关键性枢纽环节，就是通过不同的、具有较大异质性的环境变化而导致的事物的

---

① 张远山：《说悖论：理性的癌变》，载《永远的风花雪月，永远的附庸风雅》，珠海：珠海出版社，2003 年，第 238 页。

② 叶隽：《变创与渐常：侨易学的观念》，第 5 页。

③ 高明：《帛书老子校注》，第 29 页。

质性变化，所谓侨易，实际上更多体现为交易的内容。因为有二元关系的相交，所以有侨易现象的产生。"①

这段话堪称一书之总纲。其中胜义颇可玩味。

首先，"纵然表象为静态，其内部亦始终在运动之中"一句，纠正了传统易学将"静态"这一变易的特殊形式与不易相互混淆的谬误。而"根本性之原则均有其不易的一面"，指的是简易后公理、定义的原理相对稳定性。简易是为了认识不易的"全面"，但人难尽知天道，所以更新永无止境。一旦发现简易原理的反例，必须"察变寻异"。而交易便是在实践过程中得以检验、校正、完善原理的"察变寻异"，是文明积淀的必由之路。

为什么传统易学会相对忽视"交易"这么重要的一维？因为交易过程中的"察变寻异"与"祖宗之法不可变"的专制主义相互抵触。儒家将《易经》视为群经之首，圣人所作，不可置疑，不肯修正。在专制制度下，因循守旧最为安全。无视"察变寻异"的修正、积淀、完善过程，以为原理一旦被发现，就可以一劳永逸。一旦时移世易，因循的旧原理解释不了新现象，反成进步的障碍。

但《易经》的义理中，的确已经蕴含了交易的元素，只是隐而不显。

《易经·系辞》说："乾以易知，坤以简能；易则易知，简则易从；易知则有亲，易从则有功；有亲则可久，有功则可大；可久则贤人之德，可大则贤人之业。易简而天下之理得矣。天下之理得，而成位乎其中矣。"②

这段话因为对仗而朗朗上口，以至于许多人习焉不察，往往忽视了其中的互文关系。若受到传统易学的影响，便会以为这里是在分判天地的不同性质。但"乾以易知，坤以简能"并不是分判，而是互文。其实是乾坤"以易知，以简能"。人类的所有进步，都立基于对宇宙的认知，乾坤便是宇宙，易是"变易"，简是"简易"。以易知，就是"观侨阐理"；以简能，

---

① 叶隽：《变创与渐常：侨易学的观念》，第 5 页。

② 潘雨廷：《周易表解》，上海：上海社会科学院出版社，2004 年，第 206 页。

就是"取象说易"。乾坤互动，阴阳交易才能冲气以为和。而"易知、简能"这一"知行"互动的过程，则是为了得"天下之理"，天下之理就是"乾坤互动，阴阳交易"之类的宇宙规律。人是宇宙万物之一，获知宇宙规律，是为了能顺应宇宙法则，不行悖道之事。但庄子说过："岂唯形骸有聋盲哉？夫知亦有之。"① 既然"知有聋盲"，那么人对宇宙规律的认知必有鞭长莫及之域。只能不断"察变寻异"，通过侨易过程不断完善，有时甚至需要推倒重建，才能无限趋向于终极真理，才能以人合天。从人类文化发展史的角度而言，交易的重要性是怎样估量都不为过的。

例如叶隽在"案例研究"中，以侨易学为理论背景，将中国文化的"精神三变"作了整体性个案分析。所谓"精神三变"，即内在于中国，内在于东方，内在于世界。② 这个分析将复杂的文化现象作了言简意赅的清晰阐释。但周秦以前，也即《易经》到诸子之前的"古代中国"又是如何呢？文中提及了这个问题，也引用了相关学人的各类看法。叶隽的专业并非上古史研究，但可以通过侨易学对其进行理论把握，精辟地指出："我们要注意到世界视域的必要性，但主要的重心仍应放置在中国民族性的形成上。"③ 并对"中国文化西来说"自觉地抱以警惕。这里我引用张远山先生对上古文化史研究所得的成果，证明并补充叶隽的理论把握。张远山运用遗传学、考古学、文献学三重证据，根据百年来考古出土的大量彩陶纹样，论证了公元前 6000 年伏羲族，也即后来的神农族、炎帝族，在甘肃天水大地湾文化发祥、创制历法，随后在先仰韶—仰韶—龙山四千年里沿黄河向东扩张，与东部几大族群相遇并发生文化碰撞，历法因之东传，并不断修正、完善的过程。④ 这也是一个贯穿始终的侨易过程，可以概括为：内在于天水大地湾，内在于黄河流域，内在于华夏诸族，与叶隽概括的

---

① 《庄子·逍遥游》，载张远山：《庄子复原本注译》，第 38 页。
② 叶隽：《变创与渐常：侨易学的观念》，第 178 页。
③ 叶隽：《变创与渐常：侨易学的观念》，第 181 页。
④ 张远山：《陶器之道，开天辟地——上古四千年伏羲族历法史》，《社会科学论坛》，2014 年第 3、4 期。

"三变"正好接榫。为何侨易会导致历法文化的进步？结合刘宗迪先生《失落的天书——〈山海经〉与古代华夏世界观》一书的华夏上古史研究，可以得知：天水大地湾早期的伏羲族人，是以地面东西南北各七山建立历法体系。只要看看太阳是在哪一对东西山的连线上起落，就能得知月份；只要看看太阳是在哪一对南北山的连线上，就能知道现在的大概时辰。[①]如果他们不离开多山的祖地，这种简捷的方式便可保持超稳定结构，长久地沿袭下去，不需要升级。例如现在西南地区还有一些少数民族仍在使用这种方法推算时日。而一旦离开祖地，这种传统方法就不再具备普适性，历法便需要修正、升级。于是二十八山改换成天空中相对更为稳定的二十八宿，这样才能适用于黄河流域的各个地方，文化因而升级、发展。后来，华夏诸族在黄河流域相遇互动，导致了新碰撞、新交流，也带来了新刺激、新元素，从而激发了新灵感、新创造，所以上古华夏文化转型为中古的夏商周文明，早期国家出现，青铜时代开始，此即"内在于中国"的时代。可以说，中国上古文化，也是在侨易过程中不断取得突破性进展的。

道家出于史官（道家始祖老子曾任周守藏室之史），所以先秦诸子中，道家思想者最先意识到交易的重要性。如叶隽所引老子之言："道生一，一生二，二生三，三生万物。万物负阴而抱阳，冲气以为和。"所谓二生三，三便是二交易所得，也就是"冲气以为和"。叶隽说："我们必须在一般意义的二元之外，寻求第三极，如此可以构成'三元'建构，但这个三元不是实体三元，因为那个'三'可能永远不是完整意义上可以与'二'抗衡之三。"[②] 在我看来，老子已经给出了三的所指。第三极是二元"负阴抱阳"交易所生，而交易之所得，又可与二元相参，此即《中庸》所说的"尽物之性，与天地参"。而对三的观照，又需把道体和道术区分开来：从

---

① 刘宗迪：《失落的天书——〈山海经〉与古代华夏世界观》，北京：商务印书馆，2006年，第121页。

② 叶隽：《变创与渐常：侨易学的观念》，第14页。

道体看，三是阴、阳和阴阳冲气；从道术看，三是变易、简易和交易。

然而老子这段话，似乎没有蕴含侨易的物质位移过程，反倒近于颇具时间感的发生学过程。不过，叶隽前文已述："变易为万世之理，纵然表象为静态，其内部亦始终在运动之中。"既然侨易学是将运动（即时间中的物质位移）引发的现象作抽象归纳。因此，我们可以把在时间流变中位置相对稳定的静态表象，视为物质位移的特殊形式。只要从精神质变的角度进行反推，就能"取象说易"。因此侨易是时空二元的全息结构。有空间引发的位移之侨易，有在空间位移相对静态的特殊形式下从时间角度进行观照的语境之侨，此即时空二元的全息侨易。因此，若增加"物质时变"（《易经·贲卦·象传》有"观乎天文，以察时变"语）这一名相，将之视为"物质位移"的特殊形式，那么物质移易和精神升变的阐释力，可能会更为清晰。同时也避免了将"精神漫游"与"精神质变"两个概念混淆的可能性。

这里要补充一下对《变创与渐常：侨易学的观念》一书中"物质"这一名相的解释。在叶隽的侨易学中，"物质"一词近于佛教中"法"的概念，是指"万事万物"。佛教中的"法"和"我"，"我"是"能取"，"法"是"（我之）所取"，此处的物质一词，也应作如是观。若我们不把"物质"一词作机械唯物论的理解，可能会明白叶隽此处的不得已而为之。

中国文化重建的关键是，如何从文明内部，找到升级为新文明的基因——否则只能被来自外部的新文明取代、同化（实质上的消灭）。侨易学试图从传统易学中突破开新，但从《变创与渐常：侨易学的观念》一书艰难的写作历程便可见出，这种超拔的过程是极为困难的。例如书中第一章第二节《作为理论/哲学的侨易学》对"乾坤"二卦的解读，就颇有点入了《易传·序卦》和黑格尔精神现象学的思维定式。歌德对黑格尔辩证法的看法是："但愿这种精神艺术和才能不致经常遭到滥用才好。"[1] 这可能

---

[1] ［苏联］阿尔森·古留加：《黑格尔传》，刘半九等译，北京：商务印书馆，1995年，第182页。

也是侨易学研究中需要时时警醒，自觉规避的问题。

不过叶隽书中已言："我们强调取象的重要性，也就是说，作为狭义学科概念的侨易学并不是什么现象都可拿来研究的。"① 英国诗人布莱克说："一朵花里见天堂"，但研究天堂，却没有必要钻到花里去。老子言"执大象，天下往"，侨易学的取象，当以此言为是。毛泽东思想可以用来宏观指导及时雨宋江夺权，但没法直接指导操刀鬼曹正杀猪。当然，杀猪之道，未必不合哲学，如庄子提及的"庖丁解牛"，但却不能牵强附会。我相信叶隽对歌德的研究会使这个问题得以解决，因为歌德的"原始现象"学，正是侨易学可资参证的异邦友军。

［本文原载于叶隽主编：《侨易》（第一辑），北京：社会科学文献出版社，2014 年］

---

① 叶隽：《变创与渐常：侨易学的观念》，第 20 页。

自省的"利器":侨易学的理论创新与实践价值

林　盼[①]

　　近年来,笔者在不少学术刊物上,看到叶隽先生所撰写的与"侨易学"有关的论文,亦有幸参加了叶先生新作《变创与渐常:侨易学的观念》的发布会,亲耳聆听了叶先生对侨易学理论与方法的介绍,受益匪浅。以笔者粗浅之才学,恐怕很难担当起阐释与分析侨易学的重任,以下仅就笔者所感兴趣的两个方面的问题略作探讨,以就教于叶先生及方家。

　　首先,笔者以为,侨易学的提出,是本土学术界思想自省和理论创新的产物。长久以来,国内不少学者在资料搜集方面做出了不少贡献,也进行了一些实证研究,成绩斐然。但其所使用的理论和方法,往往都是舶来品,借用西方先贤或时贤的话语说本土的故事。这种较为彻底的"拿来主义",有可能让学术研究产生"削足适履"的后果,即为了某种所谓"放之四海而皆准"的理论,强行地将资料进行修剪,或者有意无意间对理论进行误读与曲解,尽可能地弥合双方之间所存在的显著"断层"。换言之,在西方思想理论大举进入中国的状况下,国内学术界似乎处于"万马齐喑"的失语状态,缺少足够分量的本土回应。

　　在上述背景下,叶先生敢于提出"侨易学"的概念,是一种富有勇气的尝试。从侨易学的内容来看,无论是对李石曾"侨学"理论的借鉴,还是对《易经》学说的继承,都是对本土历史和文化资源的汲取与发扬。侨

---

① 林盼,中国社会科学院经济研究所副研究员。

易学由"侨学"引出，"研究在移动中的若干生物，从此一地到彼一地，或从几个处所到另一个处所；研究它们的一切关系上与活动上所表示的一切现象"，这种观念可以使我们意识到"人类由迁移活动中所产生的复杂变化"。而"易学"的加入，则使得侨易学的概念显得厚重。侨易学直指"易"中"交易"含义的重大意义，"研究对象（侨易过程之主体）是如何通过'相交'，尤其是物质位移导致的'异质相交'过程，发生精神层面的质性变易过程"。传统与现代的思想观念在侨易学领域中产生共鸣，并逐步开始融合，形成了一种时空纵横的图景，用叶先生自己的话来说，"既有空间维度的整合，也有时间维度的演进，如此纵横交错，经纬交织，构成一组有效地理解事物进程的矩阵型结构"，其中"既包括物质位移、精神漫游所造成的个体思想观念形成与创生，也包括不同的文化子系统如何相互作用与精神变形"，可谓精彩。"工欲善其事，必先利其器"，至少在"器"的构造和整饬方面，侨易学达到了一定的高度。我们习惯于看到那些"授人以鱼"的研究成果，告诉读者"何为事物的真相"，但是，如果能有更多的"授人以渔"，提供一套有说服力的概念与方法，让理论与实践之间的"鸿沟"小一些、浅一些，不必盲目地"拉郎配"或生搬硬套，也能够让后进者在学术研究的道路上少走弯路，尤可算是惠人之举。

其次是侨易学的实践问题。侨易学的解释力究竟如何，是否有能力担当起一个"学"字，这是接下来笔者最为关心的问题。叶先生认为，侨易学能够将一些"词汇也表述不清"的东西阐述清楚，这是他这些年反复阐述与多次推介侨易学的重要原因。但这种感受只是叶先生的"夫子自道"，很难成为其他人的"用户体验"。叶先生自己也意识到，"如果仅仅将侨易学作为一种理论，或是哲学来看待，往往有可能陷入浮生空谈。所以有必要特别强调其可操作性问题，甚至是具体的专门研究领域的问题"，说明他并不想让侨易学沦为一种"空对空"的话语，而是希望其能够成为解决实际问题的利器。或者说，当侨易学这一"产品"问世之后，接下来的工作应当是进行"临床试验"，查看其理论边界、使用价值及不足之处。

由于侨易学只是近年来出现的新生事物，除了叶先生有意识地加以使用之外，参与其中"共襄盛举"的学者相对较少。笔者以为，将侨易学局限于比较文学或比较文化领域，未免低估了这一理念的价值，相信叶先生的学术野心也不止于此。叶先生自言"对任何一个问题，我们都可以尝试用'侨易学'的眼光去看待和分析"，而北京第二外国语学院跨文化研究院教授胡继华也认为，侨易学的实践应该分为四个层次：一是器物研究，诸如糖、茶叶、酒、烟等的流通和交易；二是制序的研究，如从文化旅行和转型角度对君主制、民主制、学制、法制等进行研究；三是思想意象研究，既非思想，也非意象，而是具有隐喻意味的范畴；四是观念原型研究，包括思想单元、概念历史、关键词等，可谓包罗万象。当然，叶先生也担心，如此实践，是否会导致侨易学陷入"'万金油'式的十全大补汤"的境地？笔者以为，叶先生多少有些过虑了。侨易学的价值与意义，正需要在各种领域反复尝试，甚至进行试错式探索，方能了解到侨易学的作用与局限究竟在哪里。随着实践的深入，反过来会推进与完善侨易学理论，双方的紧密互动，能够将其提升到叶先生目前难以想象的思想高度。当然，这一过程绝非能一蹴而就，需要更多学者的参与，更需要有足够的耐心。

　　笔者还有一个想法：对侨易学的概念适用性进行检验，需要进行多层次、高密度的案例比较分析。目前无论是叶先生自己的研究，还是一些学者的论文，均限于用侨易学的话语去解释单一个案，观察行为主体在"侨易"的过程中，产生了哪些精神层面的变化。事实上，不同的行为主体所产生的"侨易"效果，显然存在着明显的差异，究竟是哪些因素导致了这些差异，为何有些人"侨易"之后，思想状态会出现鲜明的变化，有些人则没有产生如此效果？换言之，目前所要解决的问题，并不应该仅仅是"这些人/事/物发生了侨易"，而应该是"为什么不同的人/事/物发生侨易之后，产生的后果各不相同，我们又如何对此进行解释"。笔者以为，上述问题，当是侨易学未来一段时间的努力方向。

　　（本文原载于《文汇读书周报》2014年10月24日第10版）

侨易学与中国学术主体性之建立

刘　龙①

读罢叶隽先生的《变创与渐常：侨易学的观念》，有一种耳目一新的感觉，叶先生在对《周易》进行了创造性诠释的基础上，又熔铸多种西方理论资源，抉发出侨易学理论，对中西文化的特质及其历史交流，以及中国文化的未来展望等重要问题做出了精彩分析。叶先生的努力旨在冲破人文社会科学研究领域中的西方霸权，以提供一种立足于中国文化之主体性的理论范式。《变创与渐常：侨易学的观念》一书极富理论创造力，是书构思宏大，涉及领域众多。本人不揣浅陋，从以下三个方面来谈一下我对侨易学的一点粗浅的意见。

一、《周易》的"交易"与侨易

关于"周易"之"易"的涵义，东汉经学大师郑玄的解释在易学史上影响最大。郑玄《易赞》及《易论》有云："易一名而含三义，易简，一也；变易，二也；不易，三也。"② 在郑玄之后，魏晋时期，就已经有很多学者认同他的说法。至唐代孔颖达作《周易正义》，再次确认了郑玄对"易"的如上解释。由于《周易正义》的官修身份和权威地位，郑玄的观点对后世影响

① 刘龙，重庆师范大学马克思主义学院讲师。

② 孔颖达：《论"易"之三名》，载王弼注、孔颖达疏：《周易正义》，卢光明、李申整理，吕绍纲审定，李学勤主编：《十三经注疏》整理本，北京：北京大学出版社，2000 年，第 5 页。

深远。① 叶隽先生创发侨易学，其对"易"的解释在继承了郑玄所云"易简""变易""不易"这三层涵义之基础上，又特别抉发出"易"作为"交易"的内涵。其实在《周易》中，很多经文已经体现了"交"的必要性和重要性。比如《周易》"讼"卦"象"云："天与水违行，讼。"盖"讼"卦之卦象乃是上乾下坎，而乾者天也，坎者水也，天在水之上，天与水不相交，而导致两情之不通，所以会导致争讼。又比如"泰"卦之"象"曰："天地交而万物通也，上下交而其志同也。""泰"卦之"象"又说："天地交，泰。""泰"卦的卦象乃是上坤下乾，而坤者地也，乾者天也。根据荀爽的解释，由于坤在上，而坤气乃具有下降的秉性，乾在下，而乾气乃具有上升的秉性，这样乾坤两气便会发生相交。② 可见，交而后有通，通而后有泰，若天地不交，则万物不通，则此时"天地闭，贤人隐"。所以程伊川说：天地交而阴阳和，则万物茂遂，所以泰也。③ 与泰卦相对应，否卦之卦象乃是上乾下坤，乾坤二气不相交通，而此时"天地不交而万物不通也，上下不交而天下无邦"，适足以成否道。可见，《周易》非常重视交易的维度。可以说，《周易》正是通过阳爻与阴爻之相交而产生了六十四卦。

如果说，"侨易"的"易"字来自《周易》，那么"侨易"之"侨"则来自于李石曾，意为"迁移"。④ 所谓"侨易"乃是"因侨致易"，即侨易主体因自身迁移而发生的变易。而"侨易学"所研究的乃是"研究对象（侨易过程之主体）是如何通过'相交'，尤其是物质位移导致的'异质相

---

① 孔颖达：《论"易"之三名》，《周易正义》，第6页。

② 荀爽曰："坤气上升，以成天道，乾气下降，以成地道。天地二气，若时不交，则为闭塞，今既相交，乃通泰。"李道平疏云："地本在下，今坤气上升，即'地气上腾'是也。'以成天道'者，阴济阳也。天本在上，今乾气下降，即'天气下降'是也。'以成地道'者，阳济阴也。若二气不交，则闭塞不通矣，惟交故通，通故曰泰。"见李道平：《周易集解纂疏》，潘雨廷点校，北京：中华书局，1994年，第164页。

③ 程颐：《程氏易传》，载王孝鱼点校：《二程集》，北京：中华书局，2004年，第754页。

④ 叶隽：《变创与渐常：侨易学的观念》，第1页。

交'过程，发生精神层面的质性变易过程"。① 所以，可见，叶先生所言的"交易"的涵义并不是我们今天所通用的"市场交易"这样的意思（当然这层意思也被叶先生的"交易"一词所囊括），而是赋予了更加宽泛丰富的内涵。侨易学之"交易"，即交而易之，即侨易主体在迁移到不同的环境之后所发生的变易。

从现实层面讲，我们人活着的所有时刻都存在着交易的现象，一个人只要活着，他与外界环境之间每时每刻都会发生着信息的交易。比如一个人的呼吸，就是人与空气的交易。但是叶先生所说的侨易现象并不是这样的人们在生活中随处可见的交易现象，如果任何一种交易现象都能纳入到侨易学研究范围的话，那么侨易学就不免沦为一种正如作者所说的"'万金油'式的十全大补汤"② 的境地，而丧失其理论意义。于是，作者将人们日常生活中随处可见的交易现象用一种哲学的眼光进行了提炼，并限定在一定的范围之内，使理论本身具有更强的针对性，具有更深入的问题意识和问题导向。在他看来，侨易现象乃是"在质性文化差结构的不同地域（或文明、单元等）之间发生的物质位移，有一定的时间量和其他侨易量作为精神质变的基础条件，并且最后完成了侨易主体本身的精神质变的现象"③。简而言之，一种交易现象之所以被称为侨易现象必须具备两个必要的条件：第一，主体的物质位移必须发生在质性文化差结构的不同地域之间，就拿叶先生在书中举过的鲁迅的例子来说，鲁迅年轻时候从绍兴到南京上学才是侨易现象，而鲁迅早年从周家祖宅去其鲁镇外婆家这一行为并不能构成侨易。因为只有前者才发生在具有不同质性文化的地域之间。鲁迅幼时在绍兴三味书屋里接触的是中国传统的私塾教育，所学习的科目是作为儒家经典的四书五经，而在南京的新学堂，他所接触到的是英文或德文这些外国的语言以及新传入中国的西方的科学知识。这些西学知识与其

---

① 叶隽：《变创与渐常：侨易学的观念》，第 6 页。
② 叶隽：《变创与渐常：侨易学的观念》，第 9 页。
③ 叶隽：《变创与渐常：侨易学的观念》，第 90 页。

在绍兴乡间接受到的传统知识迥异，对其固有思想发展造成了很大的冲击，极大地影响了他后来的生命历程，催生了他日后作为一个伟大的文学家诞生的过程。很难想象，如果鲁迅一生都生活在绍兴乡间，最终会成为如此伟大的一个人物。第二，侨易主体必须发生精神质变。并不是所有经历过不同质性文化之间迁移的人都能发生其精神上的质变，留学史上也存在未有发生精神质变的例子。而且即使不同的侨易主体在时空迁移中都发生了精神质变，其精神质变的类型和程度也是会表现出千差万别的境况的。比如同是留学德国，陈寅恪先生主要在文史学方面受到了德国思想的影响，而魏时珍先生则因留德而成为了一名数学家。侨易主体的精神质变与其所侨易的国家还有密切的联系，比如同治文史之学，陈寅恪先生受德国文化的影响比较大，而胡适先生受美国文化的影响比较大，这也是学界公认的事实。

我们看到，叶先生并没有将侨易主体仅仅限制在留学生等个人身上，还扩而广之，将中、西文化纳入到侨易主体的分析中，具体研究了二者在历史上，尤其是近代以来的融合、碰撞的历程，展示了侨易学更为深广的理论面相。侨易学特别发掘出了《周易》的"交易"涵义，乃是针对了这样的一个事实：在我们当前的这个时代，无论是作为侨易主体的个人还是民族文化来说，其发生侨易的深度和广度都远远超过之前的时代。我们知道，在古代，由于交通成本的巨大，中国与外部的世界之间，很难有大规模的人员上的交流。就中国来说，除了极个别的大德高僧，比如法显、玄奘等在历经千难万险之后才得以成功去印度求法。很少有中国人能够有机会去跨越重洋，旅居异域。而自近代以来，肇端于西方的科学与技术的发达及其在全球的扩散导致了高效率和低成本的交通工具的普遍的使用，生活在不同文化背景之中的人才有了大规模接触的可能性。于是在一百年前的 20 世纪初，中国就发生了历史上前所未有的大规模的出洋留学现象。据统计，当时在中国仅留学日本的学生就超过了万人，这种现象对于鸦片战争以前的中国人乃是不可想象的事情。那么一百年之后的现在，随着全球化的进一步深化，中国人出洋也越来越容易，出国留学的中国人已经达到了数以百万计。从作为侨易主体的中国文化的方面来说，近代以来中国文化经历了"三千年未有之大变局"的巨大变迁，而这种变迁的发生则是其自近代以来在西方文化的持续性的强势冲刷之下而被迫交易的结果。近代以来中国文化与西方文化之间交易之深、交易之剧已迥非以往。所以无论是从个人还是民族文化方面来说，"交易"的深化俨然成了这个新时代之区别于以往时代的重大征象。

可见，叶先生所创发的侨易学精准地把握了我们这个时代的核心问题，其对"交易"的阐发与分析无疑是了解我们这个时代，了解中国文化，解决中国问题的一条有效的途径。

纵观整个侨易理论，笔者认为其还有些不整齐的地方，在细节方面，还可以做进一步的推敲和打磨，以更上一层楼。比如作者屡次说到侨易现象是由于侨易主体所发生的物质位移导致其精神变易的过程。但是通观《变创与渐常：侨易学的观念》一书所分析的侨易现象，笔者窃以为不如将"物质位移"改成"时空位移"比较好，"时空位移"即是侨易主体在时间和空间这两个维度上所发生的位移，比如作者所提到近代以来中国学人留学德国的经历，便是侨易主体发生了空间上的位移，同时又经历了一定的侨易时间，即侨易主体同时发生了时间位移与空间位移。再比如康德终生都生活在柯尼斯堡小城，但是却成就为一个对后世影响深刻的伟大思想家，他所经历的侨易过程主要便是发生了时间位移。而作者所说的侨易学的学域展示的另外的两个方面"文化下延"与"传统承续"乃是主要基于作为文化侨易主体的时间位移。笔者认为"时空位移"比"物质位移"可以更能涵盖更多的侨易现象，意思更加明确，而用"物质位移"的讲法来描述康德的思想演变以及文化下延、传统承续时意思不是很明确，再比如"物质位移导致其精神变易"这样的说法，容易给人以一种"物质""精神"二分的印象，而落入近代西方哲学主客二分的认识论模式之中，从而影响侨易理论的批判力度。此外，作者在谈到侨易学的具体的方法时，说："侨易学的方法就是要通过对象、数、理三个层面的考察，来探讨侨、变、常三者之间的关系。"① 根据作者在书中的论述，象、数、理三者各有三维，但是作者只是对象与理的三维内涵进行了分析，对数的分析则语焉不详。如果作者再能做进一步的分析，便可以进一步增加理论的生长点，扩展侨易学的更为丰富的内涵。

二、侨易学与道的探寻

上一节已经说到，近代以来，"交易"的深化已经成为时代的征象。近两百年以来，中西文化之间发生了历史上前所未有的广泛交流，但是这种交流不是一种朋友般的互相平等，寻求彼此增益的过程。这种交流乃是通过近代西方文化对千年以来的中国传统文化的单方向的强势侵入乃至同化的方式得以进行的。中国被迫卷入到以西方为主导的现代性的洪流之中，这已经是一个既定的事实。现代性虽然有增进人类福祉的一面，但同时也造成了人类生活的重大隐忧。叶先生对于现代性亦未抱有一种盲目的乐观的态度。他说：

> 无论如何，"中世"是一个转折点，此前则"景天顺命"，此后则"天崩地裂"，以逻各斯思维为主导的科学终于勃然而兴，西人借助科学发明的利器几乎"无往而不利"，并裹挟着东方一起进入了"现代性"的滔滔洪流之中，美其名曰"全球化"。而走向外星的脚步也由此展开，祸兮福兮，真是难以预料。②

诚如叶先生所说，现代性的出现导致了人类生活从"景天顺命"的时代转向了"天崩地裂"的时代。所谓"天崩地裂"，按照查尔斯·泰勒的说法，便是"自然的祛魅"。笛卡尔"我思故我在"标志着近代哲学的开端，即开始以"我思"这种个体存在的主观感受作为确认上帝与世界存在的根据，于是哲学开始从浩渺的苍穹回归到个人的方寸之中，主体性的凸显又催生了近代哲学的认识论转向，主客二分的思维模式开始形成，于是

---

① 叶隽：《变创与渐常：侨易学的观念》，第 83—84 页。
② 叶隽：《变创与渐常：侨易学的观念》，第 43 页。

自然不再是一个温情的，人也生活于其间的并构成其秩序的一个环节的，与人交融无间的目的性存在，而成为了人的精神的认识与取用的异己的冷冰冰的对象。人类的理性作为人的精神的核心质素取代了上帝的位置，成为对自然祛魅的道具，自然于是成了理性所任意划分、宰割、设定的对象，作为现代知识形式的分科之学相继诞生，于是物理学、化学、生物学、地质学等现代学科被发展出来。

但是不同类型的知识如何构成一个整体，理性本身却很难提供一个统摄性的秩序结构。海德格尔说："诸科学的领域各有千秋。诸科学处理对象的方式亦是大相径庭的。在今天，各种学科的分崩离析的多样性只还通过大学和系科的技术组织结合在一起，并且通过各个专业领域的实用目的而保持着某种意义。相反，诸科学的根基在其本质基础上已经衰亡了。"①在某种程度上，某一种学科越朝向一种更深入的方向发展，就越来越陷入到一种狭窄的研究领域中，与其他学科的不可通约之处越大，而且距离人生活的现时代的生活世界越来越远。不同学科之间往往不能靠自身彼此通达。于是，任凭这种分科之学的发展，而知识便陷入到一种碎片化的境遇之中。《庄子》"天下篇"亦有云："天下多得一察焉以自好。譬如耳目鼻口，皆有所明，不能相通。犹百家众技也，皆有所长，时有所用。虽然，不该不遍，一曲之士也。判天地之美，析万物之理，察古人之全……天下之人各为其所欲焉以自为方。悲夫！百家往而不反，必不合矣！后世之学者，不幸不见天地之纯，古人之大体。道术将为天下裂。"将知识固守在分科之学的藩篱之中固然不能见道，但是我们也不能因噎废食，否定分科之学对人类的巨大贡献。真正的解决方式乃是用一种超出具体分科之上的更高的秩序架构来将各种分科之学整合在一个整体之中，这样才能经由单个的分科之学调而上遂，方能获取整全的大道。②而侨易学的创发便是体

---

① ［德］海德格尔：《形而上学是什么》，载《路标》，孙周兴译，北京：商务印书馆，2000 年，第 120 页。

② 陈赟：《中国精神、经学知识结构与中西文化之辨》，载童世骏主编：《西学在中国》，北京：生活·读书·新知三联书店，2010 年。

现了这样的努力。叶先生说："定位在增加知识还是不够的，我们更应当努力追求知识之间的关联性，在整体上把握事物（或知识）的谱系，如此则接近了对道的探寻！"①侨易学的目的"就在于为愈益陷入到分科治学、知识割裂的学术世界提供一种思维的可能"②。所以，它必须超脱于这种具体分科之学的限制，所以侨易学"不是现行学科体制中的一种具体规训，而是从一种解决问题、阐释现象的方法前提着手，来构建一种相对实用、便于操作，但又具有相当宽阔拓展哲理思维空间的具体理论"③。侨易学首先是一种统合具体分科的一种思考问题、解决问题的元思维方式，是"理解世界和宇宙的基本思维结构模式"④。这是对西方学术割裂大道的一种反思。但是同时，侨易学不仅是一种普遍性的哲学思维的品格，同时它还是一种具体学科，"侨易不仅可以通过具体界定的方式划分为现象，而且也是一种应对世事、把握命运、对待生存的心灵境界和方法选择"⑤，即侨易学同时具备哲学与方法上的两重向度⑥。

对于侨易学来说，哲学与方法这两个向度上的意义是相互支撑、缺一不可的。侨易学哲学层面的内容提供了一种整全的思维方式，为侨易学的具体案例的分析提供了一种方法论上的支撑，使具体的事例分析不至于陷入到一种只见树木，不见森林的分科之学的视野之中；而作为方法和具体学科的面相而出现的侨易学使得侨易思维可以得到具体的落实与贯彻，而免于陷于一种"浮生空谈的地步"⑦，对此，叶先生说："如果没有基本理论原则去考察之，则满眼尽是混沌众生，不知该从何处着手，借助侨易学基本原理，我们可以相当敏锐地从万花丛中觅得我们所需的特殊对象和关键点；同样，如果只有理论在手的那种自负，那就很可能陷入到空中楼

① 叶隽：《变创与渐常：侨易学的观念》，第 24 页。
② 叶隽：《变创与渐常：侨易学的观念》，第 9 页。
③ 叶隽：《变创与渐常：侨易学的观念》，第 17 页。
④ 叶隽：《变创与渐常：侨易学的观念》，第 20 页。
⑤ 叶隽：《变创与渐常：侨易学的观念》，第 80 页。
⑥ 叶隽：《变创与渐常：侨易学的观念》，第 101 页。
⑦ 叶隽：《变创与渐常：侨易学的观念》，第 17 页。

阁，成海市蜃楼的幻景中去，必须大量进行实证性研究，不断挑战理论可能存在的局限甚至致命之痛，为其修补、巩固、完善提供自愈之补剂。"①

按照中国哲学的常用术语，侨易学的两个面向乃是道与器的关系。一方面，道不离器，器是载道之资具，另一方面，器之运作顺乎道之范导。侨易学的研究亦可以用中国哲学中的"理一分殊"的视角来视之。虽然现实的侨易现象往往表现出不同的形态，具有不同的特点，不同的侨易主体在经历类似的侨易环境，所表现大不一样。就比如叶先生所举的例子，同是留学德国，魏时珍与陈寅恪便不同，魏时珍后来成了一位数学家，但是陈寅恪回国后却投身于治中国文史之学，所以不同的侨易现象各有其独特之理，此便为"分殊"之理。但是通过"观侨阐理""取象说易""察变寻异"，我们可以在不同的侨易现象中探索出一种共通的侨易之理来，此便为"理一"之理，侨易学的研究便是从探明一个个具体侨易现象所具的分殊之理而通达作为整全之理的"理一"之理的过程，而"理一"之"理"的获得乃同时是寻道的过程。

三、侨易学的开创与现代中国学术主体性的建立

上一节已经提到，近代以来，中西文化的交流是以强势的西方文化一边倒地向中国文化的渗透为方式的。中国文化之交而易之的过程乃是一种非自主的而且是不得不然的，其经历了在船坚炮利的裹挟下的西方文化的暴力植入。这是一种全方位的长达一百余年的直到现在还在进行之中的强行植入。我们知道如果说历史上的佛教入华对中国社会的主要影响只是在宗教观念等"出世"的层面，并没有动摇中国传统的政治结构、家庭伦理，那么近代以来，西学对中国文化的强大冲击则体现在各个方面，生产方式、生活方式、政治制度、价值理念、家庭结构、社会伦理等，几乎涉及中国人日常生活的所有方面。在西方文化的强烈的持续的冲击之下，中国文化发生了剧烈的变易，以至于中国的传统与现代之间发生了严重的断

---

① 叶隽：《变创与渐常：侨易学的观念》，第 139 页。

裂。反映在学术方面，则是传承两千多年而从未中辍的经学知识结构的土崩瓦解，经学统摄之下的经史子集四部之学被西方传入的分科之学所全面替代。作为传统中国学术核心的经学丧失了经法的地位，在现代学术体制下被处理成了经学史，成为被检讨、清算的对象。而作为四部之学的"史""子""集"之学被历史学、哲学、文学这样的现代分科之学所取代，中国学术完全陷入了西方所发明的现代学术体制之中。

一个时代的学术起源于对此时代之重大问题寻求解答的思想探索，真正的学术一定是以解决时代问题为鹄的。而学术欲解决此时代问题，必先对其具有清晰的认识与把握。然而近代以来中国文化所发生的变易太过剧烈，而且这种变易往往是被动的，强制的，乃至在一种中国人尚未意识到的习焉而不察的情况下得以发生。于是，经历过这种巨大的变易之后的中国人已经与传统日渐疏离，因为当前的中国人已经是一种被与生俱来在不同的阶段浸入的累层叠加的种种西方观念所层层包裹的存在。如果我们现在不能够对整个西方文化有细致而深刻的"入乎其内"的把握，我们就不可能探明其对中国文化产生冲击并导致其发生巨大变易的作用机制；同时也只有把握了西方文化，我们才有可能剥掉现代学术体制对传统中国的种种成见，才能跳出西方学术的中心视角，去对中国的过去有一个真实的理解，因为现代中国乃是传统中国遭逢西方文化的强势冲击而发生变异的结果，所以我们只有在对过去的中国与近代以来中国文化的被迫变易的机制这两方面都充分了解的情况下才能对当代中国与当代中国人的来龙去脉作一清晰的理解。唯此我们才能达到对当代中国与当代中国人的真正的自我理解，才能对中国当前的时代问题有着清晰的觉知。①

何为中国学术的主体性？在我看来，中国学术的主体性，便是我们的学术乃是"中国学术"，而不是"西方学术在中国"，所谓"中国学术"乃是真正理解了我们的时代重大问题，并且寻求以解决中国问题而做出的理

---

① 陈赟：《出入西学，反诸六经：论儒学的当代展开问题》，《当代儒学》，2011年第1期。

论探索。它的面向是中国、中国人和中华民族的，它一定是植根于中国的过去和现实之中的，并以解决当下的中国的问题为首要目的的。对中国学术来说，我们对西学的理解与把握的首要目的也只能是为了理解现代的中国以及中国问题。从学术体制上来讲，近代以来，从西方传入的分科之学已经实际参与了中国新的传统的构造，已经是中国现实的一部分，我们不必也不可能否定其在现代中国建构中的积极作用；但是另一方面，我们必须清晰地看到，以分科之学为存在形式的现代学术体制乃是导源于西方独有的历史与文化传统，其最初目的乃在于解决西方一隅的社会问题，并不具有普世的价值，对于中国学术来说，则不能株守于这种体制，而是在中国问题的解决的立场上，在以"中国之道"来统摄、整合诸种分科之学，来剥落其不能为我所用的质素，以取用的方式来利用其精华，熔铸在新时代的中国学术中，如是方能体现出中国学术的主体性来。

当前中国学术的主体性还远未建立起来。在人文社会科学领域，一些学者热衷于引进西方一些最新的思潮和观念，而并未对之进行深入反思，就作为分析中国问题的灵丹妙药，于此得出的所谓成果，对西方学术来说，不过是其理论得以应验的又一个中国实例而已，无此亦无损于西方学术之正确性；对中国来说，他们并没有解决中国的问题，反而是基于西方学术的想象来制造中国问题。叶先生之创发侨易学，正是处于对此状况的不满和对中国学术主体性的深刻自觉。他一再引用、推崇陈寅恪先生的观点"其真能于思想上自成系统，有所创获者，必须一方面吸收输入外来之学说，一方面不忘本来民族之地位"，并且在侨易学的创建中贯彻了这种主张，侨易学研究中西文化的交易现象没有陷于西方文化的霸权之中，而是以我为主来汲取西学，其立足点始终指向中国，在我看来，侨易学之发明乃是用时代的问题来激活中国传统。使传统继续生发活力，以对当代中国的问题作出智慧的回应的一种努力，其所指向的乃是中国文化的不断的自我调适，以达成对中华文明的自我理解的新的可能性。

但是，我们必须清晰地看到，中国学术主体性的建立还不是一朝一夕就能完成的。回顾中国历史上佛教入华这一文化事件，我们可以发现佛教从印度开始传入中土到其正式融入中国文化之中，至少经历了六七百年的时间。更何况现今的西学势力之庞大、对中国冲击之深刻迥非当时所能比。单单中国人要深入细致地了解西学就需要经历一段很长的路程，更遑论能够消化西学，整合西学，并从而调而上遂。并且由于当代西方学术背后还隐藏着一种权力的渗透，造成了对非西方国家的学术殖民，如果我们处理不好，应对不好，完全有可能不仅消化不了西学，反而极有可能被西学所化，完全陷入到西学的话语体制之中，以彻底丧失掉中国学术的自主性，断送中国文化的命脉。所以，当今的中国文化实在是面临着重大的危机，在《变创与渐常：侨易学的观念》中，叶先生对中国学术的现状表现了深刻的忧患意识："在进入文化交流的第三个层面时，也就是由宋元之际开始的'面对西方'时，我们是否有足够的知力、学力、智力，来面对这个西方？尤其是在明清之际开端并涌起的西学东渐大潮，我们又在多大程度上能够把握？更重要的是，这一进程，至今仍在进行之中，我们在相当长一段时间里，都将面临类似明清之际的强势挑战，不是'风雨如磐'就是'凤凰涅槃'。也就是说，我们必须追问，如何才能成为一个真正的、具有中坚思想意义的、善于把握时势变化的、始终具有活力的'民族文化单元'？或许更直接的提问就是，面对纷繁而来的多重文化交流、冲突、融生的实际，侨易现象究竟该如何看？"① 在西方学术势力如此强盛的今天，如何应对，是一件不容易的事情。这需要中国学人具有充分的知力、学力和智力。唯有如此才能挺立中国学术的主体性而避免被西学所化的厄运。这是叶先生对中国学人的呼吁，也是他自身责任的担当。

一百多年前，马克斯·韦伯呼唤德国民族的担纲者。在其所作的"民族国家与经济政策"的演讲中，他说：国民大众蒙受的巨大苦难沉重地压迫着我们这一代的社会良心，但我们必须恳切表明：我们感到更加沉痛的是我们在历史面前的责任。我们这一代人已注定看不见我们所从事的战斗

---

① 叶隽：《变创与渐常：侨易学的观念》，第 198 页。

是否会取得胜利，我们也无从知道后人是否会承认我们是先驱者。我们也不可能成功化解历史对我们的诅咒，即我们来生太晚已经赶不上一个消逝了的伟大政治时代。我们唯一还能做的或许只能是：为一个更伟大的时代之来临驱马先行！我不知道这是否就是我们这一代在历史上的地位，我能说的只是：催人苍老的并不是岁月，一个人只要时时具有天赋我辈的伟大激情他就能永葆青春。……一个伟大的民族并不会因为数千年光辉历史的重负就变得苍老！只要她有能力有勇气保持对自己的信心，保持自己历来具有的伟大本能，这个民族就能永远年轻。[①]

成为中国人也注定是成为我们自己的天命。我们无法成为任何意义上的美国人、英国人、法国人、伊朗人、俄国人。我们只能或只有可能成为中国人。这是我们不可逃避的天命。近代以来，在西方的冲击下，中华民族屡遭困厄，命运多舛。实现中华民族的伟大复兴乃是近代以来历史向中国人赋予的神圣职责。而这种伟大复兴的终极抵达注定是中华文化的复兴。文化的复兴需要由学术的复兴导夫先路。而道不虚行，存乎其人；对于中国学者来说，我们必须认识到我们对于历史所要承担的责任：中国学人乃是文化复兴的担纲者。实现中华文化的伟大复兴，要靠一代一代中国学人们的踏实努力和切实担当，在叶先生身上，我们看到了这种努力和担当，尽管可能侨易学理论还有若干不完善的地方，在某些细节方面还需要进行打磨，或正如作者所说的"需要大量的实践性研究来不断充实和提升自己的理论层次"[②]，但是侨易学的创发乃是一个可贵的尝试，祝愿他继续在侨易学的探索中更上层楼！

（本文原载于《上海文化》2017 年第 6 期）

---

① ［德］马克斯·韦伯：《民族国家与经济政策》，甘阳选编，北京：生活·读书·新知三联书店、牛津大学出版社，1997 年，第 107—108 页。
② 叶隽：《变创与渐常：侨易学的观念》，第 104 页。

侨易学的开创与中国学术的主体自觉

崔唯航[①]

中国学术向何处去是萦绕在中国学术界上空挥之不去的焦点问题。直面这一问题必然要遭遇东西古今问题，所谓东方与西方，传统与现代的问题。在某种意义上，对东西古今问题的思考和认识决定着对中国学术发展的道路选择。百余年来，一代又一代学者对此问题给予了一个又一个回答，从而构筑了一幅色彩斑斓的中国学术地图。在仔细阅读《变创与渐常：侨易学的观念》之后，我忽然增添了一份勇气，想要不无大胆，甚至有些武断地做出一个论断，即叶隽所大力倡导并身体力行的侨易学，将在这幅地图中留下浓墨重彩的一笔。因为该书不仅鲜明展现了中国学者在中国学术发展道路上的自觉意识，而且身体力行，在这条道路上迈出了可贵的、关键性的一步。

一、现代化范式与中国学术的主体迷失

从人类社会发展的历史长河来看，人文学术的发展演变确有其自身的规律，但这种规律归根到底要服从于社会实践的演变规律，它是时代和社会变迁在思想文化领域的集中反映。简而言之，人文学术乃是思想中的时代，与时代同行构成了人文学术发展的内在规律。因此，考察一个国家、一个民族的人文学术，不可避免地要面对这个国家和民族的历史命运和时

---

① 崔唯航，中国社会科学院哲学研究所研究员。

代发展。

近代中国的历史进程曲折而坎坷。自从鸦片战争被打开国门之后，现代化的挑战及由此而来的压力就如影随形般地萦绕在中国大地的上空，走向现代不再是一个可有可无的选择，而是一个必然的命运。民族国家如此，人文学术同样如此。因此，问题不在于是否要走向现代，而在于如何走向现代。而这又首先需要考察现代意味着什么，现代化又意味着什么。

在此，我想首先提出一个论断，即现代化实质上是西方化。这一论断基于对历史和现实的基本考察。我们很难想象，完全离开西方的现代化是一种何种意义上的现代化。无论是中国化、印度化，还是阿拉伯化，都很难与现代化画等号。行文至此，我们必须考虑的是一种特定的立场和观点，即将现代化从现实的实体性内容中抽象出来，使之成为一种纯粹抽象的、空疏的、形式化的概念。这一概念仅仅同传统对立，似乎是一种可以放之四海而皆准的普适性概念。这种意义上的现代，不仅可以用于西方，也可以用于东方，同样可以用于其他任何地方。表面看来，这种纯粹抽象的概念似乎拥有绝对的客观性。但问题的要害在于，它似乎可以运用到任何地方，但实质上又不能运用到任何地方，它似乎可以说明一切问题，但实质上又不能说明任何问题，因为它所拥有的那种客观乃是一种稀薄到极点的抽象，也就是德罗伊森所不无尖刻地指出的那种"阉人般的客观性"。在此，或许可以借用马克思当年对国民经济学家的批判："不要像国民经济学家那样，当他想说明什么的时候，总是置身于一种虚构的原始状态。这样的原始状态什么问题也说明不了。……他把他应当加以说明的东西假定为一种具有历史形式的事实。"[1]

随之而来的问题是西方化何以会成为现代化？原因十分复杂，但其中无论如何都无法忽视的是资本的力量。可以说资本无限增殖的力量极大推动了生产力的发展，从而导致了一种从属关系，使非资本主义民族从属于

---

① ［德］马克思：《1844 年经济学哲学手稿》，中共中央马克思恩格斯列宁斯大林著作编译局编译，北京：人民出版社，2000 年，第 51 页。

资本主义民族，使农业国家从属于工业国家，使东方从属于西方。这也就是海德格尔所说的"地球和人类的完全欧洲化"①。就此而言，中国也必然走向现代化的道路，尽管这条道路是外来的，并且带有强迫的性质，尽管这条道路充满曲折和坎坷。

就我国的人文学术而言，回顾百余年的历史进程，可以发现同样走在一条通向西方所主导的现代化的道路之上。我们在短时间内大规模引进了现代学术的基本建制。"我们在未经反思的情形下就把西方十九世纪社会科学经由思想和运动而形成的学科制度化安排作为一种当然的东西接受下来。"② 这不仅体现在学科分化之上，同时最为典型地体现在学术话语之中。我们现在使用的学术话语，大多来自西方，只不过我们往往"日用而不知"而言。比如：理论、实践、价值、意识、革命、资本、劳动、阶级、封建、矛盾、解放、唯物论、辩证法、人民、意识形态、经济基础、上层建筑、生产关系、社会主义、共产主义、政治经济学、布尔什维克……这些术语已经成为现代中国学术话语体系的重要构成，学者对它们的使用是如此之频繁、如此之自然，以至于几乎意识不到它们是源自西方的"文化舶来品"，也几乎意识不到相对于源远流长的中华文化而言，它们的存在时间不过只有短短百年。

中国学术的现代化乃是一把双刃剑，一方面，它使中国学术获得了一个新的支点，改变了既有的学术生态结构，在全球化浪潮下可以更为便利地融入世界学术的潮流，并吸取异域文化的营养；另一方面，它也使中国学术逐渐丧失了自己的主体地位，开始自觉或不自觉地跟在西方学术后面亦步亦趋，从而坠入到对西方学术的依附关系之中。

---

① ［德］海德格尔：《在通向语言的途中》，孙周兴译，北京：商务印书馆，2003年，第101页。

② 邓正来：《学术自主与中国深度研究——邓正来自选集》，上海：上海文艺出版社，2012年，第4页。

二、反思现代化范式与探寻人文学术的中国道路

陈寅恪先生 1933 年在《冯友兰〈中国哲学史〉（下册）审查报告》中曾经指出："其真能于思想上自成系统，有所创获者，必须一方面吸收输入外来学说，一方面不忘本来民族之地位。"① 此可谓至理名言，以此来回顾百年来中国人文学术的发展，可以说前一方面轰轰烈烈，后一方面默默无闻，或者说被陈先生不幸而言中，"本来民族之地位"在"外来学说"的冲击下被遗忘了。当然，这里的遗忘指的不是心理层面记忆的缺失，而是学术建构层面能力的不足。问题在于这种遗忘对中国学术的建构意味着什么？要回答这一问题，首先需要考察处于这一遗忘状态中的中国学术的发展状况。

近代以来的中国学术可以说充分吸收了外来学说，建构了一个比较系统完备的学科体系和学术建制，其成就不容抹杀。但问题在于，相对于异常丰富的社会实践和十分厚重的历史变迁，中国学术界并没有能够引领世界学术发展的原创性成果，以至于撒切尔夫人曾经不无诘难地指出，今天的中国只能出口电视机而不是思想观念。就学术创新需要的实践土壤而言，中国学术甚至可以说得天独厚，仅中国改革开放以来所取得的举世瞩目的经济成就，就足以提供产生一批诺贝尔经济学奖获得者的土壤，问题在于我们至今还看不到他们的身影。为什么？

邓正来关于中国法学研究的一个判断值得深思："中国法学之所以无力引领中国法制/法治的发展，而只能导使西方法制/法治在中国的移植和拓展，实是因为它受到了一种源出于西方的'现代化范式'的支配，而这种'范式'不仅间接地为中国法制/法治发展提供了一幅'西方法律理想图景'，而且还致使中国法学论者意识不到他们所提供的不是中国自己的

---

① 陈寅恪：《金明馆丛稿二编》，上海：上海古籍出版社，1980 年，第 252 页。

'法律理想图景'。"① 这种情况绝非法学界所独有，而是具有相当普遍的意义。问题的核心在于中国学术界在引进西方学术时采取了一种无批判和非反思的立场。所谓无批判和非反思的立场，即忽视西方学术所产生的特定前提和基本界限，将仅具有特殊性、地方性意义的西方学术视为可以放之四海而皆准的普适性原则，而忘记了任何学术都有其特定的历史语境和适用范围，一旦离开其历史语境，超出其适用范围，真理也会变成谬误。

在西方学术的支配下，中国学术的自主性长期缺失，民族本位长期缺位，尤为关键的是，对此还缺少应有的自觉。结果导致中国学术所建构的理想图景，所面对的理论问题貌似中国的，实是西方的。长此以往，久而久之，中国学术的眼睛就蒙上了一层西方的面纱，误将想象的中国当作现实的中国，"错把杭州当汴州"，甚而至于"错把他乡作故乡"。这无疑将彻底关闭通往中国社会现实的大门，使中国学术成为西方学术的附庸而已。就像王韶光在《"接轨"还是"拿来"：政治学本土化的思考》一文中所指出的那样："西方政治学潜移默化的影响之大恐怕超出了我们自己的想象。如果不有意识地反省，我们往往会不自觉地以西方政治学之'是'为是，西方政治学之'非'为非。什么叫文化霸权？让人在浑然不觉中变成附庸便是文化霸权法力的证据。"②

把我们的视野再拓展一下，可以发现，西方学术的支配性地位不仅局限于中国学术，而且广泛影响到任何非西方的学术。萨义德在著名的《东方学》中曾经指出，所谓东方学，不过是西方的创造，乃是西方用以控制和重建东方的一种工具而已。而吊诡的是，东方学者非常容易接受这种西方创造出来的东方学，并以此沾沾自喜。"东方的学生（和东方的教授）仍然想跑到美国并且投到美国东方学家的麾下，然后回来向本地的听众重

---

① 邓正来：《学术自主与中国深度研究——邓正来自选集》，上海：上海文艺出版社，2012年，第7—8页。

② 王韶光：《"接轨"还是"拿来"：政治学本土化的思考》，载苏力、陈春声主编：《中国人文社会科学三十年》，北京：生活·读书·新知三联书店，2009年，第325页。

复被我一直称为东方学教条的那些陈词滥调。这一再生产体制的必然结果是，东方学者因他在美国所受的训练而睥睨其本地同行，因为他学会了如何有效地'操作'东方学的话语；而在他的'老板'——欧洲或美国的东方学家——眼中，他则只能永远充当一个'本地信息提供者'。"①

萨义德的以上描述形象、生动而入木三分，它从反面告诉我们，人文学术必须植根于特定的民族土壤之中，否则，只能成为无源之水无本之木。对于中国学者而言，必须时刻牢记自己是作为中国人在进行思考，中国这块土地是中国学术须臾不可脱离的思想之源。就像古希腊神话中的大力士安泰，他只要同大地相接触，便能够无坚不摧；而当他一旦离开大地，便不堪一击，被轻而易举地杀死。中国学人只有脚踏中国这块大地，才能够永远立于不败之地。

三、侨易学的开创与中国学术的未来走向

至此，我们就可以直面叶隽所开创的侨易学了。之所以绕了这么大圈子，是因为在笔者看来，非此不能展现侨易学之创建的思想背景、理论旨趣及其对中国学术的重要意义。之所以有此判断，也是基于笔者阅读《变创与渐常：侨易学的观念》的切身体会。在阅读之前，既往的经验使我以为该书隶属于一般意义上的中西比较，或者常说的中体西用和西体中用之类的理论尝试。但随着阅读的深入，我很快发现侨易学绝非那么简单，而是具有远为博大和深远的学术视野和思想使命。

叶隽明确指出，侨易学的旨趣"不是从中国文化里汲取或选择某些资源以济西方哲学，而应该从本源处质疑哲思发展的路径问题。这或许可能更能逼近问题的本质"。② 这一论述具有原则高度，它蕴含了侨易学的努力方向既不是"以中济西"，也不是"以西济中"（叶隽认为新儒家的基本思

---

① ［美］爱德华·W. 萨义德：《东方学》，王宇根译，北京：生活·读书·新知三联书店，1999年，第416页。

② 叶隽：《变创与渐常：侨易学的观念》，第282页。

路就是"以西济儒"①)。侨易学恰恰建立在对这二者的超越之上。因为无论是"以中济西",还是"以西济中",它们分享了一个共同的前提,即中西之间的二元对立,不同之处仅在于二者各执一端罢了。问题的实质是这种二元对立的模式或框架本身乃是西方现代性的产物,这就意味着这种模式或框架乃是一种源于西方的特殊的地方性知识,并不具有放之四海而皆准的普世意义。而且一旦置身于这一模式或框架之中,就难以摆脱西方学术的掌控,从而与真实而非想象的中国渐行渐远。钱锺书先生曾经极为精辟地指出:"就是抗拒这个风气的人也受到它负面的支配,因为他不得不另出手眼来逃避或矫正他所厌恶的风气。正像列许登堡所说,模仿有正有负,亦步亦趋是模仿,反其道以行也是模仿。"②

侨易学超越了这种广为流传、影响深远的既定框架,因此其意图既非在中西之别中分出上下,也非在古今之争中确立高低,而是从根本上跳出这种困扰中国学术上百年之久的思维框架,以开辟一条新的道路,"从本源处质疑哲思发展的路径问题",以逼近问题的本质。就此而言,侨易学代表了中国学术在开创真正属于自己,又与时代和世界相融并进的学术范式的道路上迈出了坚实的一步,其历史和现实意义将随着时间的推移而逐渐展现出来。但我现在已经十分认可有关学者对侨易学的如下论断:"但可能少有人会注意到,作为一场静悄悄的革命,侨易学已经偷梁换柱地改造了传统易学的核心部分。侨易学已不是简单的侨学或易学,更不是两者的并集,其重心在于一种新的思想范式的建立。所以,从传统的侨学和易学的角度,不能见出侨易学的创见。"③

在此,我想进一步指出,不仅"从传统的侨学和易学的角度,不能见出侨易学的创见",而且从其他学科,甚至跨学科的视角出发,都不能展

---

① 叶隽:《变创与渐常:侨易学的观念》,第 179 页。
② 钱锺书:《七缀集》,北京:生活·读书·新知三联书店,2002 年,第 1 页。
③ 吴剑文:《现代中国思想范式的建立:侨易学初探》,载叶隽主编:《侨易》(第一辑),北京:社会科学文献出版社,2014 年,第 251 页。

现侨易学的创见。因为学科的建制和视角本身就是现代性建制的产物，就人文学术而言，这种建制和视角不过是学术研究的一种模式而已，它既不是全能的，也不是不可超越的。侨易学的创建恰恰超越了这种既定模式，其所探寻者，乃是充斥于自然、文明乃至宇宙之间的大道，其所独到之处，乃是一种原创性的整体性思维。"如果仅将侨易学视为一种具体分析研究问题的理论资源，也还未免有些明珠暗投。我更在意的侨易学的整体性思维，它应是借助于易经思维的总体资源而提供对文明、对自然，乃至对宇宙的大道追寻。寻道之责不忘，大道原则确立，就是最为根本的贡献。"①

可见，侨易学乃求道之学，但随之而来的问题是何以求道？通往大道之途不止一条，但殊途同归，那同归之处就是要坚守本民族的主体地位。恩格尔贝特·姆文（Engelbert Mveng）在《从屈服到继承》一文中曾经指出："除亚里士多德、托马斯·阿奎那式的推理法或黑格尔式的辩证法之外，通往真理的道路还有许多条。然而，社会科学和人文科学本身必须要实现非殖民化。"② 侨易学自觉坚守了中国学术的民族本位，它从《易经》中吸取了重要的思想资源，并结合时代问题和当代世界文化图景予以发展。关于侨易学与《易经》的渊源关系，或可专文阐发，在此我尤为感兴趣的是叶隽开创侨易学道路的契机何在？或者说，是什么推动着他走向了侨易学之途？

著名哲学家费希特曾经有言，你是什么样的人，你就会选择什么样的哲学。这揭示了学者和学术之间的内在关系。叶隽对此有清醒的认识，他的自我定位是："学人不仅是一个'现代学术'制度规训出来的工业化流程的'知识匠人'（流水线的生产者，知识生产时代的螺丝钉），更应自觉意识到自己的'寻道者'身份。"③ 对寻道者的身份认同使叶隽走向探寻大

---

① 叶隽：《变创与渐常：侨易学的观念》，第 271 页。

② 转引自［美］华勒斯坦等：《开放社会科学：重建社会科学报告书》，刘锋译，北京：生活·读书·新知三联书店，1997 年，第 60 页。

③ 叶隽：《变创与渐常：侨易学的观念》，第 26 页。

道的侨易学之路。但这所有的一切又是何以可能的呢？我最为关注的是叶
隽关于侨易学之缘起的描述："就我之'侨易学'概念缘起而言，上述前
贤思考为重要启发力；而其理论萌芽，则直接缘于自身对文化交流史实证
研究的理论需要。再进一步印证之，则为自家感受亲历体验的若合
符节。"①

可见，叶隽关于侨易学的研究绝非简单的逻辑推演和理论思辨，这样
的工作仅在书斋中进行苦思冥想即可，而这样的苦思冥想或许可以有助于
培养理论思维，掌握既有知识体系，但却难以产生具有重要历史和现实意
义的原创性成果。纵观整个学术发展史，每一次大的创新和发展，都建立
在对时代问题进行深入思考和合理解决的基础之上。而这种思考和解决，
又是以对时代问题的切身感受和实际体验为前提的，离开了这种活泼泼的
切实感受和实际体验，问题就只能是虚假空洞、死气沉沉的抽象概念。而
《变创与渐常：侨易学的观念》的一个至为可贵之处，就是全书贯穿着这
种活泼泼的思想力量，这也使读者的阅读成为一种充满愉悦的思想旅行。

当然，行至尽头，也有那么一点心有不甘之感。这种不甘，有几分不
舍，也有几分追求完美的遗憾。比如，书中曾经提到陈寅恪先生的著名概
念："托命之人"，并且指出其源自德国文化。"这里所谓的'托命之人'，
实际上就是文化的承担者、寄托者，所谓'文化受者'，其学术渊源明显
来自德国。"② 但遗憾的是书中并未对这一具有重要意义的侨易文化现象予
以充分论述。又如，书中所论集中在侨易的思想和观念层面，对于制度和
器物层面的论述则显得相对薄弱，尤其是对于构筑现代性的拱心石——资
本及其扩展对于侨易现象的影响未能展开相应的论述。

黑格尔关于哲学曾经有过一个著名的论断，即哲学乃是思想中的时
代。其实，不止哲学，整个人文学术都是在思想中被把握到的那个时代。
对于当代中国学者而言，在这样一个西化程度已经非常之高的世界上，以

① 叶隽：《变创与渐常：侨易学的观念》，第7页。
② 叶隽：《变创与渐常：侨易学的观念》，第7页。

中国人特有的方式来思考中国的时代问题，并不是一件容易的事情。难能可贵的是，侨易学的成功开创给了我们以信心和希望。我们有理由相信，侨易学将拥有一个美好的未来，我们有根据希望，中国学术将赢得一个美好的未来。前提在于，我们不是一味地等待观望，而是像叶隽一样，自觉植根于中国这片大地上，以平缓但却坚定的步伐行走在思想的林中路上，向前向前再向前。

［本文原载于乐黛云、李比雄主编：《跨文化对话》（第 34 辑），北京：生活·读书·新知三联书店，2015 年］

第五辑

全球化时代的侨易学

乔迁、侨易、"桥"易学

——论"侨易学"在互联网时代的意义

韩子奇[①]

　　2014 年 1 月，叶隽教授出版他悉心撰写的《变创与渐常：侨易学的观念》。书中的主要内容，是讨论人类如何通过各种迁徙移动，而达至思想上、文化上的巨大变化。该书的特点，是不单分析因迁移而产生的种种变化，而且在芸芸变化之中总结经验，建立一套具普世价值的理论，帮助我们了解"物质位移、精神漫游所造成的个体思想观念的形成与创新"。[②]

　　叶隽教授把这套理论命名为"侨易学"。"侨易学"的特色是说明三项基本原则：（1）二元三维，大道侨易；（2）观侨取象，察变寻异；（3）物质位移导致精神质变。通过这三项原则，"侨易学"提供给我们一种综合式的研究方法，从万事万物的"关联性""互涉性"和"迁变性"，建立一套林木互现的宏观分析系统。[③] 本文的目的，是在"侨易学"的基础上，讨论我们 21 世纪互联网时代"在地性"和"非在地性"的位移，希望给《变创与渐常：侨易学的观念》一书作一些补充。

　　根据叶隽教授的回忆，"侨易学"来自两个思想源流。一个是民国时期李石曾的"侨学"。在 20 世纪 40 年代，李氏利用移民的经验，阐释位置移动对人类所造成的重大影响。"侨易学"中的"侨"字，就是突出"乔

---

① 韩子奇，美国纽约州立大学 Geneseo 分校历史系教授，北京师范大学珠海校区历史文化中心教授。

② 叶隽：《变创与渐常：侨易学的观念》，第 19 页。

③ 叶隽：《变创与渐常：侨易学的观念》，第 31—49 页。

迁"对改变人类思想和文化所起的巨大作用。① 叶隽教授认为，当人类改换了生活空间，面对新环境的冲击时，他们的脑袋便马上发动起来，他们的思想就变得活泼奔放。这里所谓"乔迁"，除包括在国内城乡之间的迁移，或从一个城市转到另一个城市定居之外，也包括国际上的位置转移，诸如留学生在外国的学习生活、传教士到中国来的传教事业、商人在外国的经商买卖、外交官员在国外的开展公务，甚至航空、轮船从业员在国与国之间的穿梭服务。② 林林总总，各式各样，"乔迁"都带来新的知识和新的思想空间。

"侨易学"的另一个思想来源是中国的古老经典《易经》。众所周知，《易经》原本是用来占卜的，书中的 64 卦是周朝的文化精英用来推算命运、趋吉避凶的工具。但我们的通行本《易经》，往往在 64 卦之外加入了春秋战国时代的《十翼》，在本来的占算工具之上，添增一层浓厚的哲理的色彩，寓哲学于卜筮。正如《易》学大师金景芳所说，加入《十翼》后的《易经》，"其目的在将其已由变动不居之宇宙现象中所发见之自然法则及社会法则，用蓍卦等符号衍变之方式表出之，以作人生行为之指针"。③ "侨易学"的"易"字，就是指《易经》的变易哲学。具体来说，就是"乾元""坤贞"既相反又相承的辩证关系。叶隽教授认为，"侨易学"必须突出乾坤、阴阳的相互影响作用，目的是说明每一个人在乔迁的过程中，或多或少会受到新环境的冲击，在思想上、行为上破旧立新。因此，每一次或长或短的位置转移，都足以开动脑筋、开阔视野，在新旧、古今、中外的碰撞下，产生新的观念、启发新的思想、促成新的潮流。④

古往今来，因乔迁而产生的新观念、新思想，比比皆是。诸如中国历史上有名的印度佛学融入中国社会，及近代中国留学生从欧、美、日带回

---

① 叶隽：《变创与渐常：侨易学的观念》，第 3 页。
② 叶隽：《变创与渐常：侨易学的观念》，第 34—39 页。
③ 金景芳：《学易四种》，长春：吉林文史出版社，1987 年，第 26 页。
④ 叶隽：《变创与渐常：侨易学的观念》，第 3—17 页。

文化复兴语境下的侨易学现象

来的新知识和新观念。① 这些具体的例子都证明了因"侨"而"易"的重要性。故此,《变创与渐常:侨易学的观念》的价值就是让我们从日常生活出发,反思位移与思想的紧密关系,化平凡为高远,转庸俗为雅洁。用叶隽教授的话:"侨易学的出现,乃是为了更好地给我们观察变动不居的大千世界、纷繁复杂的人事兴替、红尘滚滚的功利时代,提供一种理论与学理上的支持,同时开辟出一块新的更高的学术平台。"②

《变创与渐常:侨易学的观念》虽体大思精、高瞻远瞩,但美中不足的地方,是没有把"侨易学"的理论与我们21世纪互联网时代的生活紧扣起来,因此理论的深度与广度未免有所欠缺,其延展性也不够充分。例如,叶隽教授在解释为何侨易现象"既非单纯的位移现象,也非纯粹的思想现象,而是物质现象与精神现象的结合"的时候,他对"位移"性质的解读,似乎不够全面。

叶隽提出一个发人深思的问题。他问:哲学家康德,一生独居柯尼斯堡,没有外出,却有办法建立一套严密的哲学体系,通古今之变,成一家之言;那么,康德的哲学是否属于侨易现象?他的回答是:"[在康德的哲学里]物质位移始终是存在的,但其局限在一定的范围之内,并不属于具有明显侨易过程与特征的侨易现象,则也是事实。"简单说,叶隽教授承认康德是一个特殊案例,他属于"秀才不出门,能知天下事"的一类。故此,康德虽没有一般物质的、在地的位移,但他的确天天开动脑筋,精神上漫游四方,上天下地。

尽管康德的哲学证明了"精神漫游"有时比"实地迁移"更重要,但叶隽教授始终强调"由物观象"的原则。他认为"物质现象"总是"精神现象"的支柱,没有"物质现象"的基础,"精神现象"没法充分表达出来。他说:"因为在'由物观象'的层面上,我们必须能从具体的物质层面提取出更深层次的东西来,这就是物质背后的制度、文化、思想乃至精

---

① 叶隽:《变创与渐常:侨易学的观念》,第201—241页。
② 叶隽:《变创与渐常:侨易学的观念》,第22页。

神。……所以，我们要强调的，正是'物质性行动'而导致的'观念性更变'的情况称之为侨易现象。也就是说，我们需要从一般的物质结构层面上升到高级的文化问题观念层。"①

正因为叶隽教授太重视"物质现象"，他在一定程度上削弱了"侨易学"对互联网时代的分析力。我们知道今时今日，我们大可安坐家中，通过手机进行"精神漫游"，实地的位置虽没有丝毫移动，但"心"却走遍千山万水，饱览各地风情。如果康德的时代，哲学家可以"秀才不出门，能知天下事"；今天互联网时代，我们只需要一部手机，便可以足不出户，"能办天下事"，包括订餐饮、购买生活用品，甚至订飞机票、买卖股票、交费用，银行结账，等等。跨国公司的总裁和国际投资公司的老板，更不用说，根本不用走出办公室，便能改变世界，至少改变世界的经济秩序。

那么，在互联网时代，我们是否需要继续坚持侨易现象必然是"物质性行动"才能导致的"观念性更变"？我们是否需要把"侨易"限定于物质的、在地的位移？归根究底，提倡"侨易学"的目的，是提高我们对位移所造成的变化的认识，而不用管位移是"在地的"还是"不在地的"，是"物质的"还是"精神的"。何况今日世界的位移渠道已经是五花八门、式式具备。既有叶隽教授注意的人流（例如留学生、传教士、外交官员），也有物流（产品的生产线和发行网）、资流（金融、外币的流动）、技术流（技术的移植和加工）、知讯流（知识的生产、交换和再造）等等。这些或明或暗，或直接或间接，或具体或抽象的位移，说明了今天的"侨易"已不一定是物质的、在地的，而是各师各法，各取所需。在 21 世纪的互联网时代，我们应该放开怀抱，兼容并包，以广博宏大的胸怀，观察分析因"侨"而"易"的新生事物。

另外，叶隽教授在讨论"侨易"时似乎过于关注文化界和思想界的精英，例如魏时珍、王光祈、郭沫若、宗白华等。② 既然建立"侨易学"的

---

① 叶隽：《变创与渐常：侨易学的观念》，第 91—92 页。
② 叶隽：《变创与渐常：侨易学的观念》，第 143—177 页。

目的，是让读者更有效地面对变动不居的大千世界、纷繁复杂的人事兴替和红尘滚滚的功利时代，"侨易学"的对象不应只局限于文化界和思想界的精英，而应该包罗万有，遍及社会各个阶层。当今世界，随着金融体系的全球化、运输和信息网络的四通八达、劳力和资金的跨国互换，我们每个人不分贵贱、不论文化高低，每一天，每一刻，都在转变位置、东奔西跑。因"侨"而"易"已不再是少数人的专利，而是渗透于社会的各个阶层，遍及每一个人的日常生活。

事实上，叶隽教授亦意识到"侨易学"可以发展成为一套全方位、全球化的理论。例如，在《变创与渐常：侨易学的观念》里，叶隽教授曾经尝试讨论"文化下延"的问题①，但他只点到即止，没有充分展开讨论。例如他写道：

> "文化下延"其实关系到的问题极为重大，也就是说，我们应该在怎样的维度中来理解和把握作为文明结构高端一环的文化的流动性意义的问题。也就是说，在制度、物器结构的关系中间，如何来理解文化功能？②

叶隽教授这段话，表面上是讨论文化系统中如何平衡高端与平庸、精英与群众的矛盾。但究其实质，叶隽教授是在思考如何把"侨易学"打造成为一套"极高明而道中庸"的全方位、全球化的研究系统。只是他所给的答案尚不够严密。他说：

> 应该承认，文化下延是必要的，因为这涉及一个社会或文明整体结构的良性建构问题。文化下延到制度层面，就是政治的权力分配问题，是如何确立一个社会秩序的制度性建设的指导性观念问题；再继续下延，到达器物层面，就是社会的普遍性的生存状态问题。归根结蒂还是个秩序问题，但可能更多地是隐性的民间秩序。③

---

① 叶隽：《变创与渐常：侨易学的观念》，第 241—253 页。
② 叶隽：《变创与渐常：侨易学的观念》，第 241 页。
③ 叶隽：《变创与渐常：侨易学的观念》，第 252 页。

叶隽教授不断强调秩序问题，但他没说明白究竟"侨易学"所关注的是什么样的秩序，是政治秩序和经济秩序，抑或是社会秩序和文化秩序？

假如我们换一个角度，从互联网时代的需求去建构"侨易学"，那么"侨易学"的特色并不是文化怎样从上往下延伸，或怎样从下往上推深，而是从各个位置，各种层面去打破社会阶层的分歧及民族国家的疆域界限。在大千世界、红尘滚滚的大环境之下，"侨易学"的价值就是让我们放开怀抱，放眼世界，把个人、社群、国族、全球串联起来，从点到线、从线到面，从面到立体，一步步建构一条环环相扣、息息相关的连锁系带。

换句话说，"侨易学"的研究对象，是分析人群社会里千样万态的变化，不是某一个秩序的特点和权力部署。正因为如此，"侨易学"的内容既不需要"文化下延"也不用"文化上升"，而是名副其实的全方位、全球化的综合式研究方法，直接从底层的农民工、清道夫一直追溯到高层的跨国公司大老板和国家领导人，一一察看他们怎样每时每刻面对"位移"所带来的种种挑战和冲击。

如果我们把"侨易学"看为一套全方位、全球化的研究方法，那么，把"侨易学"改称为"桥易学"，可能比较恰当。把"侨"改作"桥"，一方面扩大研究范围，从研究人的乔迁（侨），扩阔为研究各式各样的位移渠道（桥），包括人才流动、劳工流动、货物流动、资金流动、技术流动、知讯流动等等。另一方面也可以打通"物质"与"精神"、"在地"与"非在地"，直接与间接等区别；不管是何种形式、何种渠道，只要是由位移而产生种种变化，一概都纳入"桥易学"的研究范围。这样，从内容来看，"桥易学"似比"侨易学"更宽广宏大，从方法上来看，它能更有效地面对 21 世纪"地球村"所产生的错综复杂问题，也能更有效地处理互联网时代"非在地性位移"所造成的人的自我疏离。

不管是"桥易学"还是"侨易学"，《变创与渐常：侨易学的观念》的贡献是指出在变动不居的大千世界、纷繁复杂的人事兴替和红尘滚滚的功利时代，我们必须要好好研究因位移所造成的种种挑战和冲击。犹如《易经》所说"生生之谓易"，我们的 21 世纪正在不断地改变，我们的日常生活也因"地球村"的出现而改变。在这种情况之下，我们极需要建立一套全方位、全球化的综合式研究方法，从日常生活的一举一动出发，连贯到全球性的"桥易"网络。

［本文原载于《安徽大学学报（哲学社会科学版）》2017 年第 1 期］

千世万象，无不侨易：关于侨易学的思考

陈戎女[①]

西美尔曾经说过一段有趣的话：

> 男人经常可能为了一种观念而生和死，他总是面对着观念，观念
> 是男人无止境的使命，在观念的意义上，男人始终是一个孤独者。
> ……就女人而言，她的生存和思想就是一回事，尽管一种命运注定的
> 孤独偶尔可能驾驭她，但一般说来，她决不可能像男人那样孤独，她
> 永远都在自己家里，而男人的"家"却在自己身外。[②]

直白地说，男人好理论、好思想的冲动，但女人的生存和思想、生活
和观念却是一体的。读罢叶隽君惠赠的《变创与渐常：侨易学的观念》
后，我即以此段话回赠他，博君一哂。

初次见叶隽，是若干年前在北外一个讨论顾彬汉学的会议上，他说了
什么已经忘记，只记得学术地位颇高的主持人先生将他作为新辈青年才俊
推出。及至听闻其侨易学大道，是在北二外一次较为随意的学术沙龙，他
不疾不徐侃侃而谈，从容之中指东道西。估计当时在座的听众有多半同我
一样，第一次听说"侨易学"这个陌生的词，如此独出机杼的学术冠名以
及恢宏的理论构图的确令人耳目一新。一石激起千层浪，之后我陆续在好

---

① 陈戎女，北京语言大学人文学院教授。

② ［德］西美尔：《性别问题中的相对和绝对》，载《金钱、性别、现代生活风
格》，刘小枫编，顾仁明译，上海：学林出版社，2000年，第184页。

些个同仁学刊上见到关于侨易学的笔谈和讨论，或誉之为含英吐萜继承新学统的"大设计"之作，有引领示范之效，或疑之为宽泛空蒙的夫子自道，可谓热议纷纷。

细细披阅《变创与渐常：侨易学的观念》一书后，方睹侨易学的庐山真面目。从逻辑架构看，该书上篇"观念与方法"构造侨易学的哲学根基，中篇"侨易现象"搭建侨易学的学科骨骼，下篇"案例研究"则以文化交流史的案例和学域操演充实侨易学的血肉。我的阅读体验是，上篇宏大高远，中篇条分缕析，下篇细密详实。

"侨易学"乃新造之词，明显没有遵照奥卡姆"如无必要，勿增实体"的古训。新造词必定是表达新思维的需要，那么，到底什么是侨易学？按叶隽的说法，简言之，侨易学是研究侨易主体相交后产生变异的过程，实际上是产生于"文化交流史实证研究的理论需要"[①]。如若是文化交流史的问题，为何要另起炉灶另名称之？文化交流史属于史学的范畴，但为侨易学打造其背后的元理论或哲学才是叶隽念兹在兹的事。侨易学借鉴李石曾的"侨学"只是获取了一个观念的开端，更具理论形塑意义的是取法《易经》以及易学涵括力甚广的宇宙学。一旦侨易学摆脱了文化交流史的史学面目，获得了"二元三维-大道侨易"的哲学内核，辅以"观侨取象、察变求异""物质位移导致精神质变"的学科理念，侨易一变而为学。

叶隽说，侨易学是一种观念，广义地讲是元理论/哲学，但狭义处说又是学科/领域，而且主要又是一种方法[②]，如此左右腾挪，足见创建新理论之难。我辈理解，这种学问上可直达哲学之天庭，下亦可俯就成为具体操作之术。然而上下之间如何打通理和法，道和术，何其难矣。概念说明，现象分类，常常面临怎么说也说不清楚，如何划分也难以厘清的困局，譬如书中侨易现象和侨易主体、物质位移与精神侨易的辨析就是如此，主客之间的转圜，物质与精神的交涉是世界之本然，跨文化、跨领

---

① 叶隽：《变创与渐常：侨易学的观念》，第 6—7 页。
② 叶隽：《变创与渐常：侨易学的观念》，第 17 页。

域、跨代际的交流现象尤其如是，但问学之术却硬要将它们划分归类，削现象之足适学科之履。这像极了 20 世纪初比较文学中法国学派试图界定"影响研究"时的困局，梵·第根把二元关系的跨国研究归为影响研究，二元之上三种关系的历史横切面的跨国文学关系研究硬生生地归为总体文学研究，如此画地为牢、自设疆界引起后世学人激烈诟病（如韦勒克的多番责难）。广义地来看侨易学已经通吃二元、三元的种种跨越类研究，更何况侨易学试图建立的是理解世界的元理论，这种心胸和阔大气魄，远非是一百年前那些法国学者的气度。

然而，侨易学过于宏大的企图（哲学—学科—方法），想要把一切现象纳入侨易视野一网打尽，那种舍我其谁的气概，也是在冒相当大的学术风险。阅毕此书，我不禁掩卷长叹：千世万象，无不侨易！对宏大的理论叙事，我向来有一种无来由的警惕。警惕倒非因为后现代以来屡见不鲜的解构之快欲，而是不相信凭空拔起的理论楼阁能装下大千世界的种种微妙与繁华，即便勉强装下，那居住情形和宜居度也是很窄迫的。当然不能否认，在大观念之下侨易学也给出了若干细致的理论设定，譬如从三条基本原则推导出"观侨阐理""取象说易""察变寻异"的基本方法，任何读者都能感觉到作者竭尽全力想要给侨易学提供从宏观到微观的理论自洽性。

但是，叶隽始终想在更为宏通的视野下确立侨易学的价值和意义："如果仅将侨易学视为一种具体分析研究问题的理论资源，也还未免有些明珠暗投。我更在意的是侨易学的整体性思维，它应是借助于易经思维的总体资源而提供对文明、对自然，乃至对宇宙的大道追寻。寻道之责不忘，大道原则确立，就是最为根本的贡献。"[①] 这样的目标设定，不唯侨易学，说是学问之终极目的也无不可。从侨易学的浅层目标看，叶著仍留有实证倾向，比如研究国际留学史的目的被归结为"最重要的当然还是复原历史现场，呈现作为核心环节的留学历史本相"[②]。但是看具体的阐释

① 叶隽：《变创与渐常：侨易学的观念》，第 271 页。
② 叶隽：《变创与渐常：侨易学的观念》，第 239 页。

248 ｜ 文化复兴语境下的侨易学现象

时，又总是感觉到他被另一股理想主义的力量拉着向更高的方向飞升，比如将中国现代留学生当作人类社会创造者和世界精神承载者，这时书中的实证主义倾向部分地被理想主义折中。及至在全球化和现代性的物质-精神双背景下，在无法圆融的东-西文化选择中，他辩称应归于大道，归于二元三维的元思维时，中国传统思想中的"求和"和"无用之用"表面上成为侨易学的思想底色，但也冲抵了侨易学实质上依傍西学得来的学理力度。

那么究竟应该怎么看待侨易学这门新创的学问呢？我最朴素的理解是，与其说侨易学是已严谨求证完毕的理论观念（不必说此书在做这样的努力），毋宁说它只是一个发端，一个问题场域的初步厘定，一个有待精确的地图草图。叶隽自承"必须通过大量的实证性研究来运用其基本原理，并提出各种各样的问题，从而来检验其有效适用度，并为更好地完善这个理论提供问题性资源"①。《变创与渐常：侨易学的观念》在哲学观念和学科理论的开疆拓土之外，下篇"案例研究"适时提供的就是这样的实证性研究。案例研究的好处是具体问题具体解决，且不妨碍得出类似案例的普遍性结论。譬如，侨易学在观察具体的侨动过程时，注意到了双边流动的势差。弱国到强国的人员侨动，会使势弱者产生对强国的追慕和自我自卑感，可能如郁达夫《沉沦》中描写的近代中国留日学生那样患上忧郁症，走向自裁的结局。强国到弱国，举凡很多游历东方的欧洲旅行写作，绝大部分都暗含着帝国主义/东方主义的话语潜流，这方面萨义德可以给我们列出一长串名单。类似这些侨易现象，《变创与渐常：侨易学的观念》在谈及留学史中边陲社会和中心社会之间的边缘人知识分子时有相当精彩的阐发。所以，虽然叶隽本人的学术进路是从具体到抽象，从实证的文化交流史到自觉构建抽象的侨易学的观念和方法，但于学术界而言，这座侨易学的理论大厦是否能入法眼，侨易学是否有未来以及有什么样的未来仍需要取决于多领域的验证，而学术界是否接纳侨易学的关节点可能恰恰就在于此，而不在于这个新说的理论装备是否夺目好看。

① 叶隽：《变创与渐常：侨易学的观念》，第135页。

说到理论装备，我们知道任何一种理论（何况是元理论的创造）都不可能空穴来风。《变创与渐常：侨易学的观念》的理论来路，表面看取自中国颇多（李石曾的侨学、《易经》），且也受当代中国学人力求兼扩中西的学术主体意识的感召（葛兆光、桑兵、王铭铭），但其理论素养的基石则无法隔断与德国的联系（莱布尼茨、歌德、席勒、洪堡、尼采、胡塞尔等，甚至还有西美尔）。而其行文中广采各家之言形成的游戏"场域"或博弈"棋局"，每每使人感佩叶隽君读书之浩繁广博。中西方的宏论自不必说，甚至还有印度学者室利·阿罗频多的《薄伽梵歌论》，格局上合了汤用彤先生"融会中西""接通华梵"，中西印三大文化并举之说。广采并取不失为一种汲取理论营养和视点的方法，何况乎巴特早已预言"文本是由各种引证组成的编织物"。但于论证方式而言，前辈大家的说法虽好，却因其理论背景和道德立场各异，广征博采的引证有时不仅不能说"明"问题，还使得问题跌入无穷尽的互文之海，再打捞出来已然湿透，原来的模样已断然无法辨认了。其实以叶隽做德国文学和思想史的功底，完全可以驾驭材料之间实质性的思想联系，该书读起来引文大于论证，让人产生引文荟萃的阅读体会（不否认读者亦从中受惠），也许是作者被侨易学的观念所累，非要兼及东西，打通古今不可。我个人觉得这种思路很像钱锺书的《管锥篇》，在比较中打通的"通识"自觉，虽然叶隽否定了这种"通人"的学术追求①。实际上跨文化研究中最难的是融通，且不说形而上思维打而不通，东西方文明亘古恒久的冲突也是棘手的难题。

　　不得不说，书中对 21 世纪东西方文明冲突之结局乐观的判断，明显多出于纯理论推导或玄思，与现实脱节。21 世纪以来，东西方文明冲突愈演愈烈有目共睹，如 2015 年 11 月 13 日法国巴黎发生连环枪击爆炸恐怖袭击，超过 130 人死亡，全世界哗然，更不用说久拖不决的叙利亚战争和巴以冲突。但是，该书却援引争议很大的波普尔的话："文化的冲突未必总是导致流血的战斗和破坏性战争，而可能也是富有成效的和促进生命发展

---

　　① 叶隽：《变创与渐常：侨易学的观念》，第 272 页。

的原因。"① 波普尔的说法也许有其内在的理路，但是听起来像空中楼阁一样空玄，不切实际。而对于亨廷顿的"文明冲突"说，书中所引的森格哈斯（Dieter Senghaas）的解读②，我并不觉得准确。首先，森格哈斯做出二分预判：西方把冲突视为不可避免的，需要调节，东方则把冲突理解为混乱和机能障碍需要压制，我以为这本身就表现出一个西方学者东西对峙的东方主义倾向，值得检讨一二。毕竟，在东方思想资源中，一点也不缺乏从"求同存异"的"存和"以达"和谐"之境的说法。其次，"矛盾是一种常态现象，而冲突是一种异态现象，存和又达到一种常态，和谐则始终是理想状态"③，诸如此类的表述是相当理想化的，只能扣上大宇宙观的帽子，却无法解释为何当今的地缘政治冲突不断。理论不一定非要观照现实，所谓静观的智慧"何处惹尘埃"。但是我们身处全球化时代，涉及东西文明这样切身且现实的议题时，务虚的理论只能给历历在目的冲突和战争涂上一层理想的香膏罢了。所以，当侨易学降下观念的身段与现实接榫时，可能会发生错位。那么，如何增强侨易学的阐释有效性，除了更加周密的理论外，也需要观念与现实之间不一定无缝但应是有说服力的对接。

上面看起来是对侨易学的观念方法提出了一些批评，但对于《变创与渐常：侨易学的观念》一书，我内心其实是激赏多于苛责。激赏处不仅在于很多学人已赞叹过的中国学界缺位已久的理论自觉，即便不是如此，书中讨论到的大小议题，叶隽都奉献了自己认真的思考，读者诸君只要认真读下来必然获得知识或思想的实质性的增益。来而不往非礼也，行文至此，我也不妨斗胆提供一些聊备一说的断想。

既然侨易学的基本理念是因"侨"而致"易"，"侨"无非就是位置之间的移动，是"具有势差之间的异质文化体之间的位置变化"导致精神的

---

① 叶隽：《变创与渐常：侨易学的观念》，第 123 页。
② 叶隽：《变创与渐常：侨易学的观念》，第 171 页。
③ 叶隽：《变创与渐常：侨易学的观念》，第 171 页。

质性变易①，那么，旅行文学或旅行写作（travel writing）可能是一个特别适合阐发侨易学的领域。"侨"是移动（Mobility，叶隽敲定的"侨易学"英文是同样引起陌生感的 Kiao-Iology），侨易现象中不仅有二元三维的哲学之道，也有因侨动产生的政治学和诗学，这方面国外已有相当丰富而广泛的研究。其中一个有意思的视角，是侨动主体的性别身份，有时对侨易过程和结果起着决定性影响。譬如，晚清民初来华的欧美旅行者中，有不少英国和美国女性，早期多为外交官、传教士、商人的夫人们，如传教士毕治文的妻子伊莉莎·珍（Elisa Jane Gillett），因为是女性，她们来华时的旅行见闻和记录不同于男性。史景迁曾提到，伊莉莎·珍等晚清西方来华女性"更细微地呈现了中国妇女的风貌"，不再是 18 世纪法国作家伏尔泰笔下贞洁勇敢的伊达，或者威尼斯剧作家戈齐童话剧中追求自由的中国公主杜兰朵，她们笔端的中国和中国女性更加信实可靠。② 随后来华的西方女子出现了身份独立的女传教士、作家、旅行家、画家、摄影家，如作家立德夫人（Alicia Little），旅行家伊莎贝拉·伯德（Isabella Bird），画家艾米丽·坎普（Emily G. Kemp）、康斯坦斯·卡明（Constance G. Cumming），她们留下的见闻记录和小说，不仅成为我们观察彼时中国的历史记载，也成为反观和见证她们自身的材料。来华旅行对于女性旅行者（women traveler）而言是长途跋涉且充满危险的异域之旅，然而其独特魅力恰恰在于，她们通过模仿这种男性化行动，一方面获得了一种无性别的、超性别的白种人权力，在性别上获得了解放，另一方面则是对本国社会规约的逃离，在社会意义上解放了自己。除了性别维度，如果再加入帝国/殖民地的维度，这些来华的欧美女性面对东方时是强势者，是帝国主义的代言人，作为侨动主体她们就比男性带出的文化意味更加微妙复杂。但是也有学者提出质疑，男性和女性作为异域的共同观察者，性别上

---

① 叶隽：《变创与渐常：侨易学的观念》，第 31 页。
② ［美］史景迁：《大汗之国：西方眼中的中国》，阮叔梅译，台北：台湾商务印书馆，2000 年，第 135 页。

的差异叙事事实上不那么明显，代际、政治和意识形态造成的叙事差异显得更为重要。那么，性别、代际、历史话语、地方性伦理/普世性伦理、政治和意识形态，到底哪些因素影响侨易结果的权重更大，并在文本和叙述中呈现出来，也许是侨易学可以富有成效地施展拳脚的一个领域。

此外，无论是前现代还是现代，跨文化、跨领域、跨代际的侨易过程的结尾不一定是两种异质存在的和谐。我们知道异质文化主体的跨文化交流有时不是发生对他者"同情的理解"，文化交易的后果也不尽然是产生间性思维，多数时候反而是对他者的拒斥，对自我（意识、文化、身份、性别）的确证。若如方维规先生所说：有"侨"必"易"，确证自我到底是"易"之后的"不易"，还是更高级形式的"易"，可以做更有意思的探讨。比如一生桀骜不驯的辜鸿铭，自小游学四方，会九门外语，熟谙西学，却以臧否促狭西人为乐，学成后归国，成为中国（儒家）文化的坚定维护者，他无论是翻译《论语》《中庸》（虽然王国维认为他的翻译不及理雅各准确），还是著书《春秋大义》，都是对本土文化立场的自觉选择。即令具有世界眼光的歌德也莫不如是，"歌德之所以写不成《埃尔佩诺》，说到底还是中欧伦理观的无法调和，也就是在传统承续中选择了一种抗拒"①。当然还有大量的反例可以证明，侨易的结果是侨动主体受到他者影响改变自己产生了精神质变。可见，侨易现象千差万别，不宜套入公式一概而论，最好是进入历史语境具体分析。

叶隽的《变创与渐常：侨易学的观念》一书敢于取法先贤，拔剑论道，表现出一种担当的勇气。他不仅是"寻道者""见道者"，还是所谓的悲壮的"挺身入局"者，甘愿承领西美尔所谓的男性为观念而生死的孤独命运。这命运于个体来说是孤独的涓涓细流，但是于学术共同体而言，却是不可缺少的汇聚之流。

（本文原载于周云龙主编：《圆桌》，北京：人民出版社，2016 春夏卷）

---

① 叶隽：《变创与渐常：侨易学的观念》，第 267 页。

时代断层中的"侨易学"

潘　锦[①]

　　叶隽兄深具人文情怀与学术理想，于喧嚣世事中固守书斋、孜孜为学、笔耕不辍，依东西方学术交流路径追寻时代脉络与振兴之路。自《另一种西学》而《异文化博弈——中国现代留欧学人与西学东渐》，自《史诗气象与自由彷徨——席勒戏剧的思想史意义》而《歌德思想之形成》等等，专著数十种，硕果累累。《变创与渐常：侨易学的观念》一出，多年学术积累凝聚，以"因侨致易"观念统揽中华近代社会观念、文化传统和意识形态诸领域变迁，颇感焕然一新，器物相参，若已窥堂奥。

　　叶隽兄读书万卷、文字练达，且游学多地，《变创与渐常：侨易学的观念》是一本涉猎广泛、好读的书。作者体悟"吾国之兴起于世界，必当先有思想之原创，启创辟之学，聚四方之智，乃能别开天地而为中国文化开新景，为世界文明寻出路"，《变创与渐常：侨易学的观念》是一本"处承平之际，为创辟之学"的书。书中《易经》、文化比较、经济学、社会学和方法论等知识熔于一炉，征引、考察"物质位移、精神漫游所造成的个体思想观念形成与创生"及"不同文化子系统如何相互作用与精神变形"，梳理中华民族现时的文化、思想发展轨迹，追求其中规律、启发未来思想。

---

　　① 潘锦，金融从业者、文学爱好者，毕业于理工类专业，现居上海。

一、"侨易学"要义

"侨易学"核心在"侨",源于李石曾《侨学发凡》中的基本概念,同时融入"易"的观念加以抽象、帮助推衍,因此具备了一般解释能力。

李石曾是与蔡元培并称的著名教育家,清同治年间显宦李鸿藻之子,既受过传统儒学教育,也长期留法,并发起和组织过赴法勤工俭学运动。用《变创与渐常:侨易学的观念》的概念讲,本就是"侨易"人物。李著《侨学发凡》研究"侨学"——"迁移、升高、进步的学问",即"在移动中的若干生物,从此一地到彼一地,或从几个处所到另一个处所;研究他们的一切关系上与活动上所表示的一切现象",应是有感而发,体会深刻。

"易"者"变"也,本是描述事物变化规律的学问。"易"以"阴阳相生、一体二元"的形式将事物变化规律抽象出来,其模型因高度抽象和形式的极简而获得了强大的演绎能力。正如数码"0""1"抽象出来之后,通过逻辑电路用"开""关"表示其状态,再通过程序语言的表达和布尔代数的运算,即能虚拟出万事万物。"阴""阳","有""无","0""1",对立二元的学问大哉。

"易"有三义:易简、变易、不易。"易简"意为规律简约,"变易"意为外在变化,"不易"意为规律恒定,三者均为"易"之用。"因侨致易",即"侨易",或可理解为"变易"的专门情况。"二元三维,大道侨易""观侨取象、察变寻异""物质位移导致精神质变"是作者为探求"侨易"现象确立的三原则,也是解析"侨易"现象的基本框架。"二元三维,大道侨易"或可以理解为由"此"及"彼"的"二元",加上驱动因素为"三维"。"观侨取象、察变寻异"是对"侨"现象进行抽象,寻求其中的革新和变化。"物质位移导致精神质变"是明晰"侨"现象带来的精神、文化变革。具体而言,李石曾随驻法公使孙宝琦留学法国为"侨易"现象,鲁迅从浙江绍兴至江苏南京求学也为"侨易"现象,等等。凡此"物质位移导致精神质变",进而对吾朝文化、社会发展产生推动作用的事件,均为"侨易"研究对象。

二、断层时代

侨易学的创辟，实有痛感文化落后、力求中华文化复兴之忧思。书中举例，陈垣教授以中国史学不发达为憾，常说日本史学家寄一本新著作来，无异一炮打到书桌上。《变创与渐常：侨易学的观念》无疑也是回击"炮弹"中的一发。

中华文明根基于内用黄老、外示儒家，其后融入西来佛家，逐渐演变为"存天理、灭人欲"的宋明心性之学，虽顺应时势却也愈显僵化。及清军入关、鸦片战争打破国门，始信中华文明之孱弱。日人撰"崖山之后无中国，明亡之后无华夏"，有贬低之意，却也有可以被贬低的客观基础存在。一个无法抵挡外族入侵的文明，不仅无法赢得世界尊重，也有难以存续的风险。

五四以来，中华民族于屈辱和重压下爆发，一批批民族精英"因侨致易"，走上了学习西方、救赎国家和民族的道路。其间历经抗日和内战，辗转百年，迄今我们仍处于社会主义初级阶段，仍在发展社会主义市场经济。我们还没有跨越"中等收入陷阱"，极可能面临"未富先老"。我们的工业体系尚未完全摆脱"代工厂"的地位，金融体系仍有赖于外汇管制的"防火墙"，民族复兴的中国梦还在努力过程中。而物质生产之外、思想文化领域之内，我们需要什么样的体系来支撑民族复兴？思想文化的不一致或会显著反映在经济领域，如 2007 年《劳动合同法》出台，其推行集体谈判等措施，降低了劳动力市场的雇佣灵活性，与当下社会经济发展需要的效率并不匹配。张五常等经济学者在法律出台之初即指明了其降低生产率、不符合社会发展需求的效果，财政部原部长楼继伟在清华大学的讲座中也再提此议。事件或许只是典型，关键是在中国尚未迈入中等发达国家行列的现阶段，什么样的思想和文化背景推动了类似"福利国家"劳动政策的出台，我们该如何平衡思想文化和经济发展的关系？除经济之外，民族、宗教、社会伦理等无不内在于完善、有竞争力的思想文化观念。时代断层之中，研究个体侨易过程，或有助于拼凑出中华民族当下的大思维图景，系统诠释相关问题。

三、侨易学与经济

"易"作为研究事物发展规律的工具，有完整的逻辑体系，可描述诸多现象的发展，符合"观侨取象，察变寻异"的需求，如书中以"乾卦"起、承、持、转、合、极的六个阶段来解释诸葛亮的一生事迹。"易"的方法，从分析的角度讲，颇似金融投资中的"技术分析"——从运动中寻找规律，并以此推断事物的下一步发展。而"侨易现象"包括了"侨易对象""侨易行动""侨易条件"，其发生除有各种社会、文化考量之外，经济学意义上的"利益最大化"也应是考察重点之一。

按加里·贝克尔在《人类行为的经济分析》中的论断，经济学分析已进入了第三阶段，可考察人类的全部行为及与之有关的全部决定，只要涉及稀缺资源在多种用途情况下的资源分配和选择。"侨易"现象无疑也是在各种局限条件下的主动选择，如书中举例鲁迅从绍兴到南京入洋学堂，是迫不得已的选择；李石曾等留法及发起赴法勤工俭学运动也未始不是振兴中国经济的考虑。涉及资源配给和行为成本，考察"侨易"背后的经济动因，甚至推广到社会、文化方面的考虑，无疑是在进行一项"基本面分析"，是研究"物质位移导致精神质变"的内在驱动。"内在驱动"未见得足以推动行为，此时的"行为"也未见得足以说明下一步的动作，唯有"基本面分析"和"技术分析"相结合，或能更清晰、更完善地刻画当下思维图景的运作。

四、结语

中国携二战战胜国的红利享外部和平至今，其间经济经历了计划和市场两种体制，文化交流也经历了封闭和开放的不同阶段，如今数十万学生常年留学西方发达国家，与外邦工商往来络绎不绝，互联网更是日益将各族群文化紧密联系在一起，"侨易"现象时刻都在发生。然而，经济开放并不必然促进文化繁荣，个体的"侨易"也不会轻易上升到民族、国家的高度，思想、文化的发展仍有赖于诸君子的"侨易"及推动。尤其面临诸多增长困境之际，推动"侨易学"研究、引领思想文化繁荣成为一项紧迫任务。愿有识有能之士善加关注，助力民族之复兴。

（本文原载于《北京日报》2015 年 9 月 10 日第 19 版）

侨易学：一种关于生命的可能性

贾　俊[①]

我们正处在一个变动不居的时代。在物质层面上，资本主义全球化空前高涨，伴随着便捷的交通与物流，人与物的流动无远弗届。如果说在资本主义发展的伊始阶段"资产阶级争得自己的阶级统治地位还不到一百年，它所造成的生产力却比过去世世代代总共造成的生产力还要大，还要多"[②]，那么在 21 世纪的今天，全球化的资本、信息、人口流动比资本主义初期更甚。互联网使全球日渐成为一个信息化的整体，即时性的跨文化交往成为现实，"侨易"作为生命的源初经验（Ur-Erlebnis）得以可能。"东方""西方"的"对立"正日渐式微，一个真正的属于世界的时代正在来临。伟大的德国诗人歌德所提倡的"世界文学"（Weltliteratur）亦有了更加坚实的物质基础。

在精神层面上，学术、知识、思想等无形之物亦成为一种特殊的流通"商品"，在世界各地学者间进行着"理论旅行"。中国成为了"世界工厂"，却依然无法"制造""生产"自己的理论，几乎完全依赖西方世界的知识输入。悲观地说，我们甚至很少触碰到西方的文学与西方文学理论本身。最为国人熟知的外国文学名著无一例外由外文译成中文的"汉译文

---

①　贾俊，文学博士，深圳市南山区荟同学校教师。

②　［德］马克思、恩格斯：《马克思恩格斯全集》（第四卷），北京：人民出版社，1956 年，第 471 页。

学"，"大学中文系的外国文学课程上的也是汉译文学"，并非"原著意义上的外国文学"。① 中国人进行中西比较诗学研究中的西方文论亦非真正意义上的西方文论，而是经过翻译的西方文论，陈跃红将其称为"翻译文论"，"其话语往往是不中不西，亦中亦西的"。② 中国学人"借用西方的一整套话语，长期处于文论表达、沟通和解读的失语状态"③，对此深有警惕的学者又苦于离开西方话语似乎就无法言说，从而深刻地揭示了中国学人言说的悖论：为了言说，不得不借用西方学术话语；然而一旦借用西方话语，又无法言说自身。

当此之时，叶隽教授携《变创与渐常：侨易学的观念》一书，"启创辟之学，聚四方之智，乃能别开天地而为中国文化开新景，为世界文明寻出路"；主编《侨易》辑刊"以求知焉，以向真理"。④ 毫无疑问，叶隽教授开启的"侨易学"因其独具特色的思想性和包罗万象的兼容性，为中国学人的言说提供了一种新的可能性，也为跨文化研究提供了一条新的路径。侨易学既非西方社会与学术语境中诞生的生涩理论，也非经过西方理论改造、重写的"中国"学说，而是关注当下现实社会的资本语境之下一种切切实实的侨易现象，继承发扬前辈的侨学概念与阐发回溯《易经》的大道智慧，进而构建一种全新的研究理论。《侨易》辑刊的问世本身就代表了诸学者对侨易学理念的基本肯定，亦是侨易学理论进入文本实践的有益尝试。

然而，侨易学诞生于一个"无力言说"的时代，其言说的创新性也难免遭遇不同的声音。曾艳兵教授就曾担心，"我们似乎刚刚经历了一个解构一切、消解一切、终结一切的时代，而这样一个时代还远没有成为历

---

① 李今：《汉译文学的学科位置及其编年考录的设想》，《中国现代文学研究丛刊》，2015 年第 9 期。

② 陈跃红：《比较诗学导论》，北京：北京大学出版社，2005 年，第 118 页。

③ 曹顺庆、王超：《中国比较诗学三十年》，《文艺研究》，2008 年 09 期。

④ 叶隽：《变创与渐常：侨易学的观念》，第 1 页；《〈侨易〉发刊词》，载叶隽主编：《侨易》（第一辑），北京：社会科学文献出版社，2014 年。

史、成为过去"①。侨易学仍然处在一个解构与消解的语境中，后现代主义的余威仍然潜移默化地影响着任何学说、理论的思考与建构。这向侨易学提出一个颇为尖锐，也攸关其合法性的问题：侨易学的提出是有意义的吗？有研究者指出，侨易学虽处初创时期，还远未成熟，更无从谈论"侨易学的危机"等一类耸人听闻的话题。然而，这样的担心并非是多余的。"与殚精竭虑、持之以恒地建构相比，解构总显得轻松愉快，若是纯粹破坏性的解构，那就更可以称得上是真正的痛快了。"② 对这一问题的真正回应与其说是侨易学现在还不会"被解构"，不如回应侨易学本身如何无法被解构，即侨易学被解构（或自我消解）的不可能性。

这与侨易学的研究对象——侨易现象、侨易事件的本质有着密切的关联。侨易之为侨易，已经不仅仅是现象、事件这些可表征的事物，而是一种潜在的人类普遍的生命经验。因此在这一意义上，侨易学本身具有不可消解性。侨易学不仅可以用来分析历史中确有的思想家、诗人、艺术家之真实的侨动与思想质变，亦可分析文本之中或者故事作品中的主人公的心路历程与精神漫游，侨易似乎天然具有本真性，即侨易本身也是我们每个人可能的本我的生命经验。全球化时代的便捷交通与信息流动为侨易提供了一种可能性，正是这种空前强大的现代性使侨易从过去稀少的旅行者身上逐步扩展到每个人身上，成为每个人都有可能经验之事。从个别人的特殊性经验到全人类的普遍性经验，是时代使侨易成为可能。当我们出离原始故乡，经过侨动，最初进入一个陌生地域时，都曾有过或多或少的惊恐或喜悦。文学世界最为独特的魅力正是保留了冷冰冰的资本主义社会资本的纯逻辑力量之下幸存的人类情感，与人生中必然会经历的生命与死亡、悲伤与欢乐、痛苦与恐惧、幸福与不幸等一样，侨易也成为生命的原初经验。显然，这种原初经验在逻辑上是不可化约的。

---

① 曾艳兵：《作为比较文学资源的侨易学》，载叶隽主编：《侨易》（第二辑），北京：社会科学文献出版社，2015年，第217页。

② 同上。

在这一意义上，侨易学已经不仅仅是一种哲学观念或者科学的方法论①，而是关于生命的可能性。侨易之"易"，即思想层面的"易"一定始于那个遭遇变动时的惊讶和诧异，对陌生、未知感袭来的恐惧和慌乱，等等。侨易之易打开的不仅是一个向着异文化的敞开空间，也是对本己的躬身自省，"易"之惊讶开启了哲学与反思的追问。同时，这些人类的情感也是独有文学文本才可能涵纳的。在这个意义上，虽然侨易学本身处在一个被解构的时代，可能会不断面临着其他各种理论的诘难，但其作为生命源初经验的地位已经决定了侨易学无法再被还原，因而也不可被消解。这样的理论建构绝非解构时代西绪弗斯徒劳地推动巨石，而是有着强烈的时代感与使命感。建筑辉煌学术殿堂的道路总是"路曼曼其修远兮"②，对真知灼见的追求也需上下求索。幸运的是，"我们相信，历史书写的总是那些建构者，或者说，历史就是由那些建构者的活动和成果构成的；而那些解构者……终将随着潮涨潮落而烟消云散、不留踪迹"③。

作为对生命源初经验的探讨，侨易学甫一出世就受到了跨文化研究的诸多学者的追捧。毋庸置疑，侨易学的理论触碰到了一些跨文化研究中的核心范畴与根本问题。无论是比较文学还是比较诗学研究，"东方""西方"的二元对立范畴都是极为重要的概念。简而言之，根据时代、地点、语言、思维、习俗等的不同，世界被划分为两大"阵营"："一是有着理性、科学、个体主义思维的西方人，一是有着感性、诗意、同感思维的东方人。"④ 要之，西方人与东方人在文化上不仅是不同的，甚至是相互对立的。中西比较诗学的重要研究者叶维廉在其《比较诗学》中提出"文化模

---

① 叶隽：《变创与渐常：侨易学的观念》，第 118 页。
② 游国恩主编：《离骚纂义》，北京：中华书局，第 260 页。
③ 曾艳兵：《作为比较文学资源的侨易学》，载叶隽主编：《侨易》（第二辑），北京：社会科学文献出版社，2015 年，第 217 页。
④ 何重谊：《语言不可通约性之谬：探寻跨文化与元语言学认知方式》，乔修峰译，载叶隽主编：《侨易》（第一辑），北京：社会科学文献出版社，2014 年，第 225 页。

子"的概念。^① 其落脚点固然在于寻求"共同诗学"(Common Poetics),但是他已然预设了两个不可通约的"文化模子",僵化、固定又不可更改,首先将中西两大文明之间设立界限,然后再试图寻求共相,弥合异质文明的差距。然而,张隆溪在其《不期的契合:跨文化阅读》(*Unexpected Affinities:Reading across Culture*)则直接指出了文化间不可通约的谬误:东西方的二元对立概念非常粗糙,完全是为了便利的目的建立起来的;要之,东西方文本"都是同一种类,只是程度不同"。^② 为了更加彻底地破除"东方"和"西方"等这对"伪"概念,何重谊在《语言不可通约性之谬:探寻跨文化与元语言学认知方式》一文回溯了东西方的认识论,文化差异的核心就在于语言的不可通约性。"通过对洪堡(Alexander Humboldt,1769—1859)'民族精神'(Volkgeist)与'皮萨尔-沃尔夫的假说'(Sapir-Whorf Hypothesis)关联,从而解构了语言和文化铁板一块的存在主义思想。"^③ 因而,东方与西方的文化差异也不再因其语言的不可通约性而成立。因此,跨文化研究应当放弃传统、庸俗的以地域文化为划分范畴来解释不同思想家之间的思维差异,转而探寻那些"中国和欧洲、中世纪和当代共有的跨文化的认知方式"^④。

尽管在学理上,东西方文化概念的对立是无意义的,但如西方是科学的、理性的,东方是感性的、伦理的这样"'根深蒂固的杜撰'在很大程度上被比较研究的哲学家和汉学家所共享"^⑤。哲学大家如康德也会在其《人类学》著述中写下其时代所共有的种族偏见,与其哲学体系中确立的

---

① 叶维廉:《比较诗学》,台北:东大图书公司,1983年。

② Longxi Zhang. *Unexpected Affinities:Reading across Culture*. Toronto:University of Toronto Press,2007,p. 63.

③ 何重谊:《语言不可通约性之谬:探寻跨文化与元语言学认知方式》,乔修峰译,载叶隽主编:《侨易》(第一辑),北京:社会科学文献出版社,2014年,第224页。

④ 同上,第240页。

⑤ 何重谊:《康德的〈人类学〉、萨义德的〈东方学〉与叶隽的〈变创与渐常〉:比较性阅读》,范莎译,载叶隽主编:《侨易》(第二辑),北京:社会科学文献出版社,2015年,第171页。

道德律法的普遍性发生了冲突。在方法论的意义上，两个相对独立的概念系统（文化）究竟应当如何取得联系呢？何重谊精辟地指出："我们可以假定，在概念系统 X 和 Y 之上存在一个元系统 Z，于是哲学家 A 和 B 最终被联系在一起，因为 X 与 Y 同时根植于 Z。"① 这就是说，两种文化、两个文明系统之间的勾连与比较应当建基于二者的共享的意义生成结构（元系统 Z）。X 何以成为 X，Y 何以成为 Y？二者背后完全依赖着元系统 Z 的意义生成，使 X 与 Y 成为可能，亦使 X 与 Y 的关联成为可能。哲学家 A 或 B（亦可以抽象地理解为两种文化的生产者）"都建立在同样的生物结构之上，即名为'现代人'的生物物种，其所有成员的神经过程几乎都是同质的"②。而侨易学正是那种沟通文化、文明系统间的普遍的生命经验、思维方式和认知方法，"超越那些僵化了的、本质主义化的范畴——尤其是文化范畴"③。

侨易学所采取的姿态本身——不可还原的生命源初经验为研究对象，从根本上抽空了东西对立的任何种族的语言的文化的基础。在人类生命经验的意义上，无论何种民族何种国家的文化，只要是人即共有此种经验。一方面，侨易作为普遍的人类经验，为跨文化研究提供一种共同的思路。另一方面，侨易学又研究"如何通过'相交'，尤其是在物质位移导致的'异质'相交过程，发生精神层面的质性变易过程"④。即侨易学通过对侨易主体的考察，从而厘清了元系统 Z 分别与概念系统 X、概念系统 Y 的关联。这一进路从根源上抽空了西方中心主义话语和东方主义（实际上仍是西方本质主义）的存在前提，进而提供了除西方中心主义和反抗西方中心的边缘立场以外的"第三条道路"，同时也消解了跨文化研究中心与边缘

---

① 何重谊：《康德的〈人类学〉、萨义德的〈东方学〉与叶隽的〈变创与渐常〉：比较性阅读》，范莎译，载叶隽主编：《侨易》（第二辑），北京：社会科学文献出版社，2015 年，第 170 页。
② 同上。
③ 同上，第 175 页。
④ 叶隽：《变创与渐常：侨易学的观念》，第 6 页。

的二元对立模式。"侨-易"的方法论意义正在于此。

只有当一种盲目、局限的区域性的跨文化研究日渐消逝，而"东方""西方"不再作为固有的文化偏见与研究者的潜意识存在，一种真正地属于世界的、世界性的文学才能产生。"东方""西方"等概念的无力不是跨文化研究的结论与终结，而恰恰是跨文化研究的真正开端，是世界文学的诞生。这意味着一种具有相当普遍性的研究才刚刚开始。这种研究并不局限于单一时间、单一地区、单一民族、单一文化，而是致力于研究更为宽泛的普适的人类生命经验——"侨易"。全球化的资本主义消费社会已然形成，物质极大繁荣的背后是商品与资本在全世界各个角落里的暗流涌动，其结果就是各个民族的物质生产活动已经深刻地整合为一体。经过"东方""西方"等区域概念划分的文学显然并非真正的"世界文学"，依然具有很强的局限性与狭隘性。然而，全球即将形成歌德所呼吁的真正的世界文学。马克思早在《共产党宣言》中就曾断言，全球经济基础生产方式的飞跃必将预示着世界文学的最终出现。"物质的生产如此，精神的生产也是如此。各个民族的精神活动的成果已经成为共同享受的东西。民族的片面性和狭隘性已日益不可能存在，于是由许多民族的和地方的文学形成了一个世界的文学。"[1] 侨易学的诞生使得文学研究中摒弃各民族间既有的旧观念成为可能。西方中心主义或者东方主义在侨易学的视域中都无法维系其原有的文化核心地位，因为侨易学重视的乃是"交易""交感"，是异质文化间的沟通、交流与变异，更是现代人类生命本有的可能性。因此，冲破狭隘的旧观念、形成属于世界的"世界文学"即将成为现实，侨易学作为生命的源初经验亦使生命有了新的可能性。

（本文原载于《书屋》2016 年第 8 期）

---

① ［德］马克思、恩格斯：《马克思恩格斯全集》（第四卷），北京：人民出版社，1956 年，第 470 页。

全球化时代的传播与演化:浅析侨易学的知识史地位

何　蓉[①]

以叶隽《侨易学的观念》（2011）的发表为标志，建立在李石曾"侨学"与《易经》思想等知识传统基础之上的"侨易学"（Kiao-Iology）得以建立。《变创与渐常：侨易学的观念》（2013）一书的出版，则是作者进一步地深化思考，完善其学科概念、核心内容和基本原则等方面，将侨易学深化为一个学科领域的尝试。

在我看来，侨易学试图要容纳的，是人口迁移、文化碰撞、观念融汇、常规变迁等无时或止的社会历史现象。而在当下的全球化背景、科技手段日新月异的前提之下，人与社会本身所面对和参与的，更是前所未有之巨变，文化间交流使得加深文化的自觉成为突出的课题。基于此，侨易学理应在揭示变与不变的形态、肌理与机制等方面有所贡献。

如果集中在"文化的交流与变迁"这一主题上，侨易学便在一定程度上回到了近代以来的传播论的关注点上。传播论以文化的地理传播（diffusion）为研究对象，关注文化或文化特质从一地流传到另一地的现象，传播学派把人类文化史总结为文化的移动、接触、冲突和借用的过程[②]，其思想对 20 世纪初的人类学和考古学、民族学等各个领域都产生了影响。

---

①　何蓉，中国社会科学院社会学研究所研究员。

②　王铭铭：《非我与我——王铭铭学术自选集》，福州：福建教育出版社，1999年，第 23 页。

不过，传播学派持有的一个基本立场令其受人诟病。即，他们认为，人类的创造能力是有限的，现有的不同的民族和文化，实际上都源于一个或少数几个文化中心，各项文化物件或特质即由文化中心扩散、传播，由此，追溯特定的文化特质的传播过程，就可以确立不同人群接触和文化交流的历史线索。极端的传播论，如英国的史密斯等的文化单源论，将所有的人类文化的源头，都归到古埃及这一个中心。

传播论的兴起及其背后的世界观，是与近代勃兴的资本主义和殖民帝国模式相符合的，适应了处于核心地位的、文明的西方与处于边缘地位的、落后的非西方这一基本的二分法。也因此，传播学派的文化圈、跨文化传播等概念，逐渐受到质疑或被摒弃不用。

但是，如果剥离传播学派对于文化源头和发展机制的种种断言，一个明确的现象是，在全世界范围内广泛存在着文化实践、特质的传播与借用、演化等的事实，在全球化的条件之下尤其如此，而且，其传播的速度之迅速，范围之广泛，影响之深刻，演变的内容、形态之多样等，都大大超过了近代化早期的想象。

因此，近十数年间，在经济学、管理学、政治学等学科中出现了全球化传播（global diffusion）这样一个新的概念，认为无论是正式制度，还是日常生活细节中，都存在着某些被广泛采纳的实践或习俗，因此，产生了这样一种取向，来研究某些制度、观念、做法等在全世界的广泛传播。例如，为什么在人口调查中要把"民族"加进来？管制资本主义的模式是怎样在全球发展的？全球性的经济组织、非营利组织是怎么传播的？革命、社会运动等，为什么有时会在不同区域不约而同地产生？为什么全世界的新娘结婚的时候都要穿白纱？诸如板球运动，或者冥想、焚香等做法，是怎样流传开来的？等等。

目前，对于全球化传播的研究散布于社会科学各个领域之中，其解释潜力有待进一步发掘。简单地说，存在着两种研究的取向，一种是从具体的背景因素、传播过程、变化形态等入手，讨论传播现象与其不同社会背景之间的互动；另一种是讨论传播过程中的机制性因素，解释变化得以发生的机制问题。

前一种取向的典型案例，是追溯幼儿园这种保育方式在世界范围内的传播的一个研究。在这本名为《幼儿园与文化：一种观念的全球化传播》（*Kindergartens and Cultures：The Global Diffusion of an Idea*）的著作中，编著者们梳理了 11 个国家在 19 世纪末 20 世纪初分别采纳了幼儿园作为其儿童教育体系之组成部分的案例，试图说明在不同的政治设置之下幼儿园的功能，及其塑造民族、国家认同的作用。

幼儿园源起于 1840 年代的德意志，在 1848 年革命失败之后随着流亡者的脚步传播至美国与英国，并陆续以各有千秋的形式与澳大利亚、日本、中国、苏联、越南、波兰等国的社会文化结合起来，形成了一个综合了有关儿童保育与发展、教育学、心理学等方面的社会实践与思想的复杂的全球体系。

在不同的社会及文化背景之下，各国幼儿园的建立与发展又各有其特色。例如，美国与英国的幼儿园发展过程中，中产阶级妇女的职业化是一个重要的推动因素，并与社会福利制度的建立、杜威和蒙台梭利等的儿童发展理论结合了起来。而在日本、中国、苏联和越南等国，政府在幼儿园体制的建立、教育内容的设置等方面起着核心的作用，幼儿园本身也成为其民族认同、民族主义思想等得以形成的手段。[①]

后一种研究的取向，以《市场与民主的全球化传播》（*The Global Diffusion of Markets and Democracy*）为代表，以地区或全球范围内的特定的经济与政治措施或手段的传播为案例，分析了国际金融的自由化、缩减公共部门、私有化、双边投资协议、新自由主义税收政策等各个方面，研究其驱动机制。并指出民族间的好胜或竞赛、国家间竞争等，是促进传

---

① Roberta Wollons. *Kindergartens and Cultures：The Global Diffusion of an Idea*，New Heaven：Yale University Press，2000.

播、逐渐形成新的政治经济体系的驱动因素。①

而相关的一篇论文，更是集中地将 20 世纪末的经济与政治的自由化趋势归结为国际组织或专家共同体相互作用、相互影响的结果，并总结了具体传播过程中的四个不同机制，社会建构的机制关注通行于国际组织间的某些公共规范；强制机制设定了强势的民族国家作为行动者，竞争机制表明了国家间的你争我抢的竞赛，学习机制指出，其他国家的经验会成为指导决策的依据。②

由以上举例可知，对于社会与文化交流、演变的研究，从早期的传播学派到现在的全球化传播的研究进路，其研究进路和关注点有所改变。一方面，研究者的关注点先是从复杂系统中提取相似元素，到现在以追溯单一物件的传播路线为主；另一方面，从对古代社会的推测，过渡到对当前世界的观察。更重要的是，传播论毋宁说具有明确目的论色彩，自身是一个封闭的体系，其先定的文化中心、中心-边缘的格局等，已经设定了传播的结果；而现在的全球化传播，强调了传播过程中各个地区文化的不同的反应及其方式，其结果是未完成的、开放的。

与这两者相比较来看，侨易学所具有的一个独到之处，是包含着文化的主体性，即，探讨传播所及之处的文化系统如何面对、吸纳变化，进而改变变化本身。这样，就使对文化交流的研究转变了立场，从传播者转向继受者，从描摹被动的冲击转为体现主动的因应。这样的进路所包含的文化概念，应当是具有包容性的、和谐的，其主体性既鲜明，又深谙因应之道——在稳定的认同之下有不断流变之实质。

具体到有关中国的反思与研究当中，建立在这样一个包容的、既稳定又开放的文化体前提之下，侨易学可以完成某种文化基因的"编码"的工

---

① Simmons，Dobbin & Garrett. *The Global Diffusion of Markets and Democracy*，New York：Cambridge University Press，2008.

② Dobbin，Simmons & Garrett. The Global Diffusion of Public Policies：Social Construction，Coercion，Competition，or Learning? *Annual Review of Sociolgy*，2007，Vol. 33，pp. 449-472.

作，即，能够追溯历史之变革，又深入地探究文化如何吸纳变革、维系其核心特征、发展出新的枝桠。这种区别名、实的分析方式，对于一般的文史研究来说，或许可改变失之呆板与专断的断代方法，进入文化体系内部的运行之中。例如，通过专门史对基本文化物件的条分缕析，可以建立起参差多态的历史编年体系，由此，或许能更加接近错综复杂的社会历史本身。

一个显著的例子是晚清以降的中国近代史研究。侨易学的立场，有助于建立一种更丰富的近代史与中华文化长期发展之间的有机联系，深入探究其演变的机制。近代以来，中华民族面对"近三千年未有之大变局"，受西方的冲击极大，在前述传播学派的影响之下，学术界深受"华夏文明西来说"之类的学说所困，可以说是撼动了数千年来文化体系的自足与自尊。彼时思想界的焦虑与彷徨，体现在近代史的叙事主题与前提设定上，就是难以摆脱的冲击-被动反应、压迫-反抗等色调。应用侨易学的思想，或许在一定程度上将近代之变与历史上的重大文化变革联系起来，从而能够更从容地理解这一变局的影响与意义，理解中华文化吸纳、消化外来冲击的机制，从"不变之变""变中之不变"等角度深化文化的自觉。

总而言之，我认为，侨易学是一个富于想象力和发展潜力的研究方向。从知识史的角度来看，侨易学之概念的创生本身，体现出作者所具有的会通中西、勾连时空的气象。从学科发展的角度来看，侨易学能够凝聚不同研究领域的力量，致力于文化交流、演化、创新、承继等的研究。从中国自身的文化自觉的角度来看，侨易学有可能成为某种研究进路，深入揭示传统得以生生不息的机制。

[本文原载于乐黛云、李比雄主编：《跨文化对话》（第 33 辑），北京：生活·读书·新知三联书店，2015 年]

编 后 记

　　编纂这部关于侨易学的评论文集，实受命于叶隽先生。去年六月下旬，收到叶先生赐函，建议我与顾明栋教授合编此书。叶先生解释说，因为论文集的题目"文化语境复兴下的侨易学现象"采纳了我的思路，想来可以更好地体现是书主题之要旨；并嘱我负责联络各位同仁。叶先生原是我的同事，也是我学术上的良朋和兄长。我曾为他所牵头的创新项目组中成员，彼时叶先生即邀我介入侨易学研究。论实情，我对侨易学并无严格意义上的研究。侨学因其汗漫无条贯，我并不真正喜欢；《周易》又太过渊邃，夫子尚且需要假其数年以学《易》，以我之愚陋，哪敢轻易触碰这类上古的圣贤书？因此，尽管我发表了数篇侨易学的论文，率皆叶隽兄号令之作——而且，对于这些见诸刊物的文字我自己也并不满意，颇有悔其率尔操觚之憾。不过，叶隽兄鼓励再三，告我可以从古典的角度介入侨易学。我佩服叶隽兄的理论勇气，也喜欢和他这种较为纯粹不掺杂质的交流方式，学术上直言不讳而又不伤情谊。我接受这一任务，以为能够迅速成稿。但后又患眼疾，不能长久使用电脑，是以迁延至今。

　　我素有读古书的癖好，能有静心读书的环境，是许多读书人幻想的太平盛世之梦，为此我感谢上苍赐予的这份优渥待遇。《周易》是中国古代的圣经之一，人更三圣、世历三古，向来被视为通天下之志、察人鬼之情的圣典。叶先生所发明的侨易学，是侨学和易经思想嫁接的一种新思想，这是我对此一学问感兴趣的原因。但仅凭好古和兴趣是不足以真正解决问题的，如何将《周易》的思想真正和侨学结合而使之有条贯、成体系，实乃侨易学悬而未决的问题。这个问题我和叶先生亦交流较多，目前这方面的理论结合其实并不成熟，这是我在编纂此书过程中的胸中块垒之一。叶先生在侨易学领域经营有年，野人献曝、农人献芹，尽管我的想法未必符合叶先生的学术理想，好在文字具在，不用我再多说。

学问探讨总是有益的。叶先生提及学界对侨易学之研究需要资料而检索不便，建议先将学界同仁的相关探讨细择汇为一编，并嘱我与顾明栋教授主其事。我们都觉此事甚善，但为之则不易。对侨易学作整体评价，非我所能胜任。所以我们各分其任，分别撰写了导言。顾教授侧重对侨易学两部专著的讨论和导读；我则倾向于在宏观上把握侨易学的文化语境之意义。在编纂过程中，我也更多承担了一些具体的事务性工作，统一体例文字也由我负责。此书构思、设计、选目颇多得益于叶隽兄之提示意见，也借此致谢。侨易学乃新生事物，其将来走向如何，有赖于学界的进一步评价与阐发，职是之故，此编将众多学者的论文汇为一书，以方便学者或批评，或推阐。是为后记。

李　川

2022 年 10 月 26 日

于海淀区蜗居